JN411043

투르크 지역 연구

TURK AREA

이 책은 교육부 및 한국연구재단의
대학인문역량강화사업(CORE) 지원에 의해 출판된 것임.

TURK

투르크 지역 연구

오종진 / 김대성 / 이난아 / 양민지 지음

HU:iNE

AREA

서문

1991년 중앙아시아 국가들의 독립 이후 전 미국 국무부 장관이자 학자인 브레진스키(Zbigneiw Brzezinski)는 그의 저서에서 터키는 중앙아시아 및 코카서스 지방의 투르크계 국가들에게 있어서 중요한 전략적 지정학적 결정자일 뿐만 아니라 정치학적 추축(Pivot)국이라고 언급한 적이 있다. 다시 말해 터키는 인종적, 언어적, 문화적 이점 그리고 근대화된 서구형태의 정부와 경제시스템으로 현대적 국가의 틀을 만들어가는 신생 투르크 국가들의 표본이자 투르크어 사용 국가들의 지도자의 여력이 있는 국가라는 것이다. 뿐 만 아니라 터키는 정치적, 경제적인 파워에 있어서도 그저 단순한 유라시아 국가가 아니라, 유라시아에서의 힘의 균형에 영향을 미칠 수 있는 규모의 중요한 국가이며, 인종적, 언어적, 종교적, 문화적 동질성 면에서 그 지역을 컨트롤 할 수 있는 잠재력을 가진 국가이다.

이에 이 교재는 터키를 비롯 투르크 지역을 학습하는 학생들 뿐 만 아니라 일반인들에게도 이 지역을 이해하기 위한 기본적이며 유용한 내용을 담고자 했다.

제 I 장에서는 1991년 새롭게 설립된 투르크계 신생국가들의 발전 과정과 정치-경제적 역동성을 살펴 볼 계획이다. 터키-투르크 지역은 근대에 이르기까지 유라시아의 대륙을 관통하며 서양과 동양을 잇는 상호 교류의 장이자 문화적 완충지역으로 세계사의 중심지였다. 특히 터키-투르크 지역은 석유와 천연가스 등이 대규모 매장되어 있는 에너지 자원의 보고로 21세기 중동의 유일한 대안이며 한국을 비롯한 아시아 국가들의 주요 에너지 자원의 공급지로 급부상하고 있다. 또한 이 지역은 우리나라의 역사, 문화 및 언어와 밀접한 관계를 맺고 있으며 특히 이 지역에 약 35만명의 고려인이 살고 있기 때문에 이 지역에 대한 이해와 연구는 한민족 정체성 확보라는 측면에서도 중요하다고 할 수 있다.

제 II 장에서는 터키 역사의 변화와 함께 터키 문화의 다양한 요소를 함께 다룰 것이다. 터키문화는 다양성과 복합성의 특질을 가지고 있다. 터키민족은 중앙아시아에서 이동하기 시작하여 아나톨리아 반도에 정착하기까지 주변의 여러 민족과 접촉하였다. 이 과정에서 터키민족은 8-9세기에 걸쳐 이슬람을 받아들여 중앙아시아 유목민족적 요소에 이슬람적 요소를 흡수하였고 그 후 아나톨리아 반도에 진입, 정착하는 기간에도 이 반도의 기존 정착민으로부터 문화적 영향을 받지 않을 수 없었다. 또한 오스만제국이 이슬람권은 물론 기독교권 동유럽을 포함하는 광대한 영토를 통치하였기 때문에 유럽인들도 다양한 경로를 통하여 오스만제국으로 입국하여 터키 민족과 접촉하였다. 따라서 터키문화는 중앙아시아의 유목민적 전통을 포함하는 터키적 요소, 터키족이 이슬람을 받아들임으로써 흡수하게 된 이슬람적 요소, 그리고 인근 유럽 국가와 민족과의 접촉을 통해 들어온 유럽적 요소 등이 다양하게 혼재되거나 융합되어 있다.

제 III장 에서는 터키 문화, 문학 콘텐츠를 선별하여 다루고 있다. 투르크 민족은 8세기부터 중앙아시아와 투르키스탄 지역을 떠나 서쪽으로 이동하여 현재의 아나톨리아 반도에 정착했으며, 이 긴 기간 동안 유목민으로서 고유한 문화를 일구어 내었다. 투르크 민족은 중앙아시아에서 아나톨리아까지 이동하는 과정에서, 거쳐 왔던 지역의 이슬람 종교와 문명을 수용하고, 고대 문명, 그리스와 로마 문화, 비잔틴 문화에 동화되기도 했다. 자신들이 거쳐 왔던 지역들의 문화 및 자연 환경 조건의 영향을 받은 투르크 민족은 그들 고유의 예술과 정착한 지역의 예술이 혼합된 독특한 미적 요소를 탄생시켰다. 예컨대 이 장에서는 투르크 족이 중앙아시아를 거쳐 아나톨리아에 정착할 때까지 그들이 접한 다양한 민족의 미적 요소들을 어떻게 결합시켜 투르크 민족 특유의 예술 영역을 확보했는지를 살펴 볼 것이다. 또한 터키를 이해하기 위한 다양한 문화와 문화 코드를 선별해 살펴보고, 투르크 국가들의 공통적인 서사시, 현대 문학과 문화 콘텐츠 의 접목 등 문화 예술 분야들도 함께 고찰할 것이다.

제 IV장에서는 투르크 민속을 살피는 동시에 전통의 현대적 변용 및 차용에 대해서도 다루고자 한다. 투르크 민족은 넓게는 알타이 지역부터 동유럽 발칸까지 분포되어 있으며, 이들이 분포되어 있는 지역에 따라 다양하게 나타난다. 대표적인 투르크로는 오우즈계 부족이 세운 터키, 아제르바이잔, 투르크메니스탄이 있으며 이 이외에도 위구르 투르크, 큽착 투르크 등이 있다. 이 장에서는 투르크 어의 65% 이상을 차지하는 오우즈 계를 대표하는 국가인 터키, 아제르바이잔, 투르크메니스탄의 민속을 다룰 것이다. 특히, 민속은 민간생활과 결부된 신앙, 습관, 풍속, 전설, 기술, 전승 문화 등을 일컫는데, 투르크 민족과 문화를 이해하기 위하여 투르크 민속의 주요 기본 이루는 통과(일상)의례, 세시풍속, 민간신앙에 대해 살펴보도록 한다. 투르크는 오랜 기간의 유목생활과 제국문화를 통해 다양한 종교 및 민족과 접촉을 하게 된다. 이 때문에 투르크 문화는 자연스레 혼용과 변용을 거치는데, 이는 민간에서도 두드러지게 나타난다.

최근 개설된 <투르크 지역 문화 콘텐츠>과목은 많은 학생들이 수강하며 관심 속에 진행되고 있지만, 강의 내용을 효율적으로 습득할 만한 교재가 없었다. 이에 본 교재는 투르크 지역의 정치, 사회, 문화, 문학, 민속 등을 개별국가의 현황과 함께 다룸으로써 수강생들의 이해를 높이는데 큰 도움을 줄 것으로 기대한다. 또한 CORE 사업으로 인해 투르크 지역에 관한 도서가 출간된다면 한국외대학생들은 물론 타교 학부생(대학원생 포함), 정부기관, 일반 시민 등 투르크 지역에 관심을 갖는 이들도 참고할 수 있는 자료가 되어 투르크학을 알리고 선도하는 기회가 될 것으로 사료된다.

목차

제3장 투르크 지역 문화와 문학

제4장 투르크 지역 민속

TURK

투르크 지역의 정치

오종진 (한국외대 터키·아제르바이잔어과 교수)

AREA

01
중앙아시아 정치유산과 독립 후의 정치 변혁

I. 들어가는 말

1991년 소연방 붕괴와 함께 중앙아시아에는 신생독립국가들이 탄생하였다. 중앙아시아 신생국들의 독립국가 형성과정은 역내적으로 탈러시아와 강력한 민족주의의 대두, 시장경제로의 이행, 소련의 지배를 통해 잃어버린 과거의 복원과 정체성 확립, 이슬람 부흥과 정권의 독재화, 경제발전과 국민들의 민주화 요구 등으로 요약 될 수 있다. 현재 중앙아시아 신생독립국들은 복잡 다양한 역내외 환경을 극복하고 국가발전을 꾀하기 위해 부단히 노력하고 있다. 우선적으로 이들 국가의 위정자들은 역내의 결속을 다지고 세계 속에서 자국의 위치를 인식시키며 자국민들의 신뢰를 받기 위해 각기 다양한 정책을 수행하고 있다.

과거 중앙아시아는 구소련의 획일화된 정치, 군사, 정책과 분업화 산업정책에 의해 국가체제가 정립되었다. 이러한 획일화된 정치, 군사 정책은 분리 독립 후 중앙아시아 국가간의 국경문제로 발전되었으며, 산업 분업화는 중앙아시아 신생국들의 경제성장을 늦추는 요인이 되었다. 독립 후 중앙아시아 각국은 심각한 정치적 혼란, 영토문제, 실업, 인플레이션, 구소련 당시 각 공화국 서기장들의 연속적 집권 및 장기 독재, 부정부패 등으로 인해 국민들의 민심이 이반되는 심각한 내홍을 겪고 있다. 따라서 중앙아시아 신생국들은 구소련시절 낙후된 거시경제지표를 되살리고 정치적 안정을 유지하기 위해 각국에 적합한 국가발전 정책과 통치를 펼치고 있다.

본 장에서는 이러한 정황을 바탕으로 각기 다양한 정치발전을 하고 있는 중앙아시아의 각국의 정치적 역동성으로 고찰하는 것이다. 다시 말해, 1991년 소연방 붕괴로 독립한 아제르바이잔, 우즈베키스탄, 카자흐스탄, 투르크메니스탄, 키리기스스탄, 타지키스탄의 정치권력 탄생과 정치구조 그리고 독립 후의 정치변혁을 파악하는 것이 본 장의 목적이다. 중앙아시아 신생국들은 모두 소비에트 통치를 70여년 간 받아왔지만 모두 같은 정치적 패턴을 유지하고 있지는 않다. 이들 각국은 자국의 인적구성 즉 토착민족과 비토착민족의 비율, 자원의 정도, 정치권력 형성과성, 경제적 개방정도 등 다양한 요인에 의해 각기 다른 정치발전과 정치체제를 만들고 있다. 따라서 본 장에서는 중앙아시아의 정치변혁과 정치구조를 총체적으로 파악하여 보다 심층적인 중앙아시아 정치를 이해하는 데 있다. 중아아시아 정치를 총체적으로 이해하기 위해서 각 개별독립국의 특징과 정황을 논하기 보다는 각 신생독립국들의 정치환경의 유사성과 상이성을 중심으로 공통적인 중앙아시아 정치구조의 본질과 권력관계 파악이 우선시 되어야 한다. 따라서 중앙아시아 정치에서 공통적으로 중추적 역할을 해온 씨족장, 부족장, 그리고 경제재벌과 같은 막후 정치 실력자들과 중앙아시아 지도자와의 관계를 조명하고 나아가 대통령과 의회 그리고 정당의 역할을 알아 볼 것이다. 이에 앞서 현대 중앙아시아 정치와 그 구조에 큰 영향을 준 소비에트 정치유산에 대해서도 살펴볼 것이다. 이후 중앙아시아 정치적 특징의 종합적인 이해를 바탕으로 최근 아제르바이잔, 카자흐스탄, 우즈베키스탄, 투르크메니스탄, 키르기스스탄, 타지키스탄의 정치상황과 체제를 개관해 볼 것이다. 끝으로 본 장에서는 투르크 세계의 맏형 역할을 하며 오스만제국의 정통성 이어가고 있는 터키 공화국에 대한 간략한 정치발전 과정을 개관하며 투르크 지역 정치체제의 고찰을 마무리하고자 한다.

II. 중앙아시아 정치와 소비에트 정치유산

소연방 해체 후 중앙아시아 신생 각국에서 민주화 혁명이나 정치-경제적 자유화가 크게 일어날 것을 기대하였지만 중앙아시아 지역에서의 민주화와 시장자유화는 더디게 진행되고 있다. 오히려 중앙아시아에서는 독재적인 정치지도자들이 부각되기 시작하여 그들의 세력을 확고히 하고 있다. 더딘 정치발전과 민주화는 중앙아시아 사회가 가지고 있는 몇가지 중요한 요인에서 기인한다고 할 수 있다. 즉, 소비에트 정치유산, 민주주의 전통의 부재, 지대국가들이(resource rich rentier states)[1] 가지고 있는 권위주의적 정치환경, 낮은 교육수준, 미약한 중산층 세력 및 시민단체 등과 같은 요인들이 소연방 해체 후 중앙아시아의 민주적인 정치체계의 변화를 저해했다. 또한 중앙아시아 사회가 가지고 있는 지연, 혈연, 그리고 부족 및 민족 간의 복합적인 관계는 외부세계의 정치적 영향력을 제한하여 독자적인 정체세력을 형성하는데 크게 기여하였지만 한편으로는 중앙아시아 정치의 자유화와 민주화에는 큰 걸림돌로 작용하고 있다.

많은 저명한 정치학자들은 무엇보다도 대부분의 중앙아시아 신생국들의 정권 기반이 불안정하기 때문에 현 중앙아시아의 정치환경을 경직된 권위주의적 정치구도로 이끌고 있다고 말하고 있다. 강성 권위주의적 국가이든, 연성 권위주의적 국가이든, 또는 강한정권을 유지하든 약한 정권을 유지하든 모든 중앙아시아 신생국들은 공통적으로 소연방 붕괴에 따른 급속한 정치환경의 변화에 불안을 느끼고 있어 정치지도자들은 국가통합을 위해 민족부흥을 내세우며 정치권력을 공고히 하고 있다. 현재 중앙아시아 위정자들에 의해 민족영웅들이 다시금 정치적 아이콘으로 등장하고 있으며 중앙아시아 위정자들은 국민통합과 민족의식 함양에 적극적인 자세를 보이고 있다. 흥미로운 점은 이러한 토착 민족주의와 이를 이끄는 토착 엘리트들이 소비에트시기에 양성되었다는 것이

---

1) 풍부한 천연자원이 생성하는 경제 지대나 자원 지대(resource rents)에 국가 재정수익의 상당부분을 의존하는 국가는 '지대국가'로 개념화 되고 있다. '지대국가'의 개념은 1979년 이란혁명 이전까지의 팔레비 정권하의 이란을 대상으로 개념화된 이래 주로 중동 전문가들 사이에서 널리 통용되고 있다. 지대국가에 대한 선도적 연구로서는 Hazen Belawi, Giacomo Luciani(eds.), *The Rentier State: Nation, State and Integration in the Arab World*(New York: Croom Helm, 1987)참조.

다. 다시 말해, 현재 중앙아시아에서의 권위주의적 정부와, 독재적인 토착 지도자 출현에는 소비에트 정치체제의 역할이 컸으며 이로 인하여 토착민족주의도 발생할 수 있었다고 할 수 있다. 소비에트 정권의 의도와는 다르게 소비에트 중앙정부가 소연방 구성공화국간의 국제적 사회주의(socialist internationalism)를 구축하는 과정에서 뜻하지 않게 각 구성공화국의 민족주의를 배양했다. 아이러니하게도 소비에트라는 초국가적 공동체를 형성하는 과정에서 중앙아시아의 토착민족 중심의 개별공화국들이 탄생했다고 할 수 있다. 19세기 러시아가 중앙아시아를 점령했을 때만 해도 중앙아시아에는 카자흐, 우즈베크, 키르기스, 투르크멘이라는 개별적인 정치적 독립체들은 없었다. 단지 공통의 언어와 문화 그리고 종교를 향유하는 부족 중심의 투르크-무슬림 집단들이 중앙아시아 각지에 산재하고 있었다. 하지만 1920년대 스탈린시기에 토착민족명의 공화국들이 탄생하면서 토착민족 중심의 문화와 정치체제 확립의 토대가 만들어졌다. 따라서 현 중앙아시아 신생국들의 정치발전 과정을 이해하려면 과거 소비에트 시대의 정치적 유산을 이해할 필요가 있다.

소비에트의 핵심 민족정책으로 1920-30년대에 실시되었던 토착화정책(*korenizatsia*)은 소비에트의 태초 의도와는 상반되는 결과를 가져와 현 투르크계 신생 공화국들이 토착민족 중심의 정치-사회체제를 구축하게 했다. 토착공산주의자를 양성하고자 실시된 이 정책으로 인해 많은 토착민족 엘리트들이 양성되었다. 민족박물관과 개별공화국들의 문자가 소비에트 중앙정부에 의해 보급 되어 교육되면서 개별 토착민족의식이 태동하기 시작했다.[2] 소비에트 기간 내내 소비에트 신분증에 명시된 개별 민족명은 중앙아시아인들로 하여금 독자적인 정체성과 민족의식을 가지게 했다. 또한 각 개별 공화국의 토착 공산당엘리트를 양성하고자 하는 소비에트 중앙정부의 노력으로 많은 중앙아시아 토착민족들이 소비에트 공산당원으로 정계와 학계로 진출하여 각 중앙아시아 공화국의 주류 세력으로 입지를 공고히 했다. 각 공화국의 지역공산당과 주요 정치

---

2) 소비에트 정부에 의한 개별 공화국의 투르크 민족문자 보급은 중앙아시아 지역의 투르크 민족간의 통합과 화합을 방지하고자 각기 제정되었다. 이러한 결과로 중앙아시아의 공통 투르크 문어였던 차카타이어가 19세기 말 소멸되고 각 투르크 집단 간의 언어적 이질화를 진행시켰다. 이 문자 정책은 비록 통합된 투르크인들의 정체성과 민족의식을 형성하는것은 방해하였지만 카자흐인, 우즈베크인, 키르기스인 등과 같은 개별적인 토착 투르크 민족의식과 정체성을 확립하게 했다.

기구를 장악한 중앙아시아 토착민족들은 소비에트 행정조직 속에서 그들에게 부여된 차지공화국이라는 지역적 경계를 적극 활용하여 토착민족들이 주요 정치 세력으로 등장하게 했다. 중앙아시아 관련 저명한 학자인 올리버 로이(Oliver Roy) 역시 부족과 씨족 그리고 언어집단으로만 구별 되던 중앙아시아가 소비에트 정부에의해 5개 토착민족 중심의 공화국으로 탄생했으며, 각 공화국들의 구성원들에게는 각각의 민족의식과 개별공화국의 국민이라는 정체성을 심어주었다고 말하고 있다.[3)]

소비에트 시기 강조되었던 민족(ethnos), 역사, 지리, 언어라는 개념들이 반복적으로 중앙아시아 토착민들에게 교육되면서 중앙아시아 토착민족들이 가지고 있던 원초적인 민족의식이 뚜렷한 민족정체성과 의식으로 발전했다. 결론적으로 소연방 해체 후 토착민족주의를 내세우며 신생국가 건설에 매진하고 있는 현재 대부분의 중앙아시아 정치가들은 소비에트 기간 동안 양성된 정치엘리트들이다. 각 중앙아시아 토착공화국의 권력을 쥐게 된 토착세력들은 그들 고유의 네트워크를 이용하며 각공화국의 정치권력을 독점해 갔으며 시간이 갈수록 소비에트 중앙정부도 이들의 기득권을 인정할 수밖에 없었다. 현재 중앙아시아 정치지도자들 대부분이 소비에트시절 각 공화국의 권력서열 1위인 당 제1서기 출신이라는 것도 결국 각국의 정치지도자들이 기존 소비에트 시절의 권력기반과 정치적 네트워크를 십분 활용하여 정치권력을 잡았음을 보여주고 있다.

이들의 통치방식과 국정운영은 소비에트 기간 동안 각 소비에트 공화국에서의 경험을 토대로 많이 이루어지고 있다. 과거의 역사나 역사적 인물을 내세우며 국민통합이나 민족의식을 고취시키는 통치방식은 소비에트시기의 사회주의 혁명의식을 고취시키기 위해 사용되었던 다양한 통치방식에서 많이 차용되었다. 1970년 이후 소비에트 정권에 중용된 중앙아시아 현지 엘리트들은 각자의 공화국에서 다양한 행정적 통치경험을 함으로써 독립 후 독자적인 통치기반을 구축할 수 있었다. 중앙아시아 위정자들은 이미 소비에트 기간 중에도 토착지지층을 확보하고자 많은 토착민족 중심의 정책과 제도들을 마련하였으며 독자적인 자치공화국의 정체성 확립을 위해 많은 토착민 중심의 역사해석과 전통

3) Olvier Roy, *The New Central Asia: The Creation of Nations*. New York: New York University Press, 2000.

들을 발굴하였다. 특히 소비에트 구성공화국들이 독립공화국으로 발전하면서 많은 새로운 전통과 민족영웅을 역사에서 찾음으로써 역사의 재발견이라는 대의명분과 함께 정통성과 민족의식을 확립해 나갔다.

도표-1

중앙아시아 국가	정 치 특 징
카자흐스탄	• 구소연방 구성공화국 공산당 제1서기에 의한 정권 지속 • 연성 권위주의 정부 • 미온적 정치활동, 적극적 대 서방정책
우즈베키스탄	• 구소연방 구성공화국 공산당 제1서기에 의한 정권 지속 • 강성 권위주의 정부 • 제한적 정치활동, 점진적 대 서방정책
키르기스스탄	• 민중봉기에 의한 평화로운 정권 교체 • 연성 권위주의 정부 • 비교적 자유로운 정치활동, 적극적 대 서방정책
투르크메니스탄	• 구소연방 구성공화국 공산당 제1서기에 의한 정권 지속 • 연성 권위주의 정부 • 제한적 정치활동, 미온적 대 서방정책
타지키스탄	• 구소연방 공화국 제 1서기에 의한 정권 지속 • 강성 권위주의 정부 • 제한적 정치활동, 점진적 대 서방정책
아제르바이잔	• 구소연방 구성공화국 공산당 제1서기에 의한 정권 지속 • 연성 권위주의 정부 • 미온적 정치활동, 적극적 대 서방정책

정치 안정화로
지속적 경제발전

국가발전

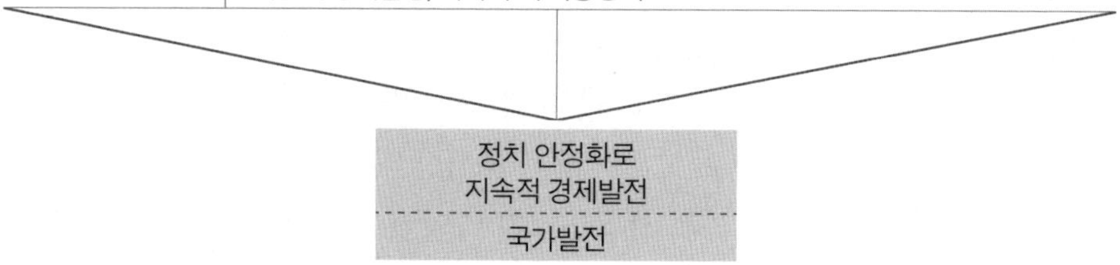

이와 같은 일련의 토착민족중심의 정책들은 중앙아시아 위정자들의 정통성뿐만 아니라 사회의 새로운 주요세력으로 부상하고 있는 토착민족으로 부터의 지원을 확보하게 했다. 중앙아시아 위정자들은 표면적으로 토착민족의 이익과 일반시민들의 안녕을 위한 정책이라 주장하며 다양한 토착민족 중심의 정책을 실시했지만 실제로 많은 정책들은 집권엘리트들의 집권과 이익을 대변했다. 그럼에도 불구하고 이러한 일련의 정책들은 신생공화국 각국 토착민족들의 통

합과 토착민족 정체성 함양에 크게 기여했다. 단순한 탈 러시아화나 탈 소비에트화가 아닌 부족주의나 씨족주의로 흩어진 토착민족들을 하나로 통합하는데 토착민족주의 정책이 적극 활용되었다.[4] 중앙아시아 신생국들이 설립되었던 1990년대의 급속한 정치-사회적 변혁기에 현지 위정자들은 무엇보다도 토착민족들의 내부결속에 심혈을 기울였다.

III. 독립 후 중앙아시아 국가들의 정치-사회 변혁

3-1. 일등 국민으로서의 토착민족

중앙아시아 신생 독립국들의 위정자들은 자국의 모든 시민들을 국가 건립에 동참시켜야 하지만 대체로 비토착민(non-titular)들을 신생국가 건립에서 배제시키고 있다. 각 국가의 인구학적 구성이나 러시아화 정도에 따라 다르게 나타나는 경향은 있지만 전체적으로 중앙아시아 위정자들은 토착 엘리트 집단을 국가의 정통성과 문화를 바르게 세우는 중추 세력으로 간주하고 이들을 중심으로 한 국가발전을 꾀하고 있다. 카자흐스탄의 경우는 토착민족 또한 러시아화 정도에 따라 세 부류로 분류하여 토착어와 토착문화에 익숙한 토착민에게 정치, 사회적 우선권을 부여하고 있다.[5] 특히 러시아어와 러시아 문화에 몰입한 카자흐인의 경우는 민족의 혼을 빼앗긴 사람으로 규정하며 이들을 망쿠르트(Mankurty)라고 부르며 토착민 우선정책에서 배제시키고 있다. 따라서 중앙아시아 신생국들에서 정치적, 사회적으로 배제되는 세력은 비토착민 뿐만 아니라 러시아화한 토착민족들도 포함되어 있다. 우즈베키스탄의 경우는 전통적인 우즈베크인 커뮤니티인 마할라(mahalla)를 국가의 하부 행정조직으로 편입 하면서 토착민족의 통합과 비토착민족들의 정치-사회적 배제를 자연스럽게 이루었다.

4) 독립 후 모든 중앙아시아 신생국들은 국가주도의 민족주의 정책을 펼치고 있어 앤더슨의 민족주의 이론에 의하면 공식적 민족주의에 속한다.

5) 카자흐스탄은 러시아화 정도에 따라 자민족을 세 부류로 분류하고 있다. 1) 지방 및 시골 출신으로 주로 카자흐어와 카자흐 문화에 익숙한 카자흐인, 2) 지방 및 시골 출신이지만 도시에서 러시아어로 교육을 받아 러시아화와 카자흐화가 동시에 이루어진 카자흐인, 3) 도시의 카자흐 엘리트 출신으로 러시아 중심으로 교육을 받아 러시아어와 문화에 익숙하고 러시아-유럽적인 정서와 정체성을 가진 카자흐인

비토착민들이 배제된 우즈베크인 중심의 마할라가 지역자치단위로 1993년 헌법에 명시됨에 따라 보다 많은 토착민인 우즈베크인들이 정치에 입문할 수 있게 되었다.

대체적으로, 각 국가의 인구학적 구성에서 토착민족 비율이 높게 나타나는 경우 강성 권위주의적 정치체제를 구축하며 강한 토착민족 중심의 정책을 실시하고 있으며, 토착민족 비율이 국가 전체 인구구성에서 낮은 경우는 연성 권위주의적 정치체제를 구축하며 비교적 개방적인 민족주의 정책을 실시하고 있다. 예를 들어, 키르기스스탄과 카자흐스탄이 우즈베키스탄과 투르크메니스탄 보다 개방적인 정치-사회 체제와 민족정책을 실시하고 있다. 결과적으로 중앙아시아 각국의 인구학적 구성이 각국의 헌법, 대내외정책 등에 영향을 미치고 있어 토착민족들은 각 독립국의 일등 국민으로, 그리고 비토착민들은 이등 국민으로 보이지 않는 카스트를 형성하고 있다.

3-2. 역사의 재발견과 전통의 확립

통합된 국가와 분명한 국가관을 세우기 위해 중앙아시아 신생국들의 위정자들은 토착민족이 역사적으로도 중앙아시아의 오랜 지배자이자 주류 민족이었음을 표출해야 했다. 따라서 그들은 다양한 민족적 유산을 역사에서 발굴하여 토착민족 통치의 정당성과 정통성을 입증하려했다. 많은 토착민족들의 역사적 인물들과, 신화, 전통, 지명 그리고 상징들이 부활하기 시작했다. 모든 중앙아시아 위정자들은 이러한 발견들에 국가적 의미를 부여하며 적극적으로 국가통합과 토착민족 중심의 통치기반 확보에 이용하였다. 아제르바이잔, 투르크메니스탄과 우즈베키스탄의 경우는 국기에 이슬람의 상징인 초승달 문양을 그려넣음으로써 각 국가의 종교적 특성을 보여주었으며 키르기스스탄과 카자흐스탄의 경우는 유목적 모티브를 이용하여 국기를 만들어 유목적 전통을 국가적 상징으로 부각시켰다. 또한 키르기스스탄에서는 마나스(Manas)라는 역사적 영웅을, 우즈베키스탄에서는 티무르(Timur)를, 카자흐스탄에서는 알튼아담(Altin Adam)이라는 역사적 인물들을 자국의 민족영웅으로 추앙하며 토착민족 통치의 역사적 정통성을 내세우는 한편 소비에트 통치기간 간과되었던 토착민족의 긍지를 되살리려 했다. 많은 거리와 도시들의 지명들이 토착민족어로 바뀌었으며 특히 토착민족 영웅들의 이름을 딴 거리와 지명들이 늘어났다. 이와 같은 정책들은 과거 소비에트의 정치적 유산을 청산한다는 의미도 있었지만 새로 부상하고 있는 토착민족 세력의 결집을 위한 것이었으며 이들의 주류사회 등극과 정치적 집권을 뒷받침해 주었다. 중앙아시아 각국은 현재 공공연하게 자국의 독립국가로서의 지위(Statehood)는 토착민족, 즉 카자흐, 우즈베크, 투르크멘, 키르기스, 타지크, 아제리인에서 비롯된다고 언급하고 있어 러시아인, 고려인, 독일인, 우크라이나인과 같은 비토착민 국민들은 정치적, 사회적 박탈감을 느낄 수 밖에 없으며 자연스럽게 정치-사회적인 입지도 도태되었다.

IV. 중앙아시아 정치구조의 특징

중앙아시아 국가들의 주요 정치권력은 대부분 씨족과 지역엘리트 그리고 경제재벌들과 같은 토착 정치세력들에 의해 만들어진다. 이들은 정치 막후에서 중앙아시아 정치적 지도자들과 정치인들을 배출시키며 소비에트 기간 때부터 오늘날까지 약 40여 년간 중앙아시아 정치의 배후실력자들로 자리매김하고 있다. 따라서 중앙아시아 각국에서의 정치적 역동성은 이들 세력간의 관계와 세력균형에 따라 다르게 발전하고 있다. 즉 중앙아시아에서의 정치적 갈등은 서구민주주의에서처럼 대통령과 의회 사이에서 발생하기 보다는 씨족, 지역 엘리트, 경제 재벌들과 같은 전통적 배후 실력자들에 의해 이루어지고 있다. 독립 후 이들 배후 세력의 도움으로 독자적 세력을 구축할 수 있었던 중앙아시아 각국의 지도자(대통령)들은 이들 전통적 배후 실력자들의 영향력으로부터 벗어나기 위해 의회나 선거제도를 적절히 이용하여 독립적인 세력을 만들고자 노력하고 있는 중이다. 아카예프, 카리모프, 나자르바예프, 니야조프, 로흐몬노프, 알리예프와 같은 대부분의 중앙아시아 정치지도자들 역시 이들 토착 배후 실력자들의 지원으로 권력을 잡았으나 점차 그들의 독자적인 정치세력화를 위해 정당, 의회, 선거와 같은 정치적 제도를 적극 활용하고 있다.

소연방 해체 후 중앙아시아 각국들이 독립국가를 형성하는 과정에서 전통적 토착 배후 실력자들의 영향력은 매우 컸다. 급속한 정치-사회적 변동 속에서 이들 배후 실력자들의 세력 균형과 안정을 보장할 수 있는 정치적 안정이 최우선의 과제였다. 따라서 자연스럽게 이들의 권익을 보장할 수 있는 강력한 대통령 제도가 의회 민주주의 제도보다 중앙아시아 정치체제 구축에 더 선호 되었다. 이와 같은 정치-사회적 배경은 강력한 권력의 정치지도자 출현을 가능하게 했다. 이들의 정치력과 영향력이 상당히 크기 때문에 중앙아시아의 정치적 근간이 대통령과 의회에 의해 이루어지기 보다는 씨족, 지역엘리트, 경제 재벌 등과 같은 막후 정치적 실력자들과 대통령에 의해 구축되고 있다. 중앙아시아 각국 지방 구석구석까지 영향력을 미치는 이들 배후 실력자들의 네트워킹과 정경유착의 고리는 이들을 실제적인 중앙아시아 정치의 주요 실력자로 만들고 있다. 카자흐스탄, 키르기스스탄, 투르크메니스탄, 아제르바이잔, 타지키스탄의 경우 이들 배후 실력자들은 독자적인 지역 세력으로 정치력을 구축하고 있는 반면 우즈베키스탄의 경우는 중앙세력과 결탁하여 정치력을 발휘하고 있다. 오늘날 우즈베키스탄은 가장 큰 두 도시 사마르칸드와 타쉬켄트의 지역엘리트(실력자) 집단들에 의해 통치되고 있다.

소비에트 말기에 고르바초프는 중앙정부의 통치력을 약화시키는 우즈베키스탄 토착 지역세력들을 와해시키고자 페르가나와 호레즘 지역 세력들을 지원하기도 하였으나 결국 실패하고 말았다. 이처럼 중앙아시아 정치에 막대한 영향력을 행사하고 있는 토착 지역세력들은 그 뿌리가 역사적으로 깊고 밀접하게 조직화 되어 있어 소비에트 조차 척결하지 못했다. 따라서 이들은 소비에트 해체후 러시아의 신흥 정치-경제세력으로 급부상한 올리가르키(oligarch: 신흥재벌세력)와는 큰 차이가 있다. 역설적이지만 소비에트 식민 통치 방식 때문에 이들 토착지역 실력자들이 생성되었고 후에 민족지도자 역할을 하고 있다고 많은 정치학자들은 지적하고 있다. 1920년과 30년대에도 모스크바 중앙정부는 중앙아시아 지역의 현지 지역 정치 네트워크를 파괴하기 위해 많은 노력을 하였지만 끝내 그 뿌리는 뽑아내지 못했다. 결국 스탈린 사후 모스크바 중앙정부는 각 지역 공화국이 부여받은 경제적 소임을 다하고 공산당에 의해 사회가 통제 된다는 전제하여 토착 지역 정치세력 활동을 허용하였다. 앞서 언급한 토착화정책이 토착 지역 정치세력 발전에 큰 일조를 하였다.

각기 다양한 세력균형과 권력구조를 이룬 중앙아시아 자치공화국들의 토착

세력을 포섭하기 위해 소비에트 중앙정부의 정치국(*Polithureau*)은 이들과 개별적인 접촉을 하였고 이들의 세력을 빌려 각 공화국의 정치적, 사회적 안정을 꾀했다. 이와 같은 소비에트 통치방식은 현지 토착 지도자의 양성을 불가피하게 했다. 즉 소비에트의 통치를 대변할 현지 토착 지도자가 필요했으며 소비에트 중앙정부의 통치력을 지방 곳곳까지 뒷받침 할 수 있는 지역 정치세력도 필요했다. 소비에트 통치시기에 등장한 우즈베키스탄의 라시도프(Rashidov), 키르기스스탄의 우스발리에프(Usubaliev), 카자흐스탄의 쿠나에프(Kunaev), 아제르바이잔의 알리에프(Aliyev), 투르크메니스탄의 카프로프(Gapurov) 그리고 타지키스탄의 라술로프(Rasulov)와 같은 중앙아시아의 정치적 지도자들은 소비에트의 식민통치 방식에 의해 탄생한 정치적 산물이라 할 수 있다. 이들이 소비에트 중앙정부로부터 인정을 받고 권력의 축으로 등장할 수 있었던 배경에는 이들을 지원한 지역토착세력들(실력자들; 지역엘리트, 씨족, 지역유지[재력가]) 역할이 절대적이었다. 흐루시초프와 브레즈네프의 권위주의적인 통치기간과 이후 30년 동안 이들 중앙아시아 토착 정치세력은 자신들의 세력을 공고히 하며 주요 핵심 정치세력으로 발전했다.[6]

1980년 대 중반이 되자 고르바초프가 소비에트 권력의 수장으로 부상하며 반부패 척결과 개혁을 외치며 정치구조의 개혁을 통해 중앙정부의 영향력을 중앙아시아 각 공화국에 확대하려고 했다. 고르바초프는 고착화된 중앙아시아 토착세력을 척결하기 위해 토착 정치지도자와 정치인들을 해임하고 중앙정부에 직접 파견한 정치인들로 이들의 공백을 채웠다. 하지만 이들은 기존의 오래된 정치적 균형과 정치구조를 뛰어 넘지 못하고 중앙아시아 토착민족을 제대로 통제하지 못했으며 각 공화국에 할당된 경제적 임무도 완수할 수 없었다. 1986년 카자흐스탄에서는 토착 엘리트들의 불만이 폭발하여 반 소비에트 폭동이 일어나 당시 큰 반향을 불러 일으켰다. 비록 카자흐스탄에서와 같은 폭동이 다른 중앙아시아 지역에서 일어나지는 않았지만 이 사건을 계기로 씨족 지도자, 지역유

6) 이들 지역세력들은 비록 한 지역의 배후 실력자들이지만 중앙아시아의 경우 종종 중앙정부와 연결되어 있어 지방과 중앙정부의 정치와 경제를 장악하고 있다. 우즈베키스탄 타쉬켄트에서 정치-경제-사회-연예 등과 같은 전방위 분야에서 활동하며 실력행사를 하는 가프르(Gafur)라는 집단도 종종 마피아에 비유되고는 하지만 이들의 정치력과 영향력은 중앙정부 깊숙이까지 미치고 있다.

지, 토착 엘리트들과 같은 토착 지역 실력자들이 정치적으로 재결집하기 시작했으며 지방의 경우 이들의 영향력과 통치력이 크게 복원되었다. 1989년 소비에트 통치 말기 실시된 선거에서 기존의 토착 재계 및 정계 실력자들이 중앙아시아 주요 정치세력으로 복귀하여 과거의 정치구조로 회귀했다. 이 선거로 인해 오늘날의 젊은 중앙아시아 정치 지도자들이 각 공화국의 지역 실력자들의 지원을 받아 신진 중앙아시아 정치세력으로 중앙아시아 정치 전면에 나서게 되었다. 오늘날의 주요 중앙아시아 정치 지도자인 아카예프(Akaev), 나자르바예프(Nazarbayev), 카리모프(Karimov)도 이 시기에 주요 지역 실력자들의 지원을 받아 중앙아시아 권력의 축으로 부상했다. 아제르바이잔과 투르크메니스탄의 경우 각 씨족의 지원과 지도자 개인의 절대적 권위로 니야조프와 알리에프가 정계 실력자로 등극했다. 이들 새로운 지도자 모두는 1989년 소비에트시기 마지막 선거에 의해 국민들의 지지를 확보했으며 이와 같은 정치적 상승세와 분위기를 몰아 1991년 독립과 동시에 재신임 선거를 하여 확고한 정치적 기반을 이루었다. 이로 인해 이들은 소비에트 정치지도자에서 민족지도자로 거듭날 수 있었다. 결과적으로 소비에트 말기 토착 세력들의 재집결과 독립은 고르바초프 개혁으로 대거 뒷전으로 후퇴했던 토착 위정자들을 정계의 중심으로 복귀시켰다.

4-1. 대통령의 권력과 의회

토착 지역 실력자들의 지원으로 권력을 잡은 현재 중앙아시아 지도자들은 대부분 권위주적 성향의 정부를 구성하여 강력한 대통령제를 확립했다. 그렇다면 왜 다른 토착정치세력들이 강력한 대통령제에 기반을 둔 권위주의적 정부를 수락했을까? 토착 정치세력들은 급변하는 체제전환기에 국가존립에 영향을 줄 어떠한 정치적 위험과 문제점들을 피하기 위해 많은 노력을 했다. 이들은 소비에트 말기 재확립한 이들의 정치적 기반을 계속 유지하기 위해 서로 다른 씨족과 부족, 지역 실력자들의 실익을 조정하여 서로간의 힘의 균형을 맞추어 줄 정치적 인물과 제도를 필요로 했다. 따라서 자연스럽게 권위주의적 정권이 들어설 수 있는 정치적 환경이 구축되었다고 할 수 있다. 이와 같은 현상은 중앙아시아 정치에서 공통적으로 나타나 모든 중앙아시아 정치구조에 정치 배후 실력자들이 큰 영향력을 행사하는 정국을 만들었다.

이와 같은 현상은 독립 후 중앙아시아 가국의 지도자인 대통령들이 국민투표나 선거를 그들의 정치적 독립과 세력 확장에 적극 이용하게 했다. 중앙아시아 각 국의 지도자들은 그들을 권좌에 올린 토착 지역 실력자들의 정치적 영향력으로부터 벗어나기 위해 대통령 선거와 의회선거를 적극 이용하였다. 이들은 대통령 선거를 국민적 지지와 대중적인 인기를 자신의 정치력 확장에 이용하였으며, 의회선거는 자신의 정치적 지지자와 후원자들을 정치에 등용시키는 관문으로 이용하였다. 하지만 역으로 중앙아시아 지역의 토착지역 실력자들 역시 의회 선거를 통해 그들의 정치적 영향력을 확대 할 수 있기 때문에 중앙아시아 지도자들은 선거를 철저히 통제해 의회를 그들의 영향권 안에 두기 위해 많은 노력을 했다. 대통령 선거와는 다르게 의회선거는 좀 더 쉽게 씨족과 지역유지 등과 같은 지역정치네트워크가 개입하여 영향력을 행사 할 수 있어 중앙아시아 지도자들에게는 의회선거가 큰 부담으로 작용하기도 했지만 한편으로는 그들의 정치적 친위세력을 정계에 끌어들일 수 있는 기회이기도 하여 양면적인 성격을 가지고 있다고 할 수 있다. 우즈베키스탄의 카리모프 대통령의 경우 올리 메질리스(Oliy Majilis)라는 국회가 지역 실력자들의 도전과 영향력을 균형있게 분배할 수 있는 기관으로 인식하고 의회 권위와 역할을 강화하였다. 물론 카리모프 대통령은 의회의 권위와 역할을 강화시키는 것이 그의 정치적 입지와 영향력을 제한 할 수 도 있음을 알고 있었으나, 이로 인하여 그를 권력의 중심으로 옹립했던 지역 토착 실력자들의 정치적 구속과 압력으로부터 자유로워 질 수 있어 적극 추진하였다. 키르기스스탄의 경우는 의회선거가 대통령을 지원했던 세력들의 정치적 보호수단으로까지 이용되어 정경유착으로 부패한 경제인들이나 조직범죄에 연루된 이들이 의회에 입성하여 면책을 받을 뿐만이 아니라 법제제도에도 영향을 주는 사례가 발생하기도 했다. 투르크메니스탄의 니야조프는 할크 마슬락타이(Khalk Maslakhaty)라는 의회 조직을 통해 다른 투르크멘 부족들과 의견을 조율하고 공유하는 장소로 활용하여 그의 정치적 결정을 뒷받침하게 했다.

대통령 선거에 있어서 현 중앙아시아 지도자들은 정치적 대립이 예상되는 정치적 대항자들을 사전에 제거함으로서 자신들의 권력기반을 다져갔다. 러시아의 푸틴이 자신의 정치적 라이벌인 미하일 호도로코프스키(Mikhail

Khodorkovskii)를 교도소에 투옥시킨것 처럼 중앙아시아의 지도자들 역시 자신들의 정치적 라이벌들을 제거하거나 투옥시켜 정치적 독재화를 구축해 나갔다. 카자흐스탄의 나자르바예프는 정치적 라이벌인 아케잔 카즈겔딘(Akezhan Kazhegeldin)을, 우즈베키스탄의 카리모프는 압둘라힘 풀라토프(Abdurrahim Pulatov)와 무함마드 살리히(Muhammad Solikh)라는 정치적 라이벌을 자국에서 추방시켜 사전에 정치적 도전을 차단했다. 키르기스스탄의 아카예프와 투르크메니스탄의 니야조프의 경우는 그들의 정치적 적수인 페릭스 쿨로브(Feliks Kulov)와 보리스 시크무라도프(Boris Shikhmuradov)를 감옥에 투옥하여 정치적으로 격리시킴으로써 자신들의 권력을 공고히 했다.

이처럼 모든 중앙아시아의 지도자들은 다양한 방법의 정치적 탄압과 부정선거를 통해 그들의 권력을 공고히 하고 정치적 라이벌들로부터의 독립을 꾀했다. 독립초기에는 선거의 모든 과정을 대통령이 장악하여 조정하였지만 국제사회의 압력으로 오늘날 선거는 선거위원회에서 관장하고 있다. 현재 중앙아시아 국가들의 의회는 대부분 친 대통령계 정치인사들로 채워져 있다.

4-2. 중앙아시아 정치에서 정당의 역할

모든 중앙아시아 국가들은 정당이 특정 지역, 종교 또는 민족을 대변하는 제도적 기관으로 발전하는 것을 적극적으로 막았다. 즉 국론을 분열 시킬 수 있는 지방색과 종교색 그리고 민족색에 관련된 어떠한 표현과 조직 구성도 사전에 차단했다. 결국 제도권에서 활동 할 수 있는 정당은 집권세력과 몇몇 친정권적인 정치적 경쟁자들 뿐이었다. 물론 이와 같은 정당들의 설립과 활동에도 많은 제약이 따랐다.

독립 후 집권한 중앙아시아 지도자들은 그들의 정책과 정치적 입지를 지원해 줄 소위 "대통령 정당"이라고 할 수 있는 정당을 필요로 했다. 카자흐스탄의 나자르바예프와 키르기스스탄의 아카예프는 그들을 지원할 친 정권적 정당을 자신들의 딸들로 하여금 설립하게 하여 자신들의 정치적 지지자를 늘려 갔다. 민족적이며 종교적인 정당 출현 저지에 큰 노력을 한 우즈베키스탄의 카리모프도 그를 지원해 줄 친정권적 좌익-우익 성향의 정당 5개를 설립했다. 비록 민주정치 발전을 위한 다양한 성향의 정당들이 중앙아시아에 출현하지는 않았지

반 명분있는 강력한 대통령 중심의 권위주의적 정권을 만들기 위해 다당제 정치제도가 실시되고 있어 미흡하나마 정치 발전을 하고 있다고 할 수 있다. 설립된 정당들이 지역 정치 실력자들을 통제하고 현 정권을 지지하는 역할을 하는 한, 대부분의 중앙아시아 현 대통령들은 정당과 의회제도를 십분 활용할 것이다. 서구의 많은 정치학자들은 장기적으로는 이러한 정치발전이 결국 자유민주주의 정치로 발전하게 할 것이라고 조심히 예견하고 있다. 비록 친정권 성향의 정당들이지만 여러 정당들이 창당됨에 따라 제한된 정치적 활동범위 내에서 자신들만의 정책과 정치색을 나타내려고 하고 있다. 그동안 부정선거와 정당폐쇄라는 극단적 정치사찰로 인해 정당활동이 위축되어 있었으나 중앙아시아 지도자들은 국제사회의 압력과 국민들의 민주화 요구를 지속적으로 받고 있어 정치개혁과 권력분배는 불가피하다고 볼 수 있다. 중앙아시아 지도자들이 무조건적으로 반 정치세력들의 활동과 정당설립을 반대한다면 결국 제도권 밖에서 반정부 지하활동이 이루어질 수 밖에 없다. 이것은 정부 통제권 밖에서 정치적 저항세력을 키우는 형국을 만들어 정치적으로 더 위험할 수 있어 현 중앙아시아 지도자들은 제한적이며 점진적으로나마 이들을 통제가 가능한 제도권으로 편입시키려 하고 있다. 아카예프(Akaev)와 니야조프(Niyazov), 로흐만오브(Rokhmonov)는 반대성향의 정치인사나 이들의 열성 지지자들을 행정부서나 정부 유급부처에 임용하여 그들을 근접에서 통제하고 있다.

투르크메니스탄을 제외한 모든 중앙아시아 국가들에서는 비록 미흡하지만 정당 정치활동이 법적 테두리 안에서 이루어지고 있다. 이들 정당 정치인들은 제한적이지만 다양한 활동을 하고 있고, 때로는 국제사회에 도움을 요청하여 정치개혁을 수행하고 있다. 투명하고 공명한 선거와 정당정치인들의 활발하고 다양한 정치활동이 보장 된다면 중앙아시아 정치의 민주화도 점차 발전할 것이다.

V. 중앙아시아 각국 정치세력의 역학관계

중앙아시아 각국의 정치체제

국가	정치체제	의회	정권 특징	주요 정치인물
카자흐스탄	대통령 중심제	양원제 의회 (Senate/*Majlis*) 상원: 47석, 하원: 107석	절차적 민주주의 관리 민주주의	대통령: 나자르바예프 (Nursultan Nazarbayev) 총리: 사긴타예프 (Bakhytzhan Sagintayev)
우즈베키스탄	대통령 중심제	양원제 의회 (*Oliy Majlis*) 상원: 100석, 하원: 120석	비경쟁적 권위주의	대통령: 미르지요예프 (Shavkat Mirziyoyev) 총리: 아리포프(Abdulla Aripov)
키르기스스탄	대통령 중심제	단원제 의회: 75석 (*Jogorku Kenesh*)	절차적 민주주의	대통령: 제엔베코프 (Sooronbay Jeenbekov) 총리: 이사코프(Sapar Isakov)
투르크메니스탄	대통령 중심제	단원제 의회: 50석 (*Mejlis*)	비경쟁적 권위주의	대통령: 베르디무하메도프 (Gurbanguly Berdimuhammedov) 부통령: 메레도프 (Rashid Ovezgeldyevich Meredov)
타지키스탄	대통령 중심제	양원제 의회 (*Majlisi Oli*) 상원: 34석, 하원:63석	비경쟁적 권위주의	대통령: 라호몬(Emomali Rahmon) 총리: 라술조다(Kokhir Rasulzoda)
아제르바이잔	대통령 중심제	단원제 의회: 125석 (*Majilis*)	절차적 민주주의 관리 민주주의	대통령: 알리예프(Ilham Aliyev) 총리: 라시자데(Artur Rasizade)

카자흐스탄의 정치상황

구소련에 속했던 국가들 중 러시아를 제외하고 가장 큰 영토를 보유한 카자흐스탄은 구소연방 국가들 중 가장 늦은 1991년 12월에 독립국가가 되었으며 4월에 선출된 나자르바예프가 대통령직을 수행하였다. 독립 이후 나자르바예프 대통령 주도로 시장경제로의 전환을 일관성 있게 추진하여 중앙아시아 독립국가들 중 가장 개방적인 시장경제체제를 기반으로 2000년부터 연 평균 9%의 고도성장을 지속하고 있다.

카자흐스탄은 소련 해체 후 독립한 중앙아시아 국가 중 내전이나 인종간의 갈등을 겪지 않은 국가로 정치적 안정을 누리고 있다. 비록 제약이 있기는 하나 약 4500개에 달하는 시민단체가 활동하고 있으며 100여 개의 독립 언론이 있는 등 민주시민사회 진입을 위한 토대를 구축하고 있다. 2006년 1월부터 국가민주개혁위원회를 구성하여 정부 형태에 대한 검토, 의회의 권한강화, 지방자치의 확대, 정당의 기능 활성화, 선거법, 언론법 개정등 민주적 정치체제 구축을 위한 개헌을 2007년에 단행했다. 나자르바예프 카자스흐탄 대통령은 카자흐스탄의 경제수준이 정치적 자유화를 위한 기본적 수준까지 이르렀다고 판단하여 2007년 5월 개헌을 통해 의회의 기능을 확대하고, 야당의 정치참여 기회를 제한적이나마 열어 놓고 있다. 하지만 지난 10여 년 동안의 은밀한 정치탄압의 결과로 야당은 아직 정권에 도전할 만한 능력과 규모를 갖추지 못하고 있어 나자르바예프 대통령의 정국 주도는 앞으로 당분간 지속될 전망이다.

나자르바예프 대통령

2007년 개헌 내용 중 초대 대통령에 대한 연임 제한 철폐는 국내외적으로 비판을 받고 있다. 하지만 많은 카자흐스탄 국민은 정치적 안정을 이루는 가운데 경제발전이 가능하다고 생각하고 있어 나자르바예프 대통령의 계속되는 통치를 환영하는 분위기이다. 카자흐스탄 정부는 국민의 전반적 생활수준이 높아짐에 따라 대두될 민주화 욕구에 대비하여 점진적이기는 하나 중앙아시아 국가 중 가장 안정적인 정치자유화를 진행해 나가고 있다.

우즈베키스탄의 정치상황

1991년 12월에 취임한 카리모프 대통령은 현재까지 장기 집권하고 있으며 국정의 전분야에서 절대적인 영향력을 행사하고 있다. 카리모프 대통령은 95년 대선에서 압도적인 지지(91%)로 재선에 성공하였으며 2002년 대통령 임기를 7년 연장하는 국민투표에서도 절대적 지지를 얻어 대통령 권한을 지속적으로 강화 시키고 있다. 사마르칸드 출신인 카리모프는 우즈베키스탄 주요 권력기관

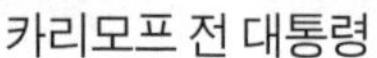

카리모프 전 대통령

미르지요예프 대통령

에 사마르칸드와 타쉬켄트 양대 세력을 균형 있게 배치하여 우즈베키스탄의 정치적 배후 실력자들을 통제했다. 지난 25년간 양대 세력의 정치, 경제, 외교 테크노크라트간 경쟁을 유도하며 자신의 절대적 권력을 다졌다. 카리모프는 스스로 3선 연임을 금지한 헌법을 고쳐 자신의 종신 집권의 틀을 마련하기도 했지만 그의 갑작스러운 병사로 25년의 통치를 마무리하였다. 카리모프는 2016년 9월 2일 78세를 일기로 사망하였다. 카리모프 대통령 서거 후 며칠 후인 9월 8일 미르지요예프 총리가 상원, 하원에 의해 대통령 권한대행직을 수행하게 되었다. 카리모프 서거 후 우즈베키스탄의 정치 혼란이나 변동을 걱정하는 외부 시각도 많았으나 카리모프 정권에서 13년간 총리직을 수행한 미르지요예프가 12월 대통령선거에서 당선됨에 우즈베키스탄은 비교적 안정적인 정권교체를 이루었다. 88.6%의 지지율로 대통령에 당선된 미르지요예프 대통령은 카리모프 정권의 노선을 계승하면서 비교적 안정적이며 점진적인 정치-경제-사회 변화를 추구하고 있다. 미르지요예프 대통령은 기존의 고립적인 카리모프의 정책들을 갑자기 바꾸기 보다는 약간의 변화와 함께 새로운 대내외적인 관계를 구축해 나가고 있다.

현재 의회 내 야당세력은 거의 전무하여 정부에 대한 견제세력이 미약한 상태이다. 따라서 의회는 독자적인 의회 권력을 가지고 있지 않다고 볼 수 있다. 구소련시대의 권위주의적 정치문화와 야당의 정치세력화 미비, 그리고 현재 우즈베크 지배계층의 미약한 개혁의지로 인해 우즈베키스탄의 정치개혁은 매우 미흡한 편이다. 그럼에도 불구하고 지하에서 활동하고 있는 야당지도자들은 인접 키르기스스탄 아카에프 대통령을 축출한 레몬혁명을 지지하는 성명을 발표하는 등 반정부 활동 의지를 표명하기도 했다. 하지만 카리모프 대통령 서거 후 이들의 활동은 외부 평가에 비해 큰 반향을 일으키지 못했다는 평가가 지배적이다.

키르기스스탄의 정치상황

독립직후 집권한 아카예프 대통령의 권위주의적 통치는 2005년 2월과 3월 두 차례에 실시된 총선 부정선거에 대한 국민들의 반발로 남부 배후 실력자들을 중심으로 한 대규모 대중 소요인 레몬혁명[7]으로 끝을 맺게 된다. 아카예프는 적극적인 역내외 관계 개선 정책을 실시하여 자신의 장기집권과 정치권력의 공고화를 추진했다. 하지만 아카예프는 부정부패와 친인척 비리, 낮은 경제성장 등으로 국민들의 정부에 대한 신뢰를 잃었고, 결국 2005년 3월에 수도 비쉬케크 및 남부지방에서 민중 봉기가 발생했다. 대중 시위의 과격화로 인해 아카예프 대통령이 도피한 가운데, 바키예프 현 대통령을 중심으로 한 과도정부가 수립됐다. 남부지역 출신이며 남부지역 배후 실력자들의 지지를 받은 바키예프는 북부출신인 쿨로프 내무장관과 연대하여 정국 안정을 꾀했으며 서방도 이들의 연대를 적극적으로 지지했다. 과도정부와, 러시아, 미국 그리고 OSCE(유럽안보협력기구)등의 사임 요구 압력을 받은 아카예프는 2005년 4월 공식 사임하고 러시아로 망명했다. 한편 레몬혁명의 주도세력이었던 바키예프 대통령 권한대행은 2005년 7월 실시된 대통령 선거에서 89% 지지로 대통령에 당선되었고 곧바로 북부지역의 배후 실력자들의 지원을 받고 있는 쿨로프를 총리로 임명하여 안정적 정부 구성을 모색했다. 하지만 바키예프 정권 출범 이후에도 오툰바예바 전 외무장관 등은 현 정권을 부패정권으로 규정하고 야권연대를 구성하여 대규모

7) 21세기 들어 구소련에서 독립한 나라들에서는 일명 '색깔혁명'이라고 부르는 민주화 혁명이 일어났다. 키르기스스탄의 민주화 혁명은 레몬혁명이라고 부른다. 2005년 키르기스스탄 야당과 민중들은 15년간 장기 집권중인 아카예프 대통령에 반발하며 변화의 색으로 레몬색을 선택, 레몬색 띠를 팔에 두르고 시위에 참석했기 때문에 레몬혁명이라 부른다. 키르기스스탄은 튤립 생산지로 유명하기 때문에 레몬혁명을 튤립혁명이라고도 부른다.

대중시위를 네 차례나 주도해 정세불안은 계속 되었다.

2007년 바키예프 대통령은 야당 지도자였던 아탐바예프를 총리로 임명하면서 대통령의 권한 강화와 정국안정을 꾀했다. 그러나 2010년 4월 국민들의 시위는 키르기스스탄 소요사태와 혁명으로 발전하였고 바키예프 대통령은 대통령직에 사퇴하고 국외로 망명하였다. 2010년 키르기스탄 혁명으로 임시 대통령직을 받은 로자 오툰바예바는 정국안정을 위해 노력하였지만 바키예프 대통령 지지자들의 폭동으로 인해 정치-사회적 혼란은 장기화되었다. 이에 임시 혁명정부는 2010년 7월 오탄바예바를 대통령으로 임명하였고 오툰바예바 대통령은 차기 대통령 선거가 있을 2011년 말까지 키르기스스탄 정부를 이끌었다. 정국혼란의 장기화는 오툰바예바를 키르기스스탄의 3대 대통령이자 중앙아시아의 첫 여성 지도자로 만들었다. 2011년 국정안정화를 통해 민주적인 국민투표를 실시한 오툰바예바는 선출된 알마즈벡 아탐바예프에게 대통령직을 이양했다. 그녀의 이와 같은 노력과 국정운영은 국내외에서 오툰바예바를 키르기스스탄의 민주주이와 평화를 가져다 준 지도자로 평가하고 있으며 뉴스위크지는 2011년 가장 영향력 있는 여성 지도자에 오툰바예바를 포함시킨 바 있다. 중앙아시아 국가 대통령 선거에서 가장 민주적인 절차에 의해 선출된 아탐바예프 대통령은 안정적인 국정운영과 균형적인 외교관계로 키르기스스탄의 발전에 크게 기여하였다.

키르기스스탄은 민중혁명을 통한 민주주의 경험과 이후 추진된 개방적 경제개혁으로 인해 중앙아시아에서 가장 빠르게 자유민주주의와 시장 경제체체를 이룬 국가라 평가되고 있다. 물론 경제적인 어려움과 함께 아직 해결되어야할 정치-사회적 과제와 혼란요소는 많지만 키르기스스탄은 그 어느 중앙아시아 투르크 국가들 보다 앞선 민주적 정치-사회 환경을 구축했다고 볼 수 있다. 국민참여를 통한 민주주의 혁명 완수와 민주적인 선거경험은 키르기스스탄의 정치를 크게 발전 시켰다고 평가 할 수 있다. 키르기스스탄은 다른 중앙아시아 국가들에 비해 많은 정권교체와 정치변동을 경험했지만 민주주의에 대한 경험과 학습은 그 어느 국가들 보다 많다고 할 수 있다.

6년간의 통치를 마무리한 아탐바예프는 헌법 규정에 따라 차기 대통령 선거에 출마 하지 않았으며 2017년 11월 11명의 후보가 출마한 대통령 선거에서 소론바이 제엔베코프가 키르기스스탄의 새로운 대통령으로 선출되었다. 소론바이 제엔베코프 대통령은 아탐바예프 정권에서 2년간 총리직을 수행하고 있었으나 공정한 선거를 위해 총리직을 사퇴하고 대통령선거에 출마하였고 54.74%의 지지율로 대통령에 당선되었다. 2017년 키르기스스탄의 대통령 선거는 중앙아시아 정치변동 중 가장 민주적인 선거와 정권교체로 평가 받고 있다. 키르기스스탄은 다른 중앙아시아 국가와 비교하여 경제적인 발전과 성과가 자랑할 만한 수준은 아니지만 중앙아시아 신흥 국가들 중 가장 발전된 민주주의와 정치체제를 만들어가고 있는 국가라 할 수 있다. 키르기스스탄은 상하이협력기구(SCO)를 통하여 러시아를 포함한 독립국가연합, 중국과 정치 및 경제협력 강화에 주력하는 한편, 미국과 서구와의 경제협력도 강화하여 경제성장을 통한 정

아카예프 전 대통령

바키예프 전 대통령

오툰바예바 전 대통령

아탐바예프 전 대통령

제엔베코프 현 대통령

치안정화에 노력하고 있다.

투르크메니스탄의 정치상황

1992년 대통령 선거에서 99.5%의 압도적 지지로 당선된 니야조프 초대 대통령은 반정부 세력에 대한 철저한 견제와 외부영향력 차단으로 장기집권 기반을 구축했다. 헌법은 거의 전 분야에 걸쳐 대통령의 절대적 권한을 보장했으며 국내의 반대 세력은 전무했다. 니야조프는 내무부 경찰과 국가 안보국을 중심으로 철권통치를 실행했다. 2003년 실시된 명목상의 의회선거 결과로 니야조프는 자신의 추종인사들과 배후 실력자들을 대거 의회에 등원시켜 친 정권적 의회를 구성했다. 니야조프는 1999년 의회의 결의에 의해 종신 대통령으로 결정되어 중앙아시아 국가 중 가장 전체주의적 정치체제를 구축했다.

니야조프는 약 10여 년간의 노력으로 강력한 독재체제를 투르크메니스탄에 구축했지만 2006년 12월 갑작스런 심장병으로 사망하게 된다. 그 결과 당시 부총리였던 베르디무하메도프가 대통령 권한대행으로 임명 되었고, 2007년 2월의 대통령 선거를 통해(89%의 지지) 대통령으로 당선되었다. 베르디무하메도프 대통령은 친 니야조프계 정치세력이지만 전임 니야조프 대통령의 장기간 철권통치에서 비롯된 문제점을 해결하기 위한 개혁의 필요성을 인식하고 교육, 보건, 사회보장 및 농업분야에서 점진적 개혁을 실시 하고 있다. 베르디무하메도

니야조프 전 대통령

베르디무하메도프 현 대통령

프 대통령은 회의를 통해 각료들의 의견을 청취하고 인민평의회를 개최하는 등 전임 대통령에 비해 민주적 의사 결정을 위해 노력하고 있다는 평가를 받고 있다. 현 대통령은 안정적인 국내 정국운영 기조 하에 점진적인 국내개혁 및 국가발전을 추진하고 있다. 막대한 천연가스와 자원 수출로 벌여 들인 재정적 지원이 여기에 더하여 진다면 투르크메니스탄은 향후 중앙아시아 국가들 중 국제정치력과 경제적인 측면에서 중요한 입지를 차지할 것으로 기대된다.

타지키스탄의 정치상황

구소련 자치공화국들 가운데 최빈국이었던 타지키스탄은 독립직후인 1992년부터 1997년까지 내전이 계속되어 더욱 힘든 상황에 처하게 되었다. 내전의 결과 소련시절 권력에서 소외되었던 라흐모노프 대통령 등 남부지역 출신 실력자들이 권력을 장악했다. 권력을 장악한 라흐모노프 대통령은 대통령 중심의 권위주의 체제를 구축하여 권력기반을 공고히 하는데 성공했다는 평가를 받고 있다. 그는 내전시 자신의 지지층이었던 남부 출신 "민족전선" 핵심인사들을 무력화하여 독자적인 권력기반을 구축했다. 라흐모노프 대통령의 임기는 2006년에 종료될 예정이었으나 2003년 6월 국민투표를 통해 사실상 2020년까지 임기를 확보하는데 성공하였다.

라흐모노프 대통령

타지키스탄은 90% 이상이 험준한 산악지역으로 되어 있어 현 대통령을 반대하는 많은 이슬람 반군세력들이 지하에 은신하고 있다. 이들은 간헐적으로 출몰하여 테러를 행해 타지키스탄의 사회적 혼란을 야기하고 있다. 하지만 제도권 내의 야당세력들은 정부측의 정치적 탄압과 구금으로 결집된 반정부 세력을 구축하지 못하고 있다. 국민들 또한 오랜 내전에 지쳐있어 키르기스스탄과 같은 민중혁명이 일어날 가능성이 매우 적다. 1992년부터 97년까지 약 6년 동안 내전을 경험한 타지키스탄은 타지키스탄 사회의 절대적 안정을 최우선 과제로 삼고 있어 향후에도 정치적 변화보다는 지속적인 정치안정을 추구할 것이다. 라흐모노프 대통령이 2006년에 실시된 대통령 선거에서 80%에 가까운 압도적 지지를 받아 재선됨에 따라, 보다 안정적인 정치권력을 행사할 수 있게 됐다. 따라서 서방국가들이 요구하는 민주주의 요건을 갖추기는 앞으로 오랜 기간이 소요될 것이다. 앞서 언급한 것처럼, 타지키스탄 국민들의 최우선 관심사는 빈곤타파와 경제발전에 있기 때문에 민주적인 정치체체 발전과는 어느 정도 거리가 있다.

아제르바이잔의 정치상황

아제르바이잔은 나고르노-카라바흐와 나흐체반을 둘러싼 아르메이나와의 분쟁 중 독립을 하게 되었다. 당시 마지막 소비에트 지도자로 아제르바이잔을 통치했던 아야즈 니야지 오울르 무탈리보프(Ayaz Niyazi oğlu Mütallibov)는 권력을 승계하여 1991년 초대 아제르바이잔 대통령으로 취임했다. 소비에트가 붕괴되자 양국간의 분쟁은 더욱 심화되었고 아르메니아의 기습으로 호잘리(Khojaly) 지역에서 아제리인 학살이 자행되었고 슈샤(Shusha)와 라친(Lachin)지역이 점령되었다. 이에 무탈리보프는 사임하였고 민주적인 선거에 의해 1992년 6월 중앙아시아 국가들 중 최초로 비공산당원이자 급진 민족주의자인 아블페즈 엘치베이(Abülfaz Elçibay)가 대통령으로 집권하였다. 개혁주의적 학자였던 엘치베이는 최초의 민선 대통령으로 투르크민족주의를 내세우며 아제르바이잔의 전면적 개혁을 추진하였다. 그는 그가 이끄는 아제르바이잔 인민전선당과 함께 많은 개혁을 추진하였지만 계속 되는 내전은 그의 개혁을 어렵게 했다. 특히, 터키와의 국가통합까지도 구상했던 그의 정치적 비전은 소비에트 출신이었던 많은 정치인들을 긴장하게 했다. 민선 출신 대통령인 엘치베이는 군을 장악하지 못해 결국 소비에트 군 출신 현직 대령인 수랏 후세인노프(Surat Huseinov)의 쿠테타로 실각하게 된다.

수랏 후세인노프는 소비에트 시절 아제르바이잔 서기장을 지낸 하이다르 알리예프(Heydar Aliyev)를 신임 대통령으로 추대하였고 이때 많은 소비에트 출신 정치인들이 중용되었다. 군과 옛 소비에트시절 정치세력들의 도움을 받아 강력한 통치력을 발휘한 하이다르 알리예프는 아제르바이잔의 정치안정과 경제발전의 토대를 만들기 시작했다. 정치적으로는 권위적 정부형태를 유지하였지만 하이다르 알리예프는 서구 지향적이며 개방적 경제개혁을 추진함으로써 서구

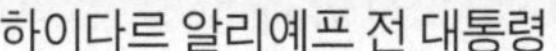

하이다르 알리예프 전 대통령

일함 알리예프 대통령

의 지원과 투자를 받아 경제발전을 이룩할 수 있었다. 동시에 후계구도도 철저히 준비하여 하이다르 아리예브가 건강악화로 2003년에 은퇴하자 장남인 일함 알리예프가 정권을 승계하게 하였다. 일함 알리예프는 선거를 통해 집권하였지만 부정선거 시비, 카리스마 부족, 독자적 지지기반 취약 등으로 집권초기 대규모 시위가 빈발하는 등 정국불안에 직면했다. 이에 일함 알리예프는 부인 메흐리반의 친인척을 포함한 바쿠계 신진 엘리트들로 지지 세력을 구축하고 부친이 중용한 구소비에트 출신 세력들을 축출함으로써 권력기반을 강화하였다. 또한 철저한 야당관리를 통해 주요 정치적 반대세력들을 구속 하는 등 통제를 강화하고 있다. 그럼에도 불구하고 아제르바이잔의 지속적인 고도 경제성장은 국민들의 정치적 불만을 불식시키는 역할을 하고 있다. 또한 개방적 경제정책을 추구하는 아제르바이잔은 많은 서구 자본을 유치하고 있어 미국과 서구는 아제르바이잔내 자신들의 이권 보호를 위해 일함 알리예프를 후원하여 정치적 안정을 지원하고 있다. 중앙아시아 투르크계 국가들 중 유일하게 부자상속에 성공한 일함 알리예프 대통령은 다양한 국제행사와 문화-수프츠 행사를 유치함으로써 아제르바이잔의 국제적 인지도는 물론 국민통합과 국가발전의 원동력으로 활용하고 있다. 아제르바이잔은 막대한 에너지 자원과 개방적인 경제정책을 바탕으로 중앙아시아 신흥 국가들 중 가장 안정적인 정치-경제-사회 환경을 구축하고 있다.

VI. 투르크 지역의 맏형 : 터키의 정치체제 개관과 중앙아시아

1991년 새롭게 등장한 중앙아시아 지역의 투르크계 국가와는 달리 터키공화국은 오스만제국의 잿더미에서 1923년에 건국되었다. 오스만제국의 정통성을 이어가며 새롭게 출범한 터키공화국은 지난 95년 동안 다양한 정치발전 과정을 겪으며 중동-중앙아시아 지역에서 가장 발전 형태의 정치제체를 만들어 왔다. '터키식 민주주의'라는 말까지 생길 정도로 이슬람 민주주의의 롤모델 역할을 해왔던 터키는 2017년 개헌을 통해 새로운 정치변동을 최근 시도하고 있으며 이는 많은 정치평론가와 지역전문가들로부터 다양한 평가를 받고 있다.

1991년 소련이 붕괴되어 중앙아시아에 다양한 터키계 국가가 설립되었을 당시와 2010년 아랍의 봄으로 많은 아랍 국가들에서 반정부 민주주의 운동이 일어났을 때 등장한 것이 '터키식 민주주의' 담론이다. 터키는 무스타파 케말 아타투르크 초대 대통령이 1923년 오스만제국의 폐허 위에 세운 이슬람 세계의 첫번째 공화국이다. 당시 아타투르크는 공화인민당(CHP, Cumhuriyet Halk Partisi)이라는 유일 정당을 설립하며 강력한 대통령제 아래 수백 년 동안 누적된 부패를 급진적으로 개혁하였다. 그러나 1950년까지 이어진 27년간의 공화인민당 권위주의 독재체제는 또 다른 정치-경제-사회적 부조리를 양산하였다. 공화국 초기 대대적인 정치-경제-사회 개혁을 추진하던 공화인민당은 점자 개혁의 동력을 잃고 결국 부패하기 시작했다. 결국 1950년에는 우리의 4·19혁명과 유사한 민중혁명이 일어났고, 이로써 터키는 강력한 대통령제에서 유럽식 민주주의라 할 수 있는 의원내각제로 전환했다. 이후 터키는 지난 67년 동안 의회민주주의를 꾸준히 유지해 왔다. 이 때문에 여느 이슬람 세계나 개발도상국과는 비교할 수 없는 민주적 정치경험을 쌓았다는 평가를 받고 있다. 그러나 한 단계 발전된 민주주의 정치체계를 이루었다는 외부 평가에도 불구하고 지난 60여 년간의 터키 정치사는 결코 순탄하지 않았으며 오히려 혼란스러웠다고도 평가할 수 있다. 이는 터키가 의원내각제를 실행하면서 군소정당이 난립하게 되었고 여러 정당이 권력을 나누어 가지는 연정(聯政)이 지속되는가 하면, 여러 번의 쿠데타로(1960, 1970, 1980) 국정이 자주 혼란스러웠기 때문이다. 연립정부의 책임성 없는 정책은 터키의 국가 경제력을 떨어트려 터키의 경제와 산업을 뒷걸음질하게 하였다. 급기야 터키는 2002년 IMF의 구제 금융을 받는 처지가 되었다.

2002년에 정의개발당(AKP, Adalet ve Kalkınma Partisi)이 집권하면서 터키는 아타투르크 이후 새로운 정치적 르네상스를 맞이하는 듯했다. 정의개발당은 지난 15여 년 (2002-2017) 동안 기존의 여러 집권세력(케말리스트, 사회주의, 민족주의 등)과 군부의 지속적인 견제와 정치적 도전에도 불구하고 자신들의 정치적 입지를 공고히 했다. 내부적으로는 다양한 정책과 법 개정 그리고 고도의 경제성장을 이루었으며, 초기에는 대외적으로도 서구 국가들과 전향적 국제 관계를 맺어 외부의 긍정적인 평가가 늘어났다. 그러면서 에르도안 정부는 선거를 통한 지지기반을 기초로 하여 이슬람 가치를 강조한 보수적인 정책들을 강력하게 추진해 왔다. 통치기간이 점점 길어지면서 통치 방식 또한 점점 권위주의적이며 독재적인 성격으로 변하고 있다는 평가가 늘어나고 있다. 터키 정치사에서 '선거의 제왕'이라 평가되는 레제프 타이이프 에르도안 대통령은 지난 15년 동안 여러 정치적 도전과 난제를 선거를 통해 해결하였다. 에르도안 대통령은 최근 2017년 4월 16에 역사적인 국민투표를 실시하여 67년 간의 의원내각제를 종식시키고 터키를 대통령 중심제 국가로 전환하는데 성공하였다. 다시 말해 에르도안 정부는 전격적인 정치체제 변동을 실시하여 1950년 이전의 아타투르크 시대와 같은 강력한 대통령제를 통해 더욱 강한 터키를 만들겠다는 포부를 다지고 있다.

레제프 타이이프 에르도안 대통령

2017년 4월의 개헌투표는 터키의 전체 유권자 5,836만명 가운데 5,060만 여명이 참여하면서 투표율이 87%에 달하여 그 어느 선거보다 많은 대내외적 관심과 국민참여가 있었다. 이처럼 중요한 국민투표에서도 에르도안 정부는 유권자의 51.4%가 개헌안에 찬성하고 48.6% 가 반대하는 극적인 승리를 하며 정치적 승리는 물론 안정된 국정운영의 기반을 확보하였다. 현재 터키는 지난 67년간 유지해 왔던 의원내각제에서 대통령제로 넘어가기 위한 여러 가지 정치-사회변동 격변기를 겪고 있다. 그리고 새롭게 함께 실시될 2018년의 대선과 총선을 통해 터키는 본격적으로 강력한 대통령제를 준비하고 있다. 이러한 정치-사

MAP OF RESULTS OF 2017 REFERENDUM

출처: www.hurriyetdailynews.com

터키의 정치체제 변동 약사

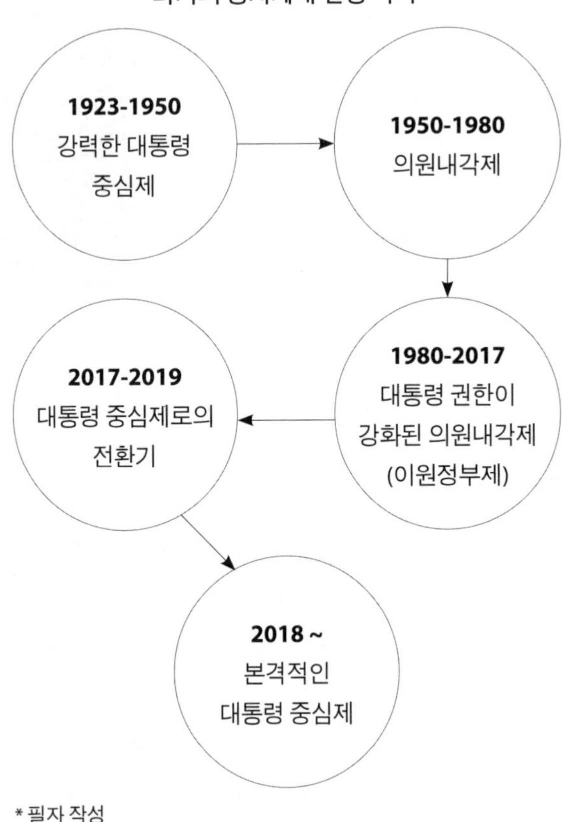

* 필자 작성

회 격변기의 터키의 경제성장과 정치체제는 그 어느 때보다 예측하기 힘들고 어려운 시기라 하겠다.

V. 나가는 말

소련 붕괴 후 중앙아시아 국가들은 지난 15여년간 정치, 경제적인 체제 변혁을 시도해 왔다. 이들 국가들의 체제 변혁은 경제적인 의미에서 자본주의 시장요소의 수용은 물론 정치적인 자유화와 새로운 국가 건설을 포함하는 삼중변혁을 의미했다. 이러한 변혁은 각 중앙아시아 국가 간 다양한 양상으로 나타났다. 비록 70여 년 이상 동일한 역사와 체제를 공유했지만 각 국가의 민족구성, 토착민족 비율, 정치적 배후 실력자들의 세력정도에 따라 다양한 변화의 차이를 보이고 있다. 아제르바이잔과 카자흐스탄, 키르기스스탄은 국가 제도의 정비와 함께 경제개혁과 절차적 민주주의(procedural democracy)[8] 측면에서 진전을 보이고 있는 반면, 우즈베키스탄, 투르크메니스탄, 타지키스탄은 오히려 구소련 정치, 경제 체제의 골간을 유지하고 있다. 하지만 공통적으로 중앙아시아의 대부분의 국가에서는 권위주의적 유산이 정치, 사회 전반에 아직 많아 남아 있어 경제개혁에 있어서도 다른 구소연방 국가들에 비해 낙후성을 보이고 있다. 많은 중앙아시아 국가들에서 가산제적이고 가족적인 지배를 보이는 정치체제가 실행되고 있어 앞서 언급한 전제적이고 권위주의적 정치체제의 유산과 함께 중앙아시아 정치의 민주화와 자유화에 걸림돌이 되고 있다.

중앙아시아 지역에서의 체제이행에 관한 이론은 과학적인 것이라기보다는 정치-사회적인 성격을 강하게 내포하고 있다. 따라서 사례비교연구나 일반적인 설명으로는 중앙아시아의 정치를 제대로 이해 할 수 없다. 중앙아시아 정치는 중앙아시아의 정치구조를 형성하는 내부적 요인, 정치적 역동성 그리고 사회구조를 충분히 이해해야만 제대로 설명을 할 수 있다. 이와 같은 이해가 부족한 상태에서 중앙아시아 정치를 해석 한다면 내부적 인식과 외부적 인식사이에는

8) 절차적 민주주의(procedural democracy)는 정치적 자유와 권리는 어느 정도 보장하는 가운데 선거를 통해 정치지도자를 선출하는 최소한의 민주주의를 의미한다.

상당한 차이가 생길 수 있다. 본문에서 살펴본 바와 같이 단지 현상 위주로 중앙아시아 정치를 이해한다면 잘못된 판단을 내릴 수 있다. 즉, 정확한 중앙아시아의 정치 이해를 위해서는 현 중앙아시아 대통령들을 권력의 중심으로 보낸 정치적 배후 실력자들과 이들의 영향력 그리고 대통령과의 관계를 충분히 살펴볼 필요가 있다. 다시 말해 중앙아시아 정치는 이중적 정치구조를 가지고 있음을 알아야 한다. 표면적 정치구조인 대통령, 의회, 정당과 같은 주요 권력기관들의 관계뿐만 아니라 지방 곳곳에 정치적 실력자로 있는 씨족장, 부족장, 경제적 재벌, 지방유지 등과 같은 중앙아시아 정치의 막후 실력자들의 정치적 영향력과 그들 지도자와의 관계를 파악할 수 있어야 정확한 중앙아시아 정치를 분석할 수 있다. 즉 표면적 정치구조 이면에 있는 이들 막후 정치적 실력자들과 대통령, 의회 관계를 면밀히 살펴봐야 정확한 중아아시아 정치를 이해할 수 있다.

이와 같이 내부적 이해가 부족한 상태에서 중앙아시아 정세를 분석하여 내부적 인식과 외부적 인식사이에 차이가 나는 사례는 많이 찾아볼 수 있다. 예를 들어 중앙아시아 내부적 요소를 간과한 채 단지 외부적인 시각으로는 카자흐스탄의 민주화 정도나 우즈베키스탄의 비관적인 정치-경제 상황에 우려를 나타내는 경우가 많다. 특히 서구의 잣대로 중앙아시아 사회를 바라보는 이들이 이와 같은 우려를 많이 하고 있다. 하지만 실제 많은 카자흐스탄 국민들은 질서를 위해서는 국민권리의 제한도 필요하다고 생각하는 경우가 많으며, 우즈베키스탄 국민의 경우 비관적 정치-경제 상황에도 불구하고 그들의 자국 발전모델에 대해 비교적 만족해하고 있다. 현지 국민들을 상대로 한 설문조사에서도 대다수의 카자흐스탄, 우즈베키스탄 국민은 민주적 정치체제나 자유주의 또는 사회주의 등의 그 어떠한 정치제제보다 정치적 혼란을 가져오지 않고 질서를 잡을 수 있는 정치체제를 선호한다고 말했다. 즉 대다수의 국민들은 어떤 지도자나 어떤 정치형태가 권력을 잡는 것에 대한 관심보다는 정치-사회적 질서와 안정만을 우선적으로 고려한다는 의미이다. 아래 도표는 이러한 실태를 반영한 현지설문조사이다. 우리는 이러한 이유 때문에 현재 모든 중앙아시아 지도자들이 전 소비에트 관료 출신임에도 불구하고 민족주의적인 현 독립국가에서도 계속해서 권력을 유지하며 국민들의 지지를 받고 있음을 알아야 한다. 또한 타지키스탄의 경우 대다수의 국민들이 이상적인 정치체제로 우즈베키스탄을 꼽

중앙아시아에서의 가장 이상적인 정치체제에 대한
카자흐스탄, 우즈베키스탄 국민의 설문결과

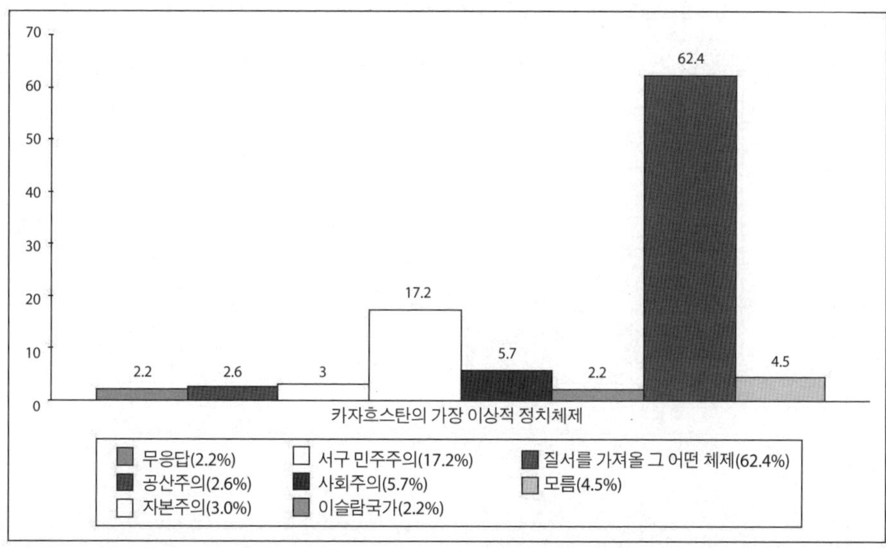

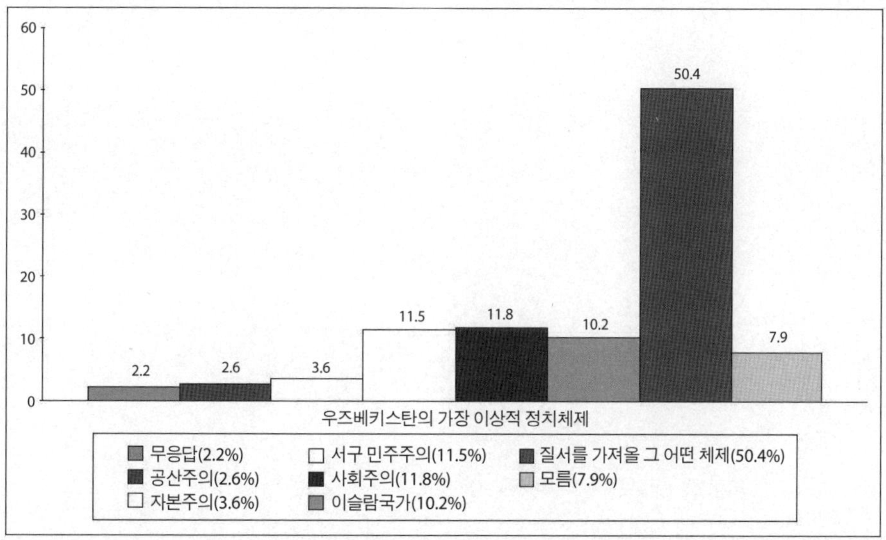

출처 : Nancy Lubin, "Views of Leadership in Uzbekistan and Kazakhstan," in Timothy J. Colton and Robert C. Tucker (eds.), *Patterns in Post-Soviet Leadership* (Bolder: Westview Press, 1995), pp.218-219

고 그 다음으로 미국, 러시아를 지적하고 있다는 사실로만 봐도 외부적 인식과 내부적 인식에는 상당한 차이가 있다는 것을 알 수 있다. 이와 같이 각 중앙아시아 국가의 내부적 역동성과의 관계를 간과한다면 정확한 중앙아시아 각국의 정치, 사회를 해석할 수 없다는 것을 인식하고 보다 심층적인 내부적, 현지적 접근을 통해 중앙아시아 정치를 이해해야 한다.

TURK AREA

투르크 지역 역사

김대성 (한국외대 터키·아제르바이잔어과 명예교수)

01
중앙아시아 투르크계 민족공동체의 형성

I. 우즈벡 민족 공동체의 형성

1-1. 고대 부족국가 형성과 실크로드 교역의 개시(B.C. 5세기 - A.D. 5세기)

기원전 12세기와 9세기 사이에 흑해 북부 지역에서 지금의 이란 지역으로 아리안족들이 남하하는 시기에 지금의 우즈베키스탄 지역에는 아리안족과 같은 인도-게르만어계열의 종족들인 소그드인, 파르티아인이 이주하여 국가를 건설하였다. 따라서 우즈베키스탄과 주변 지역에서는 아리안 계통의 고대 소그디아(Sogdia) 문명이 발달하였다. 당시 이 지역에 수많은 부족과 부족연합 공동체들이 형성되어 상호 지배하거나 지배받았기 때문에 문화적 혼합과 상호적 동화과정이 불가피하게 나타날 수밖에 없었다.

고대 시대에 우즈베키스탄 지역의 문명발전을 주도했던 부족은 고대 소그드인이었다. 이들은 비단길 교역을 주도함으로써 중앙아시아 물질문명의 발전에 기여했다. 이 시기에 화폐가 등장하였으며, 상업교류가 활발해져 도시가 번창

할 수 있었다. 농업과 원예 등도 발달하여 페르가나 지역에서는 포도재배와 함께 주조기술도 발달하였다.

기원전 6세기경 이 지역은 이란에서 세워진 아케메네스 페르시아제국의 지배하에 들어감으로써 페르시아 문화권으로 통합되었다. 아케메네스 제국(BC.550년~BC.320년경)은 다리우스 대왕 때 절정에 달하였다. 그는 자신을 '왕중왕'이라 칭할 만큼 강력한 전제정치를 실시하였다. 문화적으로는 조로아스터교가 지대한 영향을 끼쳤다. 그러나 아케메네스 제국이 기원전 4세기경 그리스의 알렉산더 대왕에게 패함으로써 그 지역은 알렉산더 제국과 그 뒤를 이은 셀레우코스 왕국의 지배하에 들어갔다. 기원전 250년경 이 지역은 파르티아족의 지배를 받게 되었다. 파르티아는 강력한 제국(B.C.247-A.D.224)을 형성하였으며 정치적인 안정을 이루어 로마 제국, 중국의 한조와 더불어 동서양을 잇는 실크로드의 개통을 가능케 하였다.

A.D. 3세기에 사산조(A.D.226-651) 페르시아 제국이 일어나 파르티아 제국을 멸망시켰다. 사산조 페르시아 제국의 조로아스터교는 우즈베키스탄 지역을 포함하는 전 중앙아시아에 깊은 영향을 끼쳤으며 이후부터 조로아스터교의 가장 큰 축제일인 노우루즈(Nauruz)가[1] 지켜졌으며 지금도 중앙아시아 일부에서 이와 같은 전통을 유지하고 있다.

440년경에는 페르시아계 민족인 에프탈리테(Ephthalite)[2]가 알타이 지역에서 남하하여 트란속시아나, 호라산(Khorasan) 지역을 비롯한 페르시아 동부지역을 점령하여 봉건국가를 건설하였다. 당시 에프탈리테는 이란 지역에 성립된 사산조 페르시아에 영향력을 행사할 정도로 강한 국가였다. 에프탈리테 왕국은 6세기 중엽 돌궐국가에 의해서 멸망하였다. 이후에 우즈베키스탄을 비롯한 중앙아시아에 돌궐족(투르크족)들의 본격적인 유입과 지배가 시작되었고 이 지역의 새로운 세력으로 부상하게 되었다.

서돌궐의 유목민들이 대거 유입하면서 사회는 정착농민과 유목민들로 이중

---

1) 터키의 동부지역에서는 쿠르드족과 유목민적 관행을 지키는 전통적 터키인들과 일부 이란인들이 노우르즈 또는 네브루즈(Nevruz)로 지칭하며 이 날을 명절로 성대하게 지키는데 봄이 시작하는 날을 새해 첫날로 여기며 3월 22일에 해당한다.

2) 에프탈리테가 유럽에는 아바르(Avars)족으로 알려져 있다.

석인 구조를 가지게 되었다. 동돌궐의 왕을 카간(Kaghan)으로, 서돌궐의 통치자를 야브구(Yabgu)라고 불렀다. 우즈베키스탄 지역의 자연조건에 따라 면화재배와 원예가 이 지역에서 성행하였으며 비단 및 면화의 교역이 활발하게 진행되었다. 또한 크즐쿰 사막지역에서는 금, 구리, 납, 철, 은 등의 금속들이 많이 채굴되었다. 이러한 경제적인 안정 속에서 상인과 지주 계층이 성장할 수 있었고 이로 인해 이 지역에 봉건제도가 발달하는 계기가 되었다.(최한우, 1997: 349)

1-2. 중앙아시아의 이슬람화(8c-13c)

7세기 중엽 사산조 페르시아 제국을 멸망시킨 아랍인들은 8세기 초에 호라산 총독 이븐 무슬림의 지휘 하에 중앙아시아에 진입하였다. 아랍 우마이야조의 아랍인들은 무력으로 중앙아시아 원주민들을 복속시키고 이슬람을 중앙아시아에 전파시켜 그 영향력이 시르다리야강까지 이르렀고 카자흐스탄 중북부 지역까지는 미치지 못하였다.

이슬람의 중앙아시아 진출의 결정적인 계기는 탈라스(Talas) 전투였다. 중국 당나라와 장기간 대립해 왔던 돌궐계 부족은 당나라의 중앙아시아 진출에 반발하여 중앙아시아로 영역을 확장하려는 아랍의 압바스 왕조를 도와 이 전쟁에 참여하였다. 아랍, 돌궐계 카를룩, 티벳 등의 연합군과 당나라 군대가 751년 지금의 타쉬켄트 부근 탈라스강 유역에서 충돌하였다. 아랍 연합군이 고구려 유민 고선지 장군이 지휘하는 당나라와의 전투에서 승리함으로써 중앙아시아 지역에 대한 중국의 영향력이 급격히 감소하였다. 아랍 연합군의 승리는 중앙아시아에 유입한 투르크족에게 이슬람의 전파를 가능하게 만든 요인으로 설명될 수 있다.

카자흐스탄 스텝 지역에 거주하는 투르크 부족들은 8세기에 세미레체 지역에서 카를룩(Karluk) 부족을 중심으로 연맹체를 결성하였다. 카를룩 부족이 세운 카라한(Karahan)조는 아랍 압바스조가 정체해 가는 과정에서 부하라 지역을 중심으로 발흥한 페르시아계 사만 왕조(A.D. 874-999)의 중계 역할을 통해서 이슬람을 받아들인 최초의 투르크계 국가가 되었다.

사만 왕조는 점차로 압바스조 칼리파의 영향력에서 벗어나서 독자적인 새로운 페르시아 문화를 형성시켰으며 이 페르시아 문화는 지금의 우즈베키스탄 지역에서 찬란하게 꽃피웠다. 이 시기에 수학자이자, 천문학자, 지리학자, 역사학자로 명성을 떨쳤던 알-자브르(Al-Djabr)는 오늘날까지 대수학을 의미하는 algebra라는 용어에서 그의 이름이 남아있고 12세기에 라틴어로까지 번역되어 유럽의 의학에 지대한 영향을 끼쳤던 이븐 시나(Ibn Sina: A.D. 980-1037) 및 인도의 역사(History of India)를 집필한 알-비루니(Al-Buruni)와 같은 유명한 학자도 이 시대 중앙아시아에서 배출된 인물이다.

중앙아시아가 이슬람권에 포함됨으로써 이슬람 상인들의 교류가 활발하게 이루어졌으며 특히 사마르칸트, 타쉬켄트와 부하라 등지에 많은 인구가 정착하여 수공업이 발달하고 대상무역을 통해 도시와 농촌 간의 접촉이 크게 증가했다.

1-3. 우즈벡 민족 공동체의 형성

우즈벡 민족 공동체는 사만조(874-999)의 형성과 발달로 인해 먼저 중앙아시아에 정착했던 타직 민족 영토에 인접하여 부족집단을 이루었다. 즉, 투르크족이 콰레즘, 소그드인 등 페르시아계 중앙아시아 고대 원주민들과 부분적으로 혼합하여 우즈벡 민족이 새롭게 구성됐다고 할 수 있다. 투르크족과 원주민들과의 인종적, 문화적 상호 혼합은 11-12세기 동안에 가속화되었으며 트란속시아나 지역에서 15세기 말에 우즈벡인이라 불리운 민족의 원형이 형성되기 시작했다.(최한우, 1997: 301)

우즈벡인들이 민족적 정체성을 가진 집단으로 조직화되기 시작한 것은 13세기 몽골 침입 이후였다. 1219-1221년 사이에 중앙아시아 지역은 징기스칸의 몽골군대의 침략을 받은 뒤 몽골의 영향을 받게 되었다. 몽골제국 통치기에, 중앙아시아 스텝 서부 지역에서 이미 이곳으로 진출해 있던 투르크족과 13세기 초부터 이동해 온 몽골족이 상호 혼합되는 과정이 전개되었다. 11-13세기에 현재의 우즈베키스탄 중심부에는 카라한과 카를룩 사람들이 이미 차지하고 있었으며 서부는 오우즈(Oghuz)인들, 북부는 킵착(Kypchak)인들, 동부는 우이구르(Uyghur)인들이 차지하고 있었다.

몽골제국의 세력이 위축되던 시기인 1312년에서 1340년까지 시르다리야 강의 북부 스텝지역을 통치한 사람은 우즈벡 칸(킵착 칸국의 9대 칸: 1341사망)이었다. 우즈벡이라는 이름이 여기서 처음 언급되어 후에 왕조와 공국의 명칭, 그리고 민족명으로 사용되기에 이르렀다. 14세기까지 이 지역 사람들은 큽착인이라 불리웠으며 "우즈벡"이 민족명으로 사용된 것은 15세기 말 16세기 초 무렵으로 추정된다. 14세기 중엽 이후 차가타이 칸국이, 14세기 말에는 큽착칸국의 부족연합이 와해되기 시작함으로써 중앙아시아에 힘의 공백 상태가 나타났다. 큽착칸국이 쇠잔해진 이유는 톡타미쉬(큽착칸국 12대 칸: 1377-95 재위)와 티무르 군대간에 있었던 전쟁에서 톡타미쉬 군대가 대패하였기 때문이다.

15세기 중반에 이르자 투르크계 우즈벡인이 시르다리아 강을 지나 서투르키스탄으로 진입하기 시작했다. 15세기 중엽 투르크계 장군 아블카이르(압알하일) 칸이 큽착 초원에 강력한 세력을 구축함에 따라 그의 일족들과 그를 따르던 자들을 특별히 '우즈벡'이라고 부르게 되면서 이 이름이 널리 알려지게 되었다.[3]

그들의 후예들은 큽착 스텝에서 시르다리아강 남부로 본격적으로 남하하여 중앙아시아의 정착 지역을 침공하기 시작했고 1507년에 티무르 왕조를 멸망시키고 샤이바니(Shaybani) 왕조를 세웠다.[4] 그 후 이를 계승한 왕조들이 부하라를 중심으로 세워졌기 때문에 이를 총칭하여 부하라 칸국(Bukhara Khanate)이라고 부른다. 또 다른 우즈벡인의 일파는 16세기 초 히바 칸국(Khiva Khanate)을 건설하였다. 초원지대에서 농경지대로 이주한 우즈벡 유목민들은 서서히 정착생활에 적응하게 됐고 이로써 우즈벡이라는 민족명이 이 지역의 다른 투르크족들에게도 널리 알려진 것이었다. 이들은 기존의 투르크계, 몽골계, 혹은 페르시아계 부족들을 흡수하여 동화시키면서 우즈벡 민족 공동체를 형성시켰다.(최한우, 1997: 351) 큽착 스텝에서 남하한 우즈벡인들은 몽골 지배층과 투르크 유목민 혼혈집단의 후손들로 여겨진다.

---

3) 1. 15세기 중엽에는 아블카이르(압알하일)칸이 강력한 국가를 세웠다고 했는데 당시의 국가 이름이 큽착칸국인가요?

답. 큽착칸국은 1237-1419년에 걸쳐 존속했습니다. 큽착칸국 또한 부족연합국이라고 칭할 수 있습니다.부족연합이 와해됐다고 보아야 합니다. 큽착칸국의 징기스칸의 혈통을 가진 아블카이르(압알하일) 칸이 시르다리야 북쪽에 있던 지역을 1430-31년에 회복했습니다. 1446년에는 티무르조를 압박할 정도로 강해졌습니다. 아블카이르는 1468년 사망했으며 샤이바니는 아블카이르 칸의 손자였습니다.

2. 16세기초에 형성된 사마르칸트, 키바, 코칸트, 부하라가 합하여 샤이바니 왕조인가요?

답. 샤이바니 왕조는 부하라를 중심으로 세워져서 부하라 칸국이라고도 합니다. 사마르칸트는 부하라 칸국 내 도시입니다. 하지만 코칸드 칸국, 키바(히바) 칸국은 또 다른 우즈벡인의 일파에 의해 건설되었습니다.

4) 김호동 외, 유라시아 유목제국사, 사계절,1999, pp.666-670.

II. 카자흐스탄 민족 공동체 형성

2-1. 돌궐계 부족국가의 출현

고대 투르크인들의 발상지는 알타이 산맥과 그 주변 지역으로 추정되며, 특히 문화사학자들은 바이칼 호수의 남서쪽에서부터 알타이 산맥을 포함하여 이르티시 강에 이르는 지역을 고대 투르크인들의 본거지로 제시하였다. 투르크족이 전형적인 스텝 유목민으로서 목축에 유리한 자연환경을 따라 지속적으로 이동했기 때문에 광범위한 지역에 걸쳐 확산되었다. 기원 후 4-6세기에 투르크족은 돌궐(突厥)제국을 형성했었는 데, 8세기에 이르러 중국 당(唐)나라에 의해 붕괴되기 시작하자 서쪽으로 이동하여 오늘날 카자흐스탄 동부의 알타이 산맥 서남쪽으로 유입하였다. 8세기 초 돌궐계 부족이 츄 강(江) 동부 지역에서 부족연맹체를 강화시켰고, 특히 카를룩(Karluk) 부족은 751년에 무슬림 아랍인들과 연합하여 탈라스 전투에서 당나라군을 격퇴시킨 뒤 탈라스 지역에 정착하였다. 이슬람 문화와 접촉하게 된 카를룩 부족은 차후 이슬람 투르크 국가를 건설하는 데 중요한 역할을 맡았다. 최초의 투르크 이슬람 국가인 카라한(Karahanli: 840-1212)조의 지배 세력이 카를룩 부족이었기 때문이다.

카라한조는 세미레체와 트란속시아나(시르다리아와 아무다리아 사이의 지방)에 이르는 지역에 걸쳐 세력권을 넓혔다. 그러나 카라한조는 서쪽의 셀주크 국가의 공격을 받았고, 동으로는 거란족의 침입을 방어해야 했다. 결국 카라한조는 1140년에 거란(카라히타이)의 군대에 무릎을 꿇고 말았다. 당시 주기적으로 발생한 전쟁으로 인해 교역활동이 침체되는 경향이 있었다. 13세기 초 몽골족이 이 지역으로 진출함으로써 강력한 세력에 밀려 일부 투르크족은 서쪽으로 이동하여 셀주크 국가로 흡수되었다. 결국, 셀주크 국가도 몽골족의 공격력을 견디지 못하고 서쪽의 새로운 정착지를 찾아 나설 수밖에 없었다. 이때 일부 세력은 서쪽으로 이동하여 비잔틴 제국 영토 접경까지 진출하여 간헐적으로 비잔틴 제국의 변경을 침입하기 시작했으며, 중앙아시아에 잔여한 일부 투르크족은 오늘날 중앙아시아 투르크 국가들의 터전을 고수해 온 것이다.

2-2. 카자흐 민족 공동체의 형성

1219-1221년 사이에 중앙아시아 지역은 타타르 전사를 주축으로 한 징기스칸의 몽골군대의 침략을 받은 뒤 몽골의 영향권으로 흡수되었다. 징기스칸은 1219년 군대를 일으켜 투르크계의 콰리즘(Khwarizm: 996-1220) 왕국의 정벌에 나섰으며 부하라와 사마르칸트는 징기스칸의 군대에 의해 함락되고 콰리즘의 술탄 무함마드(Muhammad)는 도주하다 병사했다. 징기스칸은 죽기 전에 자손들에게 영토를 분배했는데, 셋째 아들 오고타이에게 알타이 산의 서쪽과 중가리아 북쪽 지역, 둘째 아들 차가타이에게는 사마르칸트, 부하라와 아무다리아(옥서스 강)가 포함된 서역 지방이 주어졌다. 장남 조치(Jochi)에게는 이르티시강(江) 북서쪽의 스텝을 통치하도록 했는데 조치가 사망하니 그의 속지(屬地)인 큽착스텝이 아들 바투(Batu: 123-1251)에 의해 승계되었다. 그후 1255년 훌라구가 일한국을 창건함으로써 몽고제국은 광대한 영역을 지배하게 되었다. (룩콴텐 1984: 275)

14세기 중엽 이후 차가타이 한국이, 14세기 말에는 큽착칸국이 쇠잔해지므로써 중앙아시아에 힘의 공백 상태가 나타났다. 15세기 중반에 이르자 투르크계 우즈벡인이 시르다리아 강을 지나 서투르키스탄으로 진입하였다. 1500년경 그곳에서 샤이바니(Shaybani)칸의 통솔 아래 우즈벡인은 사마르칸트를 함락시키고 부하라와 히바(Khiva: Khwarizm) 지방에도 진출하는 등 중앙아시아의 주요 지역을 석권하려 했다. 그러나 우즈벡인은 중앙집권적 국가를 건설하지 못하고 내부 분열이 심화되어 혼란에 빠지고 말았다. (나가사와 1990: 171-172) 이때 우즈벡인으로부터 이탈한 카자흐인들은 현재 카자흐초원의 중부와 남동부로 이동하여 독립적인 유목집단을 이루었고, 이 집단이 카자흐 민족공동체를 형성하는 기틀이 되었다. 카자흐 카슴(Kazakh Kasym: 1511-1523) 통치하에 카자흐 칸국은 인구가 백만명에 이르렀다. (최한우 1997: 314)

역사학자 바르톨드(Barthold)는 '카자흐'라는 용어가 터키어 '*kaz- 배회하다, 또는 거위*'에서 파생되었다고 설명하였다. 또한 역사학자 마르타 브릴 올코트(Martha Brill Olcott)는 카자흐족들을 투르크계 우즈벡인으로부터 이탈해 나온 유목민 집단으로 분석하였다. (Arutiunov 1993: 127)

그림-1 19세기 카작 호르드의 분포 상태

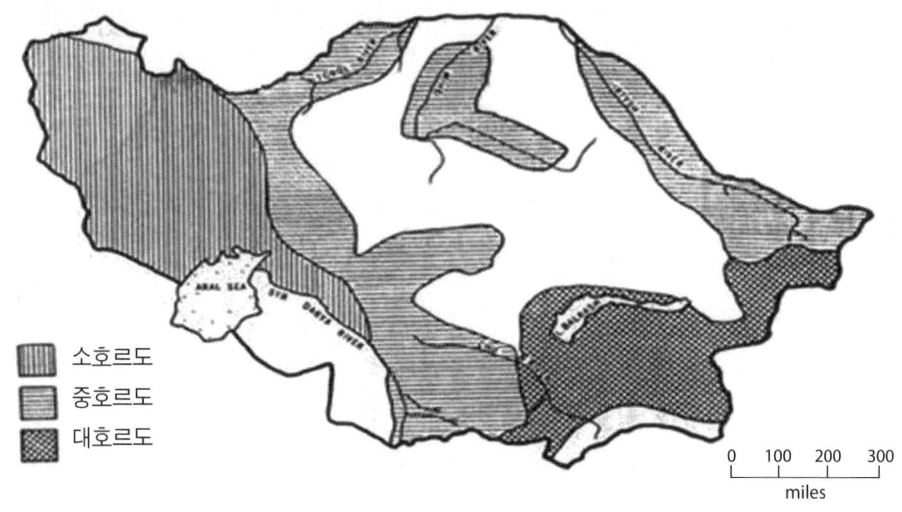

출처: G. Demko, The Russian Colonization of Kazakhstan, Indiana Univ., 1969, p.24.

카슴 칸(Khan)의 통치 이후, 카자흐 칸국은 독립적인 3개의 호르드(Horde; Ordu)로 나뉘어짐으로써 세력이 크게 약화되었다. 투르크-몽골계 어휘로서 군대(軍隊)를 의미하는 호르드는 군대를 중심으로 형성된 유목민 집단을 의미한다. 大 호르드는 오늘날 카자흐스탄의 세미레체와 발카쉬 호수를 중심으로 하는 남부 지역, 中 호르드는 카자흐스탄 중부 초원지대, 小 호르드는 아랄해 북부 초원지대인 카자흐스탄 서부에 분포(分布)하면서 주로 유목 생활을 했으며 일부는 농사를 지었다.

2-3. 카작 칸국의 정치구조

정치 구조

일반적으로 카작 칸국에서의 정치적 권위는 유목생산에 필수적인 주요 자원의 합리적인 분배, 목축 이동로의 확립과 규제, 생산과정에 필요한 일정한 질서의 필요, 분쟁의 조정, 외부 적의 침입으로부터 가축 및 목초지의 방어, 전쟁 등과 관련되어 나타났다. (하자노프 1990: 209)

카작 유목 사회의 핵심은 가축 소유의 단위체인 가족이었다. 가깝게 연관된 소수의 개별 가족들이 생산공동체인 아울을 형성하였고, 이는 친족 집단인 루로 통합되었다. 아울 공동체와 루 집단의 지배자는 대체로 재산과 능력을 가지고 있으며 많은 친족들의 지지를 받아야 자신의 역할을 수행할 수 있었다.

생산공동체인 아울은 목초지와 구성원들의 보호를 책임지는 '악사칼'이라 불린 연장자에 의해 통제되었다. 악사칼은 아울공동체의 감독자이자 행정가였고, 다른 아울과의 분쟁에서 아울을 대표하며, 목초지의 사용과 이동로 및 이동시기를 결정하였다. 루는 일반적으로 전통과 관습에 기초하여 내외의 분쟁을 해결하는 사법권한을 지닌 '비'가 지배하였다. 비는 관리가 아니라 지배자로서 루 집단의 목초지를 각 아울에게 분배하는 역할도 수행하였으며, 점차로 관습적 규범의 수정 및 개정, 칸의 선출에 대한 권리를 소유하게 되었다. 비는 실제로 루 뿐만이 아니라 아울공동체에 대한 영향력을 가지고 있었다.

비와 악사칼은 루 집단과 아울공동체 내부에서 선출 계승되었으나, 그 계승의 원칙 및 관례는 명확히 존재하지 않았다. 악사칼과 비는 대규모 가축소유자 또는 부유한 계층의 대표자였으며, 이동목축을 주도하였고, 가난한 친족들의 보호자로서의 역할도 담당하였다. 비와 악사칼은 상위 정치 지배자들인 술탄과 칸에 대해 정치적으로 상당히 독립적이었거나 최소한 자치적이었다. (손영훈 1997: 41)

카작 칸국의 최고 통치자는 칸이었다. 칸은 루 통합체의 최고 지배자로서 루 집단들 사이에 목초지를 배분하는 권한 및 칸국의 영토를 보호해야 할 책임이 있었다. 칸은 그의 친족들에게 영토를 분할하여 배분하는 권한뿐만이 아니라 외교관계 수립 및 전쟁과 평화협정 체결권한도 가지고 있었다. 또한 칸은 군의 최고 지휘자였고 사법권 및 법률의 개정권한도 보유하였다. 칸은 술탄, 비, 가까운 친족 및 계보에 능통한 이들로 칸 위원회를 구성하였다. 칸 위원회에서는 중요한 정치, 군사 등의 다양한 문제들을 논의하여 결정하였다. 또한 부족간의 분쟁을 해결하였고, 입법권도 가지고 있었다.

칸의 권한 중의 하나는 칙령을 통한 세금 및 공물의 징수였다. 칸 및 술탄의 근위대로 알려진 '렝그트'는 군사임무를 비롯하여 세금징수 등의 다양한 의무를 수행한 전사집단과 가축을 돌보는 등의 임무를 담당한 하인들로 구성되어 있었다. 칸이 최고 군 지휘자였지만 카작 칸국에서 정규군은 존재하지 않았다.

이는 평상시에 카작인들이 이동목축생산에 종사했기 때문에 정규군을 구성할 여건이 조성되어 있지 않았다. 단지 적의 침입에 직면하여 일시적인 군대가 형성되었고 이를 칸, 술탄 및 바트르(지휘관)가 통제하였다.

칸은 아들에 의해 계승되는 것이 원칙이었으나 경우에 따라서 사망한 칸의 형제와 아들 중에서 선출 계승되기도 하였다. 칸으로 선출되기 위한 전제조건은 징기스칸의 후손이어야 한다는 것이었다. 칸의 계승자는 술탄 및 루-부족들의 대표자 모임인 '쿠릴타이'에서 재산, 영향력, 용맹성 등을 바탕으로 비들의 지지를 받아 선출되었다. 그 후 새로운 칸의 통치를 승인하는 '칸 추대'라는 전통적 관례를 거쳐 칸의 직위에 올랐다.

징기스칸의 자손이지만 칸으로 선출되지 못한 술탄들은 칸으로부터 부여받은 울르스의 루-부족들을 통치하였다. 16세기의 자료에 의하면 카작 칸국은 10개의 울르스로 분할되어 있었고, 각 울르스의 인구는 약 100,000명 정도였다. 각 울루스의 영토는 루-부족들의 하계 목초지와 동영지 및 고정된 이동로를 포함한 지역이었다. 따라서 이동목축이 기본 경제형태였던 상황에서 이러한 울르스의 영토는 일부 중복되기도 하였다. 각 술탄은 징기스칸의 자손이라는 점에서 정치적 지위를 유지할 수 있었다.

그러나 그 지위의 강화는 실제로 악사칼과 비를 비롯한 대규모 가축소유자들의 지지 여부에 달려 있었다. 따라서 술탄과 지역 지배자들 사이의 관계는 한편에서는 보호와 다른 한편에서는 지지라는 쌍방적 의무를 필요로 하였다.

카작 칸국에서 칸의 권력은 선출된 칸의 개인적 능력에 의해 좌우될 수 있었다. 이 때문에 카슴 같은 강력한 칸의 통치하에서는 울르스의 술탄들이 카작 칸국의 칸의 정치-군사적 우위를 인정하고 복종하였으므로 일시적인 통합이 유지되었다. 그러나 이러한 짧은 기간을 제외하고는 카작 칸국은 중앙집권 국가가 아니었다. 오히려 칸국은 루-부족 통합체인 쥬즈와 이를 구성하고 있던 다양한 집단들의 연합체적 성격을 지니고 있었다. (손영훈 1997: 40-43)

<참고문헌>

김대성, 1991, "터어키족의 이동", 「외대논문집」제24호

김대성, 1998, "카자흐스탄과 우즈베키스탄의 일반 개황", 「한국중동학회논총」 제19-1호.

김호동 외, 1999, 유라시아 유목제국사, 사계절.

나가사와 가즈도시, 1990, 실크로드의 역사와 문화, 이재성 역, 민족사.

손영훈, 1997, 카작 칸국의 사회구조,-유목사회 봉건제 논의를 중심으로-, 한국외국어대학교 석사학위논문.

우덕찬, 1998, 「중앙아시아史 槪說」, 부산외대 출판부.

이희수, 1993, 「터키사」, 대한교과서

최한우, 1997, 「중앙아시아학 입문」, 도서출판 펴내기.

하자노프, 1990, '유목사회의 구조', 김호동 역, 지식산업사.

Arutiunov, Sergei, 1993, The Newly Independent States of Eurasia, Handbook of Former Soviet Republics, ORYX.

Demko, G., 1969,The Russian Colonization of Kazakhstan, Indiana Univ.

02
러시아의 중앙아시아 진출

I. 러시아의 카자흐스탄 지역 진출

1-1. 러시아의 진출과 영향력 확대

16세기 후반부터 러시아는 시베리아 진출의 기회를 포착하여 동진(東進)하였고, 중가르(Dzungar)[1] 칸국도 중앙아시아 지역으로 세력을 확대시키려 하였다. 특히 18세기 초 동쪽의 중가르 칸국도 간헐적으로 중앙아시아 지역으로 침입했다. 1710년, 1728-29년에 있었던 중가르 칸국의 침입을 카자흐 제후들이 힘겹게 막아낼 수 있었으나 재침(再侵)의 위험이 상존하고 있었다. 대외적 위협에 직면하고 있음에도 불구하고 17-18세기에 호르드의 지도자들이 내적으로 분열하여 대립하는 과정에서 자기 집단의 생존 가능성을 확대시키기 위해 일부 카자흐 지도자들은 러시아의 지원을 받기도 했다. 또한 일부 지도자들은 러시아

1) 17세기 서몽골의 '좌익 주민들' 또는 '왼팔'이라는 의미를 가진다. 참고: 김호동 외, 유라시아 유목 제국사, 사계절 p.721.

의 팽창정책을 인식하고 러시아와의 공조를 반대함으로써 카자흐 공동체 내의 상호지원을 모색하였다. 이와 같은 노선 대립과 상호 반목의 격화는 카자흐 세력을 무력하게 만든 주요 원인이 되었다.

중가르 칸국의 공세를 방어하려는 의도로 아불카이르(Abulkhair)칸은 러시아의 지원을 요청했고 1731년에 이 요청이 수락되어 결과적으로 소(小) 호르드는 러시아의 영향권 내로 흡수되었다. 1735년 아불카이르 칸의 요청으로 러시아는 오르(Or: 현재 Orsk)강 어귀에 요새를 건설하였다. 1740년 초에 중가르의 공격이 재개되자 러시아의 국경 수비대가 개입하여 방어할 수 있었다. 외침의 위기에서도 여전히 카자흐 지도자들의 권력투쟁이 진행되었고 그 와중에 1748년 소 호르드는 아불카이르 칸이 피살되는 불운을 맞이하였다. 권력을 계승한 누랄리(Nuraly)는 러시아의 지원을 받아 중(中) 호르드와 히바(Khiva)까지 세력권을 확대시키려 했으나 실패하였다. 대(大) 호르드에서는 그 영토의 대부분을 지배하던 중가르 칸국이 淸나라의 공격을 받아 패망함으로써 일시적으로 힘의 공백이 나타났다. 이 기회를 이용한 코칸드 칸국(Kokand: 1700-1876)은 침켄트(Chimkent)를 포함한 현 카자흐스탄 남부지역을 장악하였다.

아불카이르 칸이 러시아의 지원을 요청하면서 시작된 러시아의 카자흐스탄 진출은 19세기로 들어서자 체계적으로 전개되었다. 러시아에게 조공을 바쳐오던 중·소 호르드가 각각 1822년과 1824년에 병합되었고, 1846년에는 대 호르드의 카자흐인이 주로 거주하던 일리(Ili)강 유역의 세미레체 지역까지 흡수되었다. (이무열 1996: 204) 1840년대에 코칸드 칸국과 히바 칸국(1511-1873)은 러시아의 남하정책에 경계하여 그 대응책으로 카자흐스탄 남부 지역을 공격하기도 했다. 코칸드 칸국은 1860년 가을 20,000명의 병사로 카자흐스탄 남부를 공격했으나 슬라브계 코사크(Kosak)와 러시아 군대의 연합 대응에 밀려 후퇴함으로써 세미레체 지역이 러시아 수중에 들어가게 됐다. 결과적으로 1860년대에는 러시아가 카자흐스탄 대부분을 흡수하여 행정개혁을 단행할 수 있었다. (최한우 1997: 319)

러시아가 중앙아시아 지역으로 관심을 집중시킨 것은 크림 전쟁(1853-56)에서의 패배의 치욕을 만회하기 위한 대안인 동시에 경제적 이익 추구가 가능한 실크로드 무역로의 활성화 계획을 염두에 두었기 때문이었다. 이때부터 투르키스탄 공략이 커다란 장벽에 부딪히지 않고 가속화되었다. 1864년 러시아 군대는

1900~1915 러시아인 이주 형태의 변화

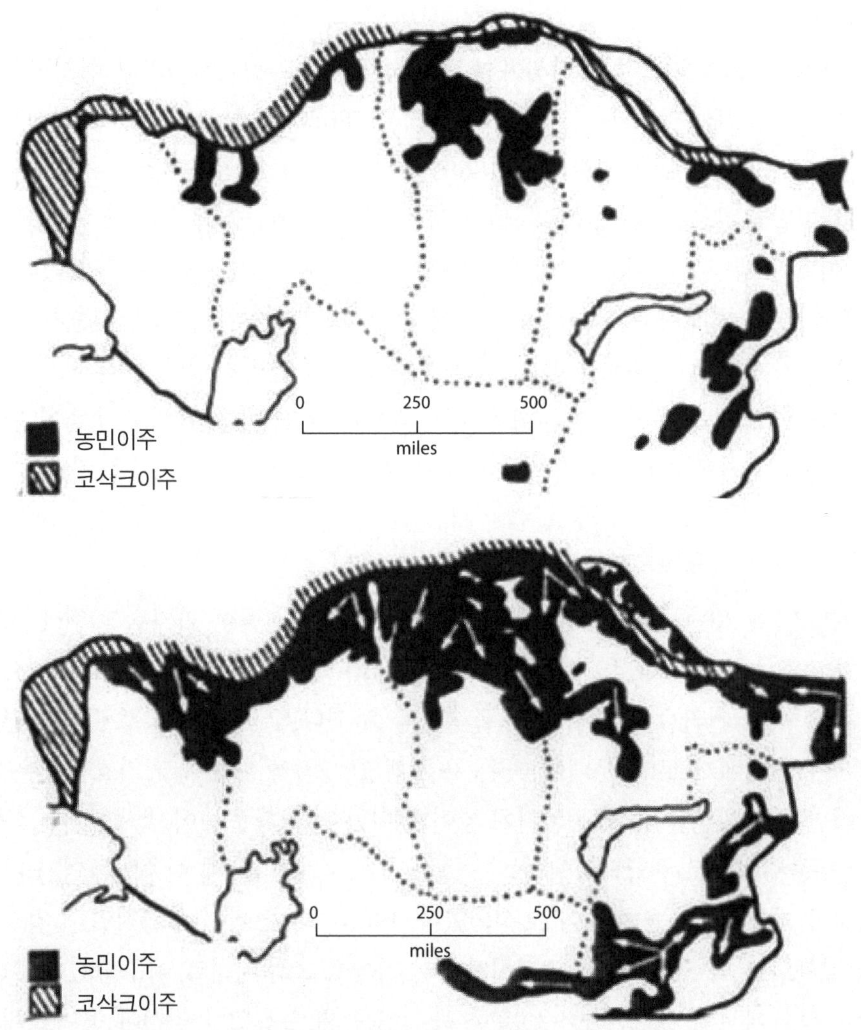

출처: G. Demko, The Russian Colonization of Kazakhstan, Indiana Univ., 1969, p.122.

오렌부르그(Orenburg) 사단의 참모장 체르나예프(Cherniaev)의 주도로 침켄트를 점령했다. 중앙정부는 점령을 추인했으며 동시에 중앙의 외교부 정책보다 현지 군사령관들의 판단에 우선권을 두기로 결정하였다. 1867년 타쉬켄트에 투르키스탄 총독부가 설치됐으며 그 이듬해에 부하라 칸국(1500-1868)이 군사적 압력하에 러시아의 보호국이 됐다. 1873년에는 히바 칸국, 1876에는 코칸드 칸국이

러시아에 합병되므로써 현재 우즈베키스탄의 주요 도시가 러시아의 지배하에 놓이게 됐다.

러시아는 카자흐스탄을 러시아의 광역경제체제로 편입시키려고 행정구역을 재편하였다. 세미레체와 시르다리아 유역은 1867년에 투르키스탄에 편성시키고, 우랄스크와 투르가이 지역은 1868년 오렌부르그에, 악몰린스크(Ak Molinsk)와 세미팔라친스크(Semipalatsinsk) 지역은 서시베리아 총독의 관할 하에 두었다. 이러한 행정구역 개편에 대해 카자흐인 대부분이 불만을 가지고 있었다. 술탄을 비롯한 지배계층은 권한의 축소에 대해, 그리고 일반인은 세금 증가, 토지 소유의 규제 및 식민통치에 따른 제약에 대해 각각 반발하였다. 우랄스크, 투르가이와 만그스락 등지에서 저항운동이 발생하였다. 이슬람 지도자들이 민족 저항운동에 가세하였으나 러시아 군대가 무력 개입하여 저항세력을 진압했다.

1-2. 러시아인의 식민통치

19세기 말 20년 동안 러시아인과 여타 슬라브 농민들이 카자흐 스텝에 정착하기 위해 이주하였다. 19세기 말에 토착인구가 약 150만 가구(家口)에 달했으며 이들은 주로 천막에 거주하며 유목생활을 하였다. 러시아의 행정구역 개편과 러시아 농민에게 토지 분배에 따른 유목생활의 제약 때문에 카자흐인들은 전통적인 유목생활을 중단할 위기에 놓이게 되었다. 저항운동이 발생했지만 틀에 박힌 듯 무력으로 진압되었고 이와는 대조적으로 슬라브계 이주민들의 숫자가 점점 증가할 수 있는 환경이 조성되었다. 1900년대 초에는 포괄적인 농업정책의 일환으로 약 50만 가구가 러시아에서 카자흐 스텝지대로 이주하였다. 이와 같은 상황에서 카자흐인들은 비옥한 목초지를 새로 유입한 러시아 농민들에게 빼앗기게 되었다. 1904년 시베리아 횡단철로가 완성된 뒤에는 이곳에서 생산된 곡물이 러시아의 여타 지역으로 운반되기 시작했다. 식량 이외에 식민통치기에 카자흐스탄은 러시아의 주요 원료 공급원으로 이용됐다. 러시아는 시베리아 철도와 오렌부르그-타쉬켄트 철도를 건설하여 석유시추와 광산개발에 박차를 가했다. 카자흐스탄에서 공업화가 도입되는 과정에서 러시아인들은 기술 집약적 연구과 생산을 담당했으며 다수의 카자흐인들은 육체 노동자로 활동했다. 1913년에 대규모 사업과 농장에 약 이만명의 근로자가 고용됐는데 이들 대부분은 낙후된 유목과 농촌 생활을 일단 피하려는 농민들이었다. 19세기 말부터 20세기 초에 걸쳐 형성된 자본주의적 경제구조가 극소수의 카자흐인 민족자본 형성을 자극시켰으나 발전하는 계기를 제공하지는 못했다. 19세기까지 카자흐 유목민들은 중앙아시아 남서부의 이슬람권과 긴밀한 관계를 유지하지 못했다. 짜르 정부는 유목민들을 순화시켜 지배한다는 전제하에 카자흐 유목민들의 이슬람화를 추진하였다. 그러나 바로 이슬람화의 위험성을 인식하고 방향을 선회하여 기독교인 선교사를 파견해 유목민의 기독교화를 시도한 바 있다. 카자흐인들은 역시 기독교에 거의 관심을 나타내지 않았다. 짜르 정부는 가능한 수단을 동원하여 카자흐인들의 러시아화를 유도하여 카자흐인들의 민족적 저항을 사전에 차단해 나갔다.

제1차 세계대전에 러시아가 참전함으로써 경기 침체에 빠질 수밖에 없었고 따라서 경제적 고통과 부담을 카자흐인들에게도 요구하게 되었다. 카자흐인의 가축과 농산물의 강제 징발 그리고 조세와 기타 징수금의 증가, 물가 인상 및 주민의 강제 동원 등은 카자흐인들의 분노를 야기시켰다. 특히, 1916년 비전투 요원으로의 인력 동원에 격분한 카자흐인들이 산발적으로 현지 러시아인들을

카자흐스탄 지역의 민족별 민족구성(1916년)

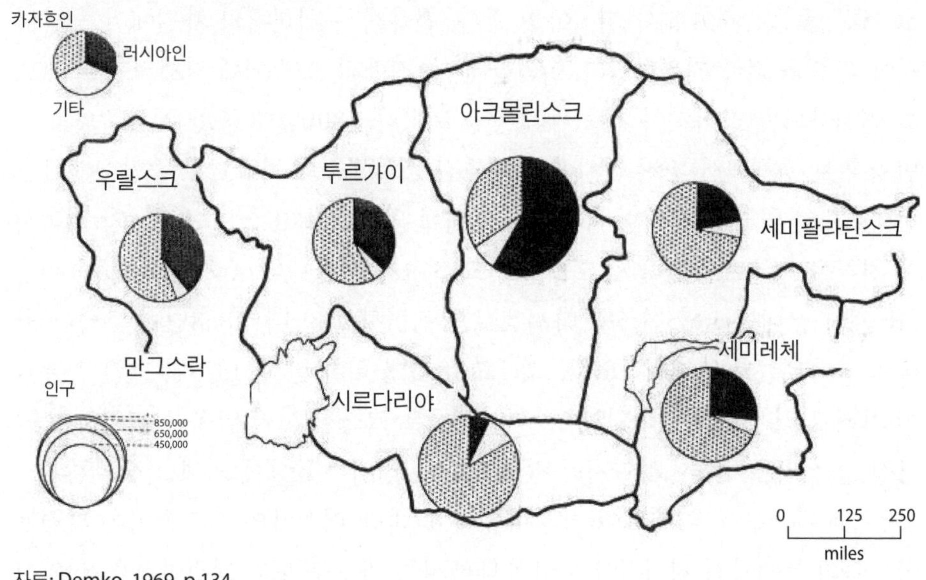

자료: Demko, 1969, p.134.

공격하기도 했다. 이로 인해 양측에 사상자가 적지 않게 생겼으며 물질적 손실이 수반됐다. 수천의 카자흐인들이 위기의식을 느껴 가축을 몰고 중국으로 도주하여 정착하는 현상이 나타나기도 했다. (Arutiunov 1993: 128)

II. 러시아의 우즈베키스탄 지역 진출

2-1. 러시아의 진출과 식민통치

19세기 초부터 러시아가 중앙아시아 지역에 대해 세력확장을 본격화시켰으며 특히 19세기의 마지막 35년 동안 러시아는 대부분의 중앙아시아 국가들을 속국으로 만들었다.

19세기 후반부에 러시아가 중앙아시아 진출을 본격화한 동기는 몇가지로 생각해 볼 수 있다. 당시 영국 정치인들은 식민지 인도에 대한 러시아의 위협에 대해서 언급하고 있었으며 이에 반하여 1830-40년대의 러시아 정치인들은 러시아제국의 중앙아시아 이권에 대한 영국의 위협에 대해 우려하고 있었다. 이러한 국제정치 환경에서 1855년 러시아가 크림전쟁에서 패배한 직후, 짜르 알렉산더 2세는 영국의 중앙아시아 진출을 사전에 차단해야 할 필요성을 인식하였고 또한 중앙아시아에서 러시아의 군사, 전략적 우위선점의 차원에서 중앙아시아 진출을 적극 지원하였다. 이러한 군사, 전략적 요인 외에 경제적인 고려 또한 러시아의 중앙아시아 진출에 영향을 끼쳤다. 1800년대 중반 제국주의의 식민지 확보 경쟁에서 뒤진 러시아는 제조된 공업제품의 시장으로 중앙아시아를 선택했으며 따라서 중앙아시아와의 무역에 위협적인 요소를 제거하기 위해서 이 지역을 속국으로 만들 필요를 느끼고 진출을 서둘렀다.(Anderson, 1997: 9-10)

러시아 군대는 1865년 6월 타쉬켄트를 점령하고 3년후 1868년에 부하라 공국의 사마르칸트를 점령하였다. 그리고 1873년 히바 칸국, 1876년 코칸드 공국이 차례로 러시아에 복속되었다. 히바 칸국은 크즐쿰 사막 남쪽에 위치하여 지형적 접근이 용이하지 않았지만 결국 1873년 러시아 군대에 의해 점령되었다.

우즈베키스탄을 비롯하여 중앙아시아에 대한 러시아의 식민통치는 파견된 군총독의 통제아래 지역적인 문제에 대해서는 대부분 토착 행정인력을 통해 이루어졌다. 따라서 러시아는 해당국의 외교문제를 제외한 경제, 사회, 법률, 종교, 관습 등 내부문제에는 거의 관여하지 않았다. 그러나 투르크계와 이란계 무슬림 상인들이 주도해 왔던 러시아와 중앙아시아의 교역이 러시아 진출 이후로는 러시아 군대의 비호를 받는 러시아 상인들에 의해 독점되는 현상이 나타났다. (Anderson, 1997: 12-13)

우즈베키스탄에서 러시아 식민통치의 주된 관심은 면화재배를 증진시키는 일이었다. 1884년 초에 품질이 우수한 것으로 알려진 미국의 면화가 이 지역에서 재배되기 시작했으며, 코칸드를 포함한 페르가나 지역은 러시아의 주요 면화 제공 원천지가 되어 1890년대 말, 우즈베키스탄 산업중 면화생산이 차지하는 비중이 50%가 넘었다. 이러한 면화 생산의 증가로 인해 시르다르야 강과 페르가나 계곡으로 러시아 농민이 대규모 이주하는 현상이 나타났다. 또한 면화 수송을 위한 철도가 건설되어 1899년에 트란스카스피해 철도, 1905년에 오렌부르그-타쉬켄트 철도, 그리고 1910-16년 사이에 페르가나 철도와 부하라 철도가 완공되었다.

<참고문헌>

김호동 외, 1999, 유라시아 유목제국사, 사계절.

최한우, 1997, 「중앙아시아학 입문」, 도서출판 펴내기.

Anderson, John., 1997, The International Politics of Central Asia, Manchester Univ. Press.

Arutiunov, Sergei, 1993, The Newly Independent States of Eurasia, Handbook of Former Soviet Republics, ORYX.

Demko, George J., 1969, The Russian Colonization of Kazakhstan, Indiana Univ.

03
중앙아시아 정치-문화 환경의 역사적 배경

중앙아시아의 역사는 장구하고 복잡하게 얽혀 있으며, 그 역사적 유산이 오늘날과 연결돼 있어서 중앙아시아의 정치적 현실과 대외 관계에 지속적으로 영향을 끼친다. 3000여 년 동안 이 지역은 여러 민족이동의 교차로였으며, 페르시아, 그리스, 인도, 중국 그리고 이슬람과 같은 거대한 고대 문명들의 교차점이었다. 민족적, 문화적 견지에서 볼 때 중앙아시아는 여러 색상과 농담으로 화려하게 짜진 카펫와도 닮았다고 할 수 있다.

중앙아시아는 오랫동안 거대한 세력의 경쟁의 무대였다. 지난 19세기에는 이 지역이, 그 결과로 지리적 국경을 결정하게 된 Great Game이라고 알려진 영·러간의 격렬한 대항의 장소였다. 러시아는 18세기 초에 지금의 카자흐스탄 북서부를 합병함으로써 중앙아시아로의 팽창을 시작하였다. 1870년대 중반까지 러시아는 중앙아시아의 많은 부분을 정복했다. 러시아 군대는 1865년 6월 타쉬켄트를 점령하고 3년후 1868년에 사마르칸트를 차지했고 히바와 부하라를 1873년, 코칸드를 1876년 차례로 공략했다. 반면에 대영제국은 자신들의 세력을 인도에서 아프가니스탄까지 확대시켜 나갔으며, 러시아의 더 이상의 남하를 저지하기 위해 중앙아시아의 정세 파악을 지시받은 스파이를 파견해 첩보활동을 게을리 하지 않았다.

I. 중앙아시아의 위치

일반적으로 중앙아시아는 이전의 소비에트 연방이었던 5개의 새 독립 공화국, 즉 카자흐스탄, 키르기즈스탄, 타지키스탄, 투르크메니스탄, 그리고 우즈베키스탄을 포함한다. 그러나 지리적으로는 이들 공화국 중 일부, 특히 카자흐스탄과 키르기즈스탄이 아시아의 북서부에 속해 있다고 할 수 있는 반면, 오히려 아프가니스탄 그리고 호라싼 지방과 같은 이란의 북동부 지역이 중앙아시아에 속한다고 볼 수 있다. 또한 이 지역을 문화적 지리학의 측면에서 접근한다면 5개 독립공화국을 지칭하는 중앙아시아에 대한 정치적 정의와 완벽하게 일치하지 않는다. 예를 들어서, 투르크메니스탄은 카자흐스탄과 키르기즈스탄에 비해 남부 지역에 위치한 이란이나 아프가니스탄의 정치, 문화적 변화에 더 민감하게 반응할 것이다. 또한 카자흐스탄은 이란이나 아프가니스탄보다는 중국이나 러시아의 변화로부터 더 광범위하게 영향을 받았다고 할 수 있다. 문화적 견지에서 볼 때 타지키스탄과 우즈베키스탄은 카자흐스탄이나 키르기즈스탄에 비해서 남쪽 지역으로부터 발산된 이데올로기에 영향을 더 크게 받는다. 다시 말하면, 소비에트 시대 동안 피상적으로 정치적, 제도적, 그리고 심지어는 문화적 동질성이 조성됐음에도 불구하고 러시아와 소비에트의 관습보다는 이전부터 뿌리를 깊이 내린 유목민의 전통과 이슬람의 종교적 관행이 어떤 민족에 비해 투르크멘인과 타직인, 그리고 우즈벡인들의 사고 체계에 커다란 위치를 차지하고 있음을 간과해서는 중앙아시아를 정확하게 파악할 수 없다. 소련 통치의 유산과 유목민의 전통 그리고 이슬람의 관행이 중앙아시아의 사회, 정치적 현상과 미래, 그리고 지역적, 국제적 관계를 분석하는 데 충분하게 고려되어야 할 요소다.

II. 인종적, 문화적, 정치적 발전

오늘날 중앙아시아에 거주하는 대부분의 사람들은 터키와 몽골 혈통의 혼혈이다. 소수 그룹으로 타직 토착민들을 들 수 있는 데, 이 타직인들은 이란계 민족의 후예들이다. 또한 이들 외에 다수의 러시아어계 민족들과 슬라브인들과 게르만인들, 1930년대 고려인(한인)들이 중앙아시아로 유입돼 이 지역에는 매우 다양한 인종군이 살고 있다. 이 지역의 민족 이동의 초기 역사는 신비에 싸여있다. 서기 9세기 이후에는 이미 이 지역은 민족적 단일성을 상실했으며 타직계와 터키계 인종이 혼합되기 시작했다. 오히려 이 시기까지는 비 터키계 인구, 특히 이란 계통의 인도-유럽어족이 다수를 구성했다고 보아야 한다. 심지어 일부 인종학자들은 인도-유럽어족이 중앙아시아에서 생겨났다고 믿고 있다. 조로아스터교의 성서인 Avesta 역시 아리안족의 신비로운 발상지를 고대 소그디아(Sogdia)로 보고 있으며, 소그디아는 우즈베키스탄의 주요 도시인 사마르칸트와 부하라를 비롯해 타지키스탄과 아프가니스탄의 일부를 포함하고 있다. 또한 카자흐스탄의 동부와 북부, 그리고 중국의 신강지방에는 인도-유럽어계 인종들이 살고 있다. 오늘날까지도 중국과 타지키스탄 국경에 인접한 중국의 신강지역에는 소규모의 타직인 거주지가 발견된다. 고대 중앙아시아의 주요 언어인 소그드어가 이란어의 동부 방언에 속한다는 사실은, 터키계 민족이 유입되기 전까지는 이란계 인종이 이 지역에 광범위하게 퍼져 거주했음을 명백히 보여준다.

고대로부터 19세기 말 러시아가 중앙아시아를 점령할 당시까지는 이 지역은 이란과 이슬람 문화로부터 크게 영향을 받았다. 아랍 무슬림들이 이 지역에 들어올 때까지 이란의 종교라고 할 수 있는 조로아스터교와 마니교가[1] 광범위하게 지역 토착민들에게 파고들었으며 불교 또한 이 지역의 일부를 잠식했었다.

---

1) 4) 3세기 무렵 고대 페르시아의 조로아스터교(敎)를 바탕으로 하여 파생된 종교. 교조 마니의 이름을 따서 마니교라고 불렀다. 간단하고 분명한 교리와 예배 방식, 준엄한 의무와 도덕계율은 조로아스터교에 의거한 이원론에 근거를 두었다. 즉 선악의 근원을 명암에 대비하여, 최고 선(善)으로서의 광명이며, 암흑은 그에 대응하는 것으로서 설명된다. 다시 말해서 현실세계는 어둠과 밝음이 혼돈되어 있으나 머지않아 광명의 세계가 열릴 것이고, 그 예언자인 동시에 지상의 구제자로 파견된 자가 마니 자신이라고 하였다. 이 교리를 지니기 위해서 신도는 자신 속에 가지고 있는 광명을 기르기 위해 엄한 계율을 지켜야 하는데, 즉 입을 막아 육식과 음주를 금하고, 손을 막아 악을 행하지 못하게 하며, 가슴을 막아 정욕과 물욕, 악한 마음을 억제시켜야 했다. 특히 채식·재계(齋戒)·기도(1일 4회)는 일상의 종교적 사무로서 그 교도의 특색을 이루고 있다.

이슬람의 등장에도 불구하고 이란 문화의 본질은 크게 파괴되지 않았다. 이란을 정복한 아랍 무슬림들은 도시개발과 행정에 분야에서 페르시아의 전통을 부분적으로 채택했었다. 이란 문명의 영향력은 압바스 왕조(751-1258) 칼리프들의 통치 기간에 가장 강하게 나타났다. 아랍인의 침략 이후 이란의 문화적 르네상스는 중앙아시아에서, 특히 사마르칸트와 부하라, 오늘날의 아프가니스탄 지역, 그리고 호라싼에서 일어났다.

그러나 기원후 5, 6세기에 투르크인들이 중앙아시아의 남부 지역에서 세력을 형성해 나감으로써 이란 문화와 투르크 유목민의 문화가 혼합돼 갔다. 투르크족은 이란계 유목민들과 함께 정착민인 인도-유럽어족 민족들을 지속적으로 위협했다. 수 세기동안 페르시아 사산왕조는(226A.D.-651A.D.) 이들 유목민들의 공격을 성공적으로 방어했다. 그러나 사산왕조가 아랍인들의 공격에 무릎을 꿇자 투르크족의 이동이 가능해졌고 8, 9세기에는 여세를 몰아 대규모적으로 이루어졌다. 투르크족의 서진(西進)이 지속적으로 전개돼 일부 투르크족은 이란과 소아시아까지 진입했지만 13-14세기 몽골의 침략 때까지는 이 지역의 인종적, 언어학적 균형에 거대한 균열이 갑작스럽게 일어나지는 않았다. 다시 말하면, 몽골의 침략으로 기존의 인종 혼혈의 점진적 과정이 깨져 버렸다. 왜냐하면 몽골인 침입자들에 대해 저항과 반란으로 인해 많은 토착민들이 무자비하게 학살되고, 주요 도시들과 문화 중심지의 대부분이 파괴되었기 때문이다.

또 한 차례 중앙아시아로 이질성이 강한 민족이 들어오게 된 계기는 러시아의 중앙아시아 정복이었다. 러시아인들의 중앙아시아 이주는 러시아제국에 의해 시작돼 소비에트 시대에 절정에 달했으며 소비에트 시대에 다른 슬라브인들도 일부 들어왔다. 소비에트 시대에 다양한 민족의 유입 패턴과 정착과정이 일정하지는 않다. 때로는 자발적으로 어느 경우에는 강제적으로 중앙아시아에 흘러들어 갔다. 현재 각 공화국들에 있는 비토착인들의 수와 그들의 도시에 정착과 집중의 방법은 그 국가의 정치적 불안정과 민족 충돌의 주요 변수로 대두되고 있다.

중앙아시아 국가들의 이질적 민족 구조는 그들의 국가적 일체감을 현저히 약화시키는 동시에 외부의 정치적 술수에 커다란 취약성으로 드러나고 있다. 이러한 우려는 구소련 붕괴 직후 타지키스탄 내전에서 현실로 나타났고, 또 주변

국가에서도 민족 충돌이 얼마든지 일어날 수 있음을 시사하고 있다.

III. 소비에트 통치의 유산

소비에트 통치 기간에, 비(非) 러시아계 국가들을 대상으로 이루어진 국가 건설 정책은 문화적으로 적지 않은 내부의 갈등과 모순을 야기시켰는 데, 이는 국가공산주의라 하는 이데올로기와 자의적인 국경선 분리정책에서 비롯되었다. 레닌은 러시아 황정(皇政)에 복속되어 있던 식민지 국민들에게 독립을 약속했었다. 그러나 일단 정권을 완전히 장악하게 되자, 볼세비키 당은 구(舊)제국의 식민지를 그들의 지배 아래 묶어 두려는 조치를 취했다. 이러한 조치를 취하면서도, 볼세비키 당은 여전히 식민지 민족들이 자발적으로 소비에트 연방 체제에 합류하였다는 허구적인 명분을 주장했다. 그러나 그 허구적 주장은 식민지 국민들이 사회주의 건설과 계급없는 새로운 국제 질서 구축에 동참하고 싶어했다는 내용이었다. 볼셰비키당이 추구한 외형적 목적은 다름 아닌 '사회주의의 새로운 인민'을 창출하는 것이었다.

그들에 따르면, 사회주의는 노동자와 억압받는 계층민들의 단결에 기초하는 인류보편적이며 이상적인 철학이다. 사회주의가 실현된 사회의 이상적인 상(象)에서는 어떠한 인종적 차별이나, 민족적 차별, 혹은 계급적 차별을 찾아볼 수 없다. 그러므로 사회주의 이상사회에서는 민족주의 -민족적 경험, 특정한 민족 전통, 고유의 역사와 문화, 영토, 고향에 대한 지나친 애착에서 기인하는 관념론적 이데올로기- 는 설자리를 잃게 된다. 레닌은 '민족이란 공통의 경제생활을 토대로 하여 언어와 영토의 공통성을 구축하고 문화적 의식과 정서 등의 특수성을 부분적으로 인정하는 사회발전의 한 형태로 형성된 지속성을 갖는 인간집단의 공동체'로 유물론적 민족이론을 설명했다. 진정한 사회주의가 실현된 사회에서, 사회주의자들의 충절의 대상은, 자신들 고유의 민족 집단이 아닌, 같은 이해관계를 가진 사회주의자들과 사회주의적 이상이 전부인 것이다.

그런데, 러시아의 사회주의자들은 처음부터, 각 지역에서 일어나는 강력한 민족주의와 민족·문화의 차이에 직면하였고, 이러한 현실에 맞추어 자신들의 이론을 수정해야만 했다. 그러한 취지에서 소련의 민족정책이 다소나마 그 토대를 쌓고, 사상적인 체계를 이룬 것은 스탈린 정권 시기였다. 그러나, 그 전 시대인 레닌 집권기부터 이미 실용주의자들은, 특히 정체성의 기초와 충절의 대상이 가정이나 씨족, 지역에 한정된 이슬람-투르크족 지역사회에서는, 무엇보다도 국민 정체성과 국가적 목표 의식 고양이 사회주의 이상사회의 건설과 국제공산주의에 대한 이해를 촉발하는 데에 필요한 최우선적 과제임을 인식하고 있었다. 그리하여, 스탈린은, 봉건제 사회로부터 사회주의 체제로 전환하는 길목에서 가장 절실한 요구는 국가적 목표를 구체화하는 것임을 확신했다. 이러한 견해를 바탕으로, 소련 지도자들은 다양한 민족들로 형성된 연방국가의 건설을 시도했다.

소련이 시도한 연방국가의 조직과 형성과정은, 그것이 목표로 설정했던 정체성이나 문화적 요소의 갈등 문제를 해결하기보다는 오히려 더 많은 혼란을 야기했으며, 여전히 그 정책의 부정적인 산물은 남아 있어서 중앙아시아 국가들의 국가·문화적 정체성 강화를 저해하고 있다.

연방국가를 건설하여 확고한 국가·문화적 정체성을 배양하겠다는 계획이 구체적 청사진으로 드러난 소련의 민족 정책 -소련의 제국적 속성에 기인한 정책-의 근본적인 결함은, 그 정책이 러시아의 지배력 강화와 그들의 이권(利權), 즉 그것이 사상적인 것이든, 전략적 차원의 것이든 자신들의 이권에 관계되는 것이면 무엇이면 보호에 역점을 두고 있었다는 것이다.

이러한 본질적인 정책을 기본 바탕으로 하여 부차적인 민족 정책이 만들어졌고, 따라서 부정적 결과가 속출할 수밖에 없었다. 실례로, 러시아는 필요할 때면 언제든지 러시아의 조작과 개입이 용이한 환경 조성을 목적으로 국경선을 그렸고, 결과적으로 소련 내 국가들은 러시아의 구미에 맞는 국경선을 가지게 되었다. 국경을 획정하는 과정에서, 중앙아시아 역사·문화적 요소를 전반적으로 무시하였다. 타직인들의 전통적 거주지이자 이란 문명의 중심지였던 사마르칸트와 부하라를 투르크계 문화 발전의 주역으로 자처하는 우즈베키스탄 내에 배치한 사실과, 다수의 우즈벡인들이 거주하는 코잔드를 타지키스탄 공화국에 귀속시킨 것은 러시아인 주도의 자의적 국경선 구획을 반영하고 있다.

소련의 국가 구획 전략에 있어 또 다른 속셈은, 사회주의자들이 새로 제시한 민족 정체성에 맞는 새로운 역사와 문화를 만들어 나가는 것이었다. 이 목적을 실현하기 위해, 연방국간의 경쟁 구도를 조장함은 물론 국경을 초월한 문화 교류를 저지하겠다는 계산을 하고 있었던 러시아는 계획 이행 과정에서 역사의 수정을 시도하였다.

이와 같이, 소련의 문화 정책은 새로운 사회주의 국가 문화를 창출해내는 것이었으나, 현실적 차원에서 각 국가의 국민들이 새로 창출된 문화를 완전히 체화하고 발전시켜나가는 것을 허락한 것은 아니었다. 여기서 러시아가 행한 국가 정책의 또 다른 파행적인 속셈을 엿볼 수 있다. 이론상으로 볼 때는, 한 민족의 언어는 의사소통과 문화 표출에 있어서 주요한 수단이 되어야 했을 터이나, 이와는 달리 민족 언어의 발전을 차단하려고 러시아어를 공용어로 채택하고 러시아어 능통자를 우대하였다. 그 결과, 각 민족의 언어는 빛을 보지 못했고, 널리 통용되지도 못해 세련되고 과학적인 표현수단이 될 수 없었고, 겨우 한 지방의 방언으로 그 형태를 유지해 나갈 뿐이었다. 민족 감정을 표출하는 언사라든가 민족언어에 중점을 두어야한다는 요구는 사회주의에 반(反)하는 광신주의나 사회주의에서의 이탈, 혹은 국제 공산주의 이론에 대한 반기로 불명예로운 판정을 받았다.

예컨대, 소련방 하에서 자의적으로 이루어진 국경선 구획과 문화 정책은, 중앙아시아 사회에 이미 존재하고 있었던 분열 양상 위에 또 다른 한 겹의 층을 덧씌워 분열의 정도를 심화시켰다고 할 수 있다. 이러한 산물의 부정적 영향은, 페레스트로이카·글라스노스트(개혁·개방) 시기에, 과거 문화 정책에 대한 불만이 표면적으로 분출되고, 민족간의 긴장상태와 분쟁이 증가하면서 명백히 드러났다. 소련방이 해체되고 난 지금까지도, 이러한 문화적 쟁점들은 여전히 논쟁을 불러일으키고, 분열을 조장하는 요소로 남아있다.

IV. 정치적 전통

중앙아시아의 역사는 제국과 부족의 역사였다고 해도 과언이 아니다. 영토, 민족과 문화에 대한 정체성, 그리고 정치적 주권 사이의 삼각 관계를 뜻하는 국가 혹은 민족 국가의 개념이 이 지역에 전해진 것은 최근의 일이었다. 까미르 까보르가 1861년 이탈리아의 통일을 두고 "우리는 오늘날 이탈리아를 건설했다. 이제 우리가 만들어가야 할 것은 이탈리인들이다."라는 유명한 말을 남겼듯이, 현대의 국가 관념은 유럽에서조차 그리 오랜 전통을 지닌 것이 아니다.

그러나 중앙아시아에서는, 다소 원시적이고 임시적인 형태로도 국가의 개념이 등장했던 적이 없다. 이 지역의 터키-몽골 민족들이 가졌던 정치적 전통은 부족 단위를 기본으로 하였다. 징기스칸과 티무르에 의해 제국이 건설되기도 하였으나 그리 오래 가지 못하였고, 그들이 죽은 후에는 곧 분열되었다. 게다가, 터키-몽골 왕조들은 빠른 속도로 그 지역의 이란-이슬람 문명의 영향권 아래로 들어갔다. 그리하여, 징기스칸의 후손은 이슬람으로 개종하였고, 또한 전통 몽골의 법체계인 '야사(Yasa)'를 따르기보다, 이슬람법인 샤리아(Shari's)의 원칙을 대거 채택했다. 행정체계와 문학에 있어서도, 그들은 사산 왕조(AD.226-651)의 전통이 강한 이슬람 양식을 흡수하는데 심혈을 기울였다.

한편, 중앙아시아의 이란 민족들은 그들의 유구한 역사 속에서 세 번에 걸친 것이지만 초기의 국가 개념에 가까운 체제를 수립하기도 하였는데, 아케메니드 제국(기원전 550년 - 기원전 320년) 시대에 최초로 이루어졌다. 페르시아 민족을 비롯한 메데족, 타직족 등의 민족으로 구성된 이 제국은, 이란적인 문화요소를 바탕으로 하나의 결집체를 이루었다. 이 통일제국은 알렉산더 대왕의 대원정에 의해 파괴되었다. 국가 수립의 두 번째 시기는 파르티아(Parthian) 제국(249년 B.C. - 249년 A.D.) 시절로, "비록 약체국이기는 하였으나, 이란어를 통용하는 다수의 민족을 아우르는 진정한 의미의 통일체가 수립되었다." 사산 왕조에 이르러서는, 대체로 민족성, 언어와 영토의 통일성을 이루어 국가개념의 연계구도가 더욱 명백하게 확립되었다. 사마니드 왕조(874-999)는 중앙아시아 내에서, 민족국가의 특징에 어느 정도 부합되는 실체를 발전시켰다. 그러나, 이란의 색채를 지닌 '범이란 제국'의 정치적 실체는 사마니드 왕조를 끝으로 막을 내리고 말았다.

사바니드 왕조 이후 여러 세기동안 중앙아시아의 터키-몽골화가 심화되자 이란 문화요소는 점차 퇴색되어 갔다. 아랍과 터키 민족들의 유입과 더불어 중앙아시아 지역에는 특히, 터키계 유목민 부족 단위의 생활방식이 대규모로 전해졌으며, 이러한 부족적 전통은 중앙아시아 북부와 스텝기후 지역에 널리 퍼져서 마침내는 중앙아시아 남부와 동부 이란에 속하는 정착민들의 도시와 농경사회에까지 전파되었다.

제국에서, 봉건사회, 부족사회로 그리고 여기에서 공산주의 사회로 이어진 중앙아시아의 변천사는 중요한 역사적 전통으로 남아 오늘날에까지 영향을 미치고 있다. 특히, 선거 과정에서 부족의 정치적 특징이 뚜렷하게 나타난다. 일단 선거가 마무리되고 난 후에도, 당선의 여부와는 무관하게 부족 연맹 내에서 또 다른 대표자를 선발하기도 한다. 부족적 전통과 봉건 체제 안에서, 대개의 경우, 특정한 부족이나 지역이 정체성과 충절의 구심점이 된다. 그러나, 칸은 부족이나 자신이 속한 영토에 대한 충성을 초월한 국가 전체를 통합할 수 있는 숭배자이다. 그럼에도 불구하고 부족 사회 내에서는, 개인은 가족과 혈통에 최우선하는 충성을 바치게 마련이다.

이런 유형의 정치 제도는 지역과 가정, 혈족집단 위에서 세워진 전통적 구도를 통해 오늘날에까지 면면이 이어지고 있다. 그러므로, 이러한 정치 제도 내에서, 지연이나 혈연과 같은 연고를 초월한 정체성을 수립하거나 충정의 대상을 찾는다는 관념을 발전시키는 데에는 다소 무리가 따른다. 그 뿐 아니라, 제국주의와 봉건제, 부족체제는 모두 하나같이 통치력이 뛰어난 한 사람만을 강조하는 성격을 띤다. 통치의 수준과 질은, 자치권을 가진 사회정치 기구가 아니라, 단 한 사람, 통치자의 자질과 역량에 의해 결정되는 것이다. 또한, 이런 제도하에서, 사람들은 한 명의 위인, 다시 말해서, 뛰어난 개인의 역량과 업적에만 의존하는 경향이 강하기 때문에, 이러한 정치체제는 본질적으로 불안정을 야기할 가능성을 가지고 있다. 만일, 뛰어난 개인이 부재할 가능성이 있거나 그를 이을 후계자가 명확하지 않을 경우에는 권력 공백이 발생해 정치적 혼란이 발생할 가능성이 커지기 때문이다.

V. 이슬람

중앙아시아 토착민들은 대다수가 명목적인 무슬림으로 분류돼 왔다. 과거 소련 통치하에서 의도적인 반종교 선전에 따라 그들의 이슬람 신앙이 크게 약화될 수밖에 없었다. 그러나 소련 지배 아래 놓이기 전까지는, 중앙아시아 사회 내에서 운용되는 법과 윤리체계는 거의 대부분 이슬람에서 유래한 것이었다. 그리하여, 최근에 중앙아시아 독립공화국에서 국가 건설과 제도 확립 및 행정제도를 정비하는 과정에 있어서 이슬람의 요소는 상당히 함축적인 의미를 가지게 되었다.

이슬람의 유산은 국가 정체성-그것이 인종적인 것이든 이념적인 것이든 간에-의 발전을 복잡하게 만들어 놓았다. 세계종교인 이슬람은 이슬람을 받아들인 모든 인종과 민족의 평등을 강조하며 발전해 왔다. 결국, '움마'라 불리는 이슬람 공동체 내에서 가장 특징적인 요소는 이념은 종교 그 자체이지 민족이나 인종개념이 아니며, 이러한 측면에서 무슬림들이 충성을 바치는 최우선의 대상은 다름 아닌 이슬람이었다. 그러므로, 이슬람은 이슬람 내부 신도들의 충정을 분산시키고, 경쟁을 불러일으켜 무슬림들의 일체감을 훼손시킬 위험이 있는 사상에 대해서는 강경하게 반대 입장을 취한다. 즉, 이론상으로 보자면, 인종적 민족주의-종교에 우선하는 지역 편향적인 관념-는 이슬람에 반(反)하는 이단적 성격을 지니는 것이다. 하지만 현실적으로 이슬람이, 개인과 집단 정체성을 결정하는 데 있어서 종교 이외의 다른 요인이 영향을 미치는 것을 완전히 차단하지는 못했다. 실제로, 종교 공동체를 이상으로 가르쳤던 예언자 무함마드가 세상을 떠나자마자 아랍 부족과 이슬람으로 개종한 다른 민족간의 갈등이 다시 표면화되었고, 그 이후 역사의 진행 과정에서 무슬림 종교공동체의 일체성이 계속해서 흔들려 왔다.

이슬람은 또한 기존의 문화를 일소하거나 대체할 수 없었고, 오히려 이슬람이 전파되기 이전의 전통을 일부 흡수하였다. 또한 이란을 위시한 다수 지역에서는, 이슬람 수용 이전의 전통이 적지 않게 남아 이슬람에 영향을 주기도 하여, 지역이나 국가에 따라 독자적인 성격을 가지는 이슬람의 새로운 지역적 분파를 만들었다. 이와 같이 움마 공동체의 실현이라는 이상이 현실에서 예언자의 이상처럼 실현되지는 않았으나 집단 정체성의 기반으로서의 이슬람과 무슬림들의 충정의 구심점으로 제시된 움마의 중요성을 과소평가할 수 없다. 여러 세기에 걸쳐, 무슬림들은 이슬람을 자기 정체성을 확립하는 가장 근본적인 요소로 여겨왔고, 종교라는 정체성의 바탕 위에 언어, 부족, 지역 혹은 신분 등과 같은 차별적인 세부적 특징들을 첨가하였다. 체계적이며 세련된 토착 정치문화적 전통이 허약한 이슬람 공동체 내의 여러 민족에게 있어서, 정체성 확립의 근간으로서 이슬람교의 중요성은 필수적인 것이었다. 하지만, 무슬림들 간에도 종교 이외에 언어, 인종과 과거의 문화 등과 같은 요소로 지역적 특성이 형성되었다. 이란인들은 과거 페르시아 문화적 전통을 내세우는 동시에 시아파의 정통성을 주장하여 이슬람 세계에서 주도권을 쥐려는 의도를 강하게 표시하고 있으며, 아랍인들은 예언자의 후손이라는 혈통적, 언어적 기득권을 활용해 강한 자부심을 보여왔고, 터키인들은 오스만제국을 건설해 이슬람의 팽창과 보호에 실질적으로 기여했음을 강조함으로써 아랍인들의 종교적 우월감을 어느 정도 견제하고 있다. 중앙아시아 무슬림들도 과거 소련 통치하에서의 반종교 선전정책에도 불구하고 지하조직을 통해 신앙을 유지해 왔으며 부하라와 사마르칸트를 중심으로 중앙아시아의 이슬람 문화를 보존했다는 자긍심을 소유하고 있다. 중앙아시아 무슬림들을 둘러싸고 사우디아라비아, 이란과 터키 등이 영향력 확대를 목적으로 경제, 종교적 측면의 지원과 교육을 전개하고 있으나 중앙아시아 국가들은 대체로 원리주의적 이슬람의 확산에는 대체로 반대하는 입장을 취한다.

중앙아시아와 터키에 거주하는 터키계 민족 의식의 형성에 이슬람이 커다란 영향을 미친 것은 부인할 수 없는 사실이다. 이슬람으로 개종한 터키인들과 같은 경우는- 중앙아시아에 정착한 터키인이건, 동유럽을 장기간 지배했던 터키인이건 간에- 부족적 전통을 초월해 이슬람을 그들 정체성의 핵심적 요소이며, 사회의 법적, 윤리적 근간으로 삼고 있다. 터키인들은 이슬람과 일체감을 느꼈을 뿐만 아니라 어떤 다른 이슬람권 민족에 비하여 훨씬 더 광범위하게 과거의 자신들의 주체성을 상실했다. 특히, 오스만제국 시대에는 이슬람법인 샤리아가 주민 통치의 근간이 되었다. 중앙아시아에 살고 있는 대부분의 투르크계 민족들도 이슬람을 자신의 종교로 서슴없이 고백한다. 이슬람이, 소련의 통치 체제하에서 어느 정도 도전을 받기는 했지만 뿌리가 흔들린 것은 결코 아니다.

오늘날에도 보수 무슬림들은 이슬람의 전통과 율례를 중요하게 여겨 일상생활에 적용하려는 의지를 가지고 있다. 하지만, 보수적, 중도적, 진보적 무슬림들의 종교적 성향에는 일부 차이가 있음을 고려해야 한다. 중앙아시아 각 국가의 국민들도 이슬람적 성향이 유사한 것도 아니어서 중앙아시아의 이슬람을 일괄적으로 평가하는 것은 무리가 있다고 본다. 일례로, 우즈베키스탄과 카자흐스탄의 중도적 무슬림의 종교에 대한 애착이 동일하다고 간주할 수 없다. 카자흐스탄에는 러시아인들이 전체 국민의 35% 이상을, 카자흐 민족이 전체 국민의 45% 정도를 차지하는 상황이며 또한 중국과 인접해 있어서 중국의 정치, 문화적 영향을 받아 이슬람 이외의 문화와 접촉하는 빈도와 범위가 우즈베키스탄에 비해서 매우 커서 카자흐스탄의 중도적 무슬림이라고 해도 우즈베키스탄의 중도적 무슬림의 신앙 행위 준수의 수준에는 미치지 못한다.

04
오스만제국과 터키공화국

오스만제국의 역사는 특징상 건립기, 흥륭기, 정체기, 쇠퇴기로 구분되어 다루어진다. 건립기는 오스만의 오스만왕조 건립 시기부터 메흐메트(Mehmet)2세의 콘스탄티노플 점령까지(1299~1453), 흥륭기는 영토확장에 있어서 최고조에 달했던 술탄 술레이만(Suleyman)의 재위기가 끝나는 1566년까지, 정체기는 영토의 확장이 중단된 시기로서 오스만제국이 서구 유럽과의 대결에서 패하여 최초의 영토 할양을 인정하는 카를로위츠(Carlowitz)조약이 체결된 1699년까지, 쇠퇴기는 유럽과의 대결에서 연속적으로 패하는 특징을 띠며 제1차 세계대전에 참전하여 패전국이 되어 연합국에 의해 분할, 점령되는 1918년까지를 각각 한정한다.

I. 13세기 아나톨리아의 개관

1-1. 정치적 상황

당시 아나톨리아 지역에는 아나톨리아 셀주크국가, 일한국(Ilkhan, 1256~1334), 비잔틴제국 등의 국가들이 있었다. 13세기 말에는 급변하는 상황 속에서 소아시아(아나톨리아) 셀주크 술탄국은 통일성을 상실했고 그 자리에 분화된 부족국가 규모의 12개 투르크계 공국이 세워졌다. 비잔틴제국도 아나톨리아 중동부 지역의 영토 대부분을 상실하고 크게 위축되었다. 이 국가들 중에 가장 강력한 것은 훌라구 칸이 세운 일한국(Ilkhan)이었다. 아나톨리아 남부 토로스 산맥 기슭까지 펼쳐진 지역에서는, 이집트 지역에 근거지를 가진 맘룩국(國)이 영향력을 미치고 있었다.

13세기 말 이후 나타난 다수의 투르크계 공국들 가운데 오스만 부족국가는 소아시아의 북서쪽에 위치하여 비잔틴제국과 접경하고 있었다. 부족장 오스만은 자국의 영토를 확장시키려는 여타 부족국가들과의 충돌을 피하고 성전원리(聖戰原理)를 따라 비잔틴 지역을 공략해 나갔다.

1-2. 인종적 상황

아나톨리아에는 투르크계가 다수를 차지하고 있었다. 이외에 그리스인을 비롯해 몽골계 민족들도 아나톨리아 지역에 일부 이동해 거주하고 있었다. 이들 중 그리스인들의 대부분은 마르마라, 에게해 그리고 흑해연안에 집중되어 있었다. 몽골인들의 경우 1243년 셀주크군과의 쾨세다으 전투에서 승리 이후 소수가 아나톨리아로 이주해 왔으며 대개가 스텝 지역에 정착하였다.

1-3. 문화적 상황

셀주크제국의 1071년 말라즈기르트 승전 이후 중앙아시아에 거주하던 투르크족은 집단적으로 아나톨리아 반도로 이주하기 시작했다. 아나톨리아로 이주한 투르크족은 초기에는 유목생활을 지속하기 위해 고원과 산지에 주로 정착했다. 그러나 점차 시간이 지남에 따라 일부 유목민들이 지역 상황을 파악한 뒤에 농촌 주변 지역으로 접근하여 농사를 익히며 정착생활에 적응해 갔다. 다수의 투르크족이 이동함으로써 소아시아 셀주크국가 시대에 아나톨리아 지역은 점진적으로 투르크화(化)가 진행될 수 있었다. 이들은 정착한 지역에서 종교인들의 지도 하에 이슬람 사원, 신학교와 예배당을 세우고 이곳을 통해 이주생활에 필요한 정보를 교환함과 동시에 결속력과 신앙심을 배가시켰다.

소아시아 지역으로 이동하여 오스만 부족국가를 세운 터키인들의 다수는 순니(sunni) 무슬림들이었다. 압바시야 조(朝) 시대에 들어와 이슬람의 주류인 순니파 선교사들의 활동과 순니를 표방한 이란계 사만 조(874~999)의 영향으로 투르크멘들은 순니 교리를 받아들였다. 따라서 터키인들이 세운 최초의 이슬람 왕조인 카라한 조(840~1212)나 가즈나 조(977~1186)는 순니의 영향을 받게 되었다. 중앙아시아의 각 지역에는 순니파 선교사들과 더불어 시아(shi'a) 선교사들의 활동도 전개됨으로써 이슬람의 비주류로 알려진 시아 교리도 일부 투르크멘들이 수용하였다. 따라서 터키 유목민들 사이에 시아 교리와 유목민의 전통적 신앙이 혼합된 신비주의적 형태의 신행(信行)이 출현할 수 있었다.

소아시아 지역으로 시아 교리의 유입은 14세기 후반 일한국의 해체 이후 가시화되었다. 티무르가 온건한 시아파의 활동을 묵인했던 반면 급진적 노선을 허용하지 않자 종단 지도자인 세이흐(Sheikh)들은 활동무대를 소아시아로 옮길 수밖에 없었다. 이 당시 주로 이란 지역의 열두 이맘파에[1] 속한 선교사들이 소아시아 유목민들에게 접근하여 활동했다. 그 결과 오늘날에도 소수 터키인들이 열두 이맘파에 대해서 친화적인 감정을 가지고 있다.

13세기 중엽 몽골의 소아시아 지역 침입 또한 이 지역의 종교적 환경을 급속하게 변화시켰다. 몽골 침입 직전에 그 위기를 피하려는 터키 유목민들이 아제르바이잔, 트란속시아나와 후라산 지역으로부터 서진하여 소아시아로 진입해 정착했다. 당시, 몽골의 침입을 피해 이동한 터키 유목민들은 이슬람을 받아들

1) 열두 이맘 파는 12번째 이맘인 무하마드가 자손도 두지 않고 878년 사마라(Samara)의 성원에서 사라졌다. 그 뒤 그가 숨은(mustatir) 이맘 혹은 돌아올(muntazar) 이맘이 되었다고 믿게 되었다. 언젠가 그는 이 세상에 다시 나타나 진정한 이슬람을 회복하여 온 세상을 다스릴 것으로 기대하고 있다. 열두 이맘 파는 1502년 이란의 사파위 조에 의해 국교로 공인되었다. 열두 이맘 파의 법학체계에 따르면 일정 자격을 갖춘 법학자는 쿠란과 하디스에 있는 일반 원칙에 의해 스스로 논리를 전개하여 직접 판정을 내릴 수 있는 것이다. 이에 따라 신학자는 신의 대변인의 역할을 맡게 되었다. <참고> 김정위, 이슬람문화사, 문학예술사, 1985. p.122; 김정위, 이슬람사상사, 민음사, 1987. p.179.

이기는 했어도 몽골 침입 이전에 소아시아에 정착한 터키족에 비해 상대적으로 터키족의 전통적 종교 의식을 잃지 않았다. 따라서 몽골의 소아시아 침입은 순니 이슬람 교리와 터키 유목민의 종교적 관행을 혼합시킬 수 있는 사회, 종교적 환경을 조성했던 것이다. 1243년 쾨세다으(Khoshedag) 전투에서 몽골 군대에 대패한 소아시아 셀주크 조가 정치적 패권을 상실하게 되었다. 이에 대한 연쇄작용으로 소아시아에는 부족장을 중심으로 독립적인 다수의 부족국가가[2] 나타났으며 이로 말미암아 각 부족 간의 대결이 불가피해져 소아시아의 정치적 상황은 극도로 혼란해졌다.

II. 오스만 족의 아나톨리아로의 이주, 카이으족과 에루투우룰 베이

최근 연구에 의하면 오스만제국을 세운 가계는 오우즈족와 밀접한 관계에 있는 카이으 부족출신으로 알려져 있다. 역사적인 전통에 따라 카이으부족은 징기스칸의 공격기간에 옥서스 강(아무다리아)을 건너서 이주해 아나톨리아로 왔고, 한동안 이 지역에서 정착하다가 징기스칸이 죽자 본래 자신들의 영토로 돌아가기를 원했다. 그런데 알레포 근처의 유프라데스 강을 건너다 부족장인 술

---

2) 13세기말 이후 소아시아 지역의 부족국가

부족명	존속기간	통치지역
멘테세(Mentese)	1300~1425	무으라(Mugla)
게르미얀(Germiyan)	1300~1428	쿠타흐야(Kutahya)
데니즐리(Denizli)	1277~1368	데니즐리(Denizli)
오스만(Osman)	1281~1923	아나돌루(Anadolu)
카라만(Karaman)	1256~1483	카라만(Karaman)
잔다르(Candar)	1292~1461	카스타모누(Kastamonu)
쥴카디르(Zulkadir)	1339~1521	마라쉬(Maras)
라마잔(Ramazan)	1378~1608	아다나(Adana)
페르바네(Pervane)	1277~1300	시놉(Sinop)
사힙아타(Sahip Ata)	13세기 말	아피욘(Afyon)
카라시(Karasi)	1300~1336	발륵케시르(Balikesir)
사루한(Saruhan)	1300~1410	마니사(Manisa)
아이든(Aydin)	1299~1403	아니든(Aydin)
테케(Teke)	1300~1426	테케(Teke)
에스라프(Esraf)	~1327	베이세히르(Beyshehir)
하미트(Hamit)	~1391	하미텔리(Hamiteli)

J. Kingsley Birge, Bektasilik Tarihi, Reha Camuroglu 옮김, Istanbul, 1991, pp.26~28.

레이만 샤흐가 말에서 떨어져 익사함으로써 두 부족으로 나뉘었다. 그래서 술레이만 샤흐의 네 아들 중 순구르테킨과 균도우드 베이는 자신들의 무리를 이끌고 동쪽으로 돌아갔으며, 다른 두 아들 에루투우룰과 듄다르 베이는 아나톨리아 지역으로 들어왔다고 전해진다.

부족장 오스만

이 당시 아나톨리아 셀주크 술탄이었던 알라에딘 케이쿠바드(1219~ 1236)는 에루투우룰 베이와 같이 온 카이으족에게 앙카라의 남서부에 있는 카라자다으와 그 일대를 영토로 주었다. 이러한 방법으로 앙카라 일대에 정착한 카이으족은 얼마 후 에루투우룰 베이(Bey)의 인도를 받아 사카리아(Sakarya) 강변을 향해 이동했고 쇠우트 지역을 점령하게 되었다. 에루투우룰 베이는 쇠우트 도시를 거점으로 죽을 때까지 비잔틴 접경에서 전쟁을 하며 영토를 넓혀 갔지만 소아시아 셀주크 술탄에게는 종속돼 있었다. 에루투우룰 베이는 1281년 90세를 넘어 사망하였고 쇠우트에 묻혔다.

III. 오스만 베이와 오스만 공국의 건설(1299년)

에루투우룰 베이 사망 후 그의 아들 오스만 베이는 23살의 나이에 카이으족의 우두머리가 되었다. 이 당시 소아시아 셀주크 술탄국은 과거의 강성함을 잃었고, 일한국은 아나톨리아의 중, 동부 전 지역을 손에 넣은 상태였다. 이와 같은 셀주크국의 어려운 상황을 이용하여 각 변방의 투루크계 영주들은 곳곳에서 독립을 선언하였고, 중앙 국가와의 관계를 단절하고 있었다. 오스만 베이 역시 다른 투루크계의 영주들처럼 쇠우투 지역에서 독립을 선언하고 1299년에 자신의 이름을 딴 오스만 공국을 건설하였다.

아나톨리아에서 건립된 투루크계 공국들 중 약소국의 하나였던 오스만 부족국은 건립 후 쇠약해 진 비잔틴 제국을 집중 공략하고, 부족의 호족들이 각 지역을 관할하는데서 보여준 능력 때문에 강력해 질 수 있었다. 오스만 부족국가는 한편으로는 비잔틴과 다른 한편으로는 아나톨리아 투루크계 공국들과 대립하며 세력 팽창에 몰두했다.

IV. 건립기

소아시아 셀주크국가의 붕괴이후 이 지역에는 다수의 유력한 족장들에 의해 공국, 토후국 또는 영주국이라고 할 수 있는 여러 군소 국가들이 건립되었고 오스만(Osman) 부족국가는 그 가운데 하나였다. 이 국가는 비잔틴 제국과 소아시아 셀주크국가의 접경지대인 소아시아 북서부의 쇠우트(Sogut)지역에 위치하였는데 소아시아 셀주크 국가의 술탄 알라에딘 케이쿠바드(Alaeddin Keykubad)가 에르투우룰 베이(Ertugrul Bey)에게 이 변경지방을 처음에는 영지로 주었던 것이다. 오스만 베이(Osman Bey: 1299~1324)는 이 지역을 아버지로부터 상속받은 뒤 영역을 확장해 나가 독립국가의 기틀을 마련하였다. 오스만은 여타 투르크계 부족국가와의 직접적인 대결을 피하고 우선적으로 허약해진 비잔틴 제국을 잠식하였다.

오스만을 계승한 오르한(Orhan: 1324~1360)은 선왕의 정복정책을 지속시켜 나갔으며 1326년 부르사(Bursa)를 점령하여 수도로 삼았다. 이 때부터 오스만왕조는 실질적인 국가의 형태를 갖추게 되었고 국경을 방어하고 영토를 확장할 정규상비군 체제를 도입하였다. 오르한은 1352년 유럽대륙의 동단인 트라키야(Thrace)에 첫발을 내딛었고 오르한의 아들 무라트(Murat: 1360~1389)는 에디르네(Edirne, 그리스명: Adrianople)와 마케도니아, 불가리아, 세르비아 등지를 점령하여 유럽지역으로의 영토확장을 성공리에 추진하였다.

그러나, 바예지드(Bayezid: 1389~1402)는 동쪽에서 침략해오는 티무르(Timur)의 몽골 군대를 맞이하여 앙카라(Ankara)에서 싸웠으나 자신도 포로가 된 뒤 사망하였다. 왕위계승권자가 지명되지 않은 상태에서 바예지드가 사망하자 그의 아들 사이에 권력투쟁이 발생했다. 일시적인 왕위의 공백기를 거친 오스만제국의 난국은 왕위 계승권을 장악한 메흐메트1세(1413~1421)에 의해 수습되었다. 그동안 콘스탄티노플에 국한하여 존립을 유지하던 비잔틴제국의 정복은 1453년 5

월 메흐메드 2세(1451~1481)의 영도 아래 이루어져 오스만제국은 이슬람권의 강자로 인정받았다.

V. 흥륭기

오스만제국은 정복자 술탄 메흐메트 2세의 치하에서 급속히 팽창하여 서쪽으로는 1463년 보스니아와 1476년 몰다비아(Moldavia: 오늘날 루마니아 북부)를 점령하고 동쪽으로는 유프라테스강 유역까지 뻗어나갔다.

콘스탄티노플의 점령 이후에 바예지드 2세, 셀림 1세와 술레이만 1세는 오스만제국 영토확장에 기여하여 그 통치권이 유럽, 중동 및 아프리카 등의 세 대륙까지 미치게 되었다. 셀림은 1517년 카이로를 정복하여 오스만제국의 술탄으로서는 처음으로 칼리프(예언자 무하마드의 후계자)의 칭호를 사용하고 그 세습권을 취득함으로써 오스만제국은 명실공히 이슬람권의 종주국으로서의 면모를

오스만제국의 톱카프궁전 ①
톱카프 궁내 하렘입구 ②
톱카프 궁에서 명절축하 ③

갖추게 되었다. 셀림을 계승한 술탄 술레이만 1세(1520~1566)는 발칸지역을 통과하여 헝가리를 정복하고 1529년 비엔나를 공격하고 이라크 지역을 점령할 정도로 막강한 군사력을 가지고 있었다. 그는 재위기에 동유럽 일부, 크리미아, 이라크를 정복했음은 물론이거니와, 모로코를 제외한 북아프리카 전역을 통합한 오스만제국은 가장 광대한 영토를 소유한 대제국으로 성장했다.

이러한 대정복은 오스만제국의 초기 술탄들의 엄격한 규율유지, 오스만군대의 기동성, 기독교권 발칸반도내의 분쟁과 농민 수탈 등으로 비교적 수월하게 달성되었다. 오스만제국이 발전하고 외부환경에 민감했을 때 서구의 기독교 국가들은 너무 무기력하게 느껴졌다. 그러나 한편 오스만제국은 광대한 영토를 확장하는 과정에서 지나친 자신감과 안일에 빠져 자기 혁신을 꾀하지 못했으며 그에 따라 처리해야 할 문제도 늘어났던 것도 사실이다. 그리하여 술탄 술레이만 1세의 사후 오스만제국은 영토확장에 있어서 더 이상의 진전을 보지 못하고 침체의 늪에 빠졌던 것이다.

영토확장의 절정에 다다른 오스만제국의 관료, 군대 및 성직자 체제의 부패의 기미와 질적 저하 현상이 나타났다. 영토확대에 따른 국가방위 부담의 증가, 다민족 다종교 국가로서의 다양한 민족 간의 마찰, 종교인들과 군 지휘관 사이의 갈등 등은 오스만제국이 극복해야 할 과제로 드러났다.

오스만제국 절정기에 유럽에서 나타난 변화를 주목할 필요가 있다. 유럽의

술탄 메흐메트2세의 공격

해양진출, 해양 무역로와 신대륙 발견 및 종교 개혁 등이 매우 중요한 변화로서 오스만제국의 정체와 쇠퇴 과정과 무관하다고 볼 수 없는 것이다. 유럽의 해양 진출의 동기는 여러 가지로 논의되고 있으나 어쨌든 그 결과로서 나타난 해양 무역로와 신대륙 발견으로 오스만제국의 경제는 타격을 입었고 종교개혁으로 유럽에서는 신사고의 움직임이 활발해져 과거의 종교와 형식위주의 구습은 배격되었다. 따라서 17세기 말에 나타난 오스만제국의 정체 현상은 유럽 국가의 번성과 그 시기를 같이하는 것으로 볼 수 있다.

VI. 정체기와 쇠퇴기

술레이만 1세의 재위기 후반에 계승권을 둘러싸고 궁중내부의 암투가 있었고 술레이만의 네 아들 가운데 가장 무능하다고 알려진 셀림(Selim: 1566~1574)이 왕위를 계승하였는데 그 이유는 당시 세력을 장악하였던 관료들의 셀림에 대한 선호도 때문이었다. 셀림의 재위기에 오스만제국은 유럽지역으로 세력 확대를 실현시키지 못하였을 뿐만 아니라 궁중을 둘러싼 정치집단간의 의견대립으로 인해 정치적 불안과 대 사파위 조(1501~1732) 전쟁의 장기화 및 군사력의 약화 등으로 취약점이 노출되기 시작하였다.

17세기 초 합스부르크가와의 전쟁이 1606년의 시트바토록(Sitvatorok)협정으로 종결되었는데 이 협정으로 합스부르크 가(家)는 오스만제국에게 보내는 연공의 의무를 면제받았고 이전의 합스부르크가의 왕을 "서로마제국의 황제"로 칭하게 되었다. 다시 말하자면 이 조약은 술탄과 합스부르크가 황제의 대등한 관계를 공식화하였다. 한편, 오스만제국의 동부 국경은 시아 이슬람의 사파위 조(1501~1732)와 인접하였다. 사파위조의 샤 아바스(Shah Abbas: 1587~1629)는 17년 이상 지속한 전쟁에서 커다란 성과를 올렸고 오스만제국은 1639년의 카스르쉬린(Kasri-Shirin) 조약으로 이란에게 아제르바이잔과 에리반(Erivan) 지역을 넘겨주었다.

이러한 17세기에 점진적으로 나타난 오스만제국의 허약화는 1683년의 두 차례에 걸쳐 이루어졌던 비엔나 공격의 실패로 극에 달하였다. 17세기말에는 러시아, 합스부르크가, 폴란드, 베니스 등은 연합하여 오스만제국을 공격하여 승리를 거두었고 그에 따라 카를로위츠(Carlowitz) 조약을 체결하여 오스만제국의 영토의 일부를 차지하였다. 그 후에 러시아가 오스만제국으로의 남하정책을 꾸준히 추진하는 과정에서 영국과 프랑스는 러시아와 경쟁하기도 했지만, 대체로 18세기말까지 오스만제국은 유럽국가의 연합공격에 시달려 왔다.

그러나 19세기부터는 러시아의 노골적인 팽창에 영국과 프랑스가 제동을 걸고 자국의 이익을 챙기려고 하자 유럽 열강은 서로 경쟁하고 견제하는 동시에 때에 따라서는 오스만제국을 협공하였다. 결과적으로 오스만제국은 유럽 열강에 의해 '유럽의 병자'로[3] 회자되었고 당시에는 병자의 영토를 분할하려는 계획이 유럽의 최대관심사였다.

19세기 중반에 건축된 돌마바체 궁전

프랑스의 나폴레옹은 1798년 이집트를 침략하였고 자력으로 프랑스에 대항할 수 없었던 오스만제국은 러시아와 영국의 지원을 받아 1801년 프랑스 군대를 축출시켰다. 그러나 이에 따른 후유증은 엄청나서 오스만제국의 쇠퇴화는 가속되었다. 영국은 이집트를, 러시아는 그리스 남부를 각각 군사기지로 사용하려고 하자 오스만제국이 이번에는 영국과 러시아를 상대로 전쟁을 하지 않을 수 없었다. 프랑스는 오스만제국이 이 양 국가에 대해 선전포고를 하도록 외교적으로 부추겼다. 그야말로 어제의 친구가 오늘의 적이 되고 어제의 적은 오늘의 친구가 된 셈이었다. 오스만제국이 영국과는 1806~1809년, 러시아와는 1806~1812년까지 전쟁을 지속했고, 이전의 프랑스와의 전쟁까지 합하여 10년 이상 전쟁에 시달렸기 때문에 오스만제국의 국력은 쇠잔해져 갔다. 이처럼 중앙정부의 통치력이 약화되자 피지배 소수민족은 분리주의 운동을 전개하였고 유럽은 또한 오스만제국의 내

3) 러시아 황제 니콜라스 1세(Nicolas: 1825~55)는 1851년 1월 페떼르스부르그 궁에서 영국 대사에게 "여러 제국 가운데 환자가 있다."고 오스만제국을 지칭하여 말한 바 있다. Emin Oktay, Tarih, Istanbul, 1982, p.245.

에 간섭하기 시작했다.

마침내 그리스는 영국, 러시아 및 프랑스의 도움으로 1829년 독립하였고 이집트는 1839년 자치화를 획득할 수 있었다. 연이어 동유럽에서 격렬한 독립운동이 일어났고 이것을 오스만제국은 무력으로 진압하자 서구 열강은 이 행위에 대해 규탄하였다. 이러한 방법은 오스만제국 쇠퇴화 과정에 걸쳐 반복되어 적용된 일정한 형식이었다.

그 후 계속된 군사적 패배와 유럽의 개입에 대한 해결책을 찾던 오스만 당국은 개혁을 선포하여 국권회복을 기도했다.

VII. 오스만제국의 근대화와 청년 터키인

오스만제국의 근대화는 군사교육기관의 서구화에서 비롯되었다. 그 이유는 연속된 군사적 패배를 만회하기 위해서 무엇보다 먼저 군의 개혁이 급선무라고 인정하였기 때문이었다. 그러나 군사개혁이 성과를 거둘 수 있는 가는 아직 미지수였다. 보수파와 개혁파가 강력히 대립하고 있었고 특히 종교인들은 서구식 군사체제의 도입과 서구로부터 군사 교관의[4] 초빙을 달갑게 여기지 않았다. 또한 무슬림 터키인들은 이교도의 언어인 영어나 프랑스어를 배우는 것을 꺼려해왔기 때문에 언어장벽이 근대화의 커다란 장애요인이었다. 그리하여 보다 근본적인 개혁을 추진할 문관을 양성할 목적으로 민간인 교육기관의 서구화를 추진하였으나 기존의 종교식 교육기관을 폐지할 수 없어서 구식, 신식 교육기관이 병존하여 교육이 이루어졌고 이에 따라 민간인 교육기관의 이원화 현상이 나타나기도 했다. 민간인 교육기관의 설립으로 서구의 문화를 이해하고 서구의 언어를 구사할 수 있는 젊은 세대가 출현하였다.

1839년 오스만제국은 개혁칙령(Tanzimat)을 선포하여 무엇보다 종교와 인종을 불문하고 사회적 평등권을 부여하려고 시도한 바 있으며, 개혁칙령의 선포

4) 1734년 프랑스인 드 본느발(De Bonneval)이 유럽식 포병대를 도입하는 임무를 수행하도록 초청되었고, 1773년 헝가리 태생이지만 프랑스 국적을 가진 바론 드 도트는 포병대와 공병대 개혁에 참여했다. B. Lewis, 오스만제국 근대사, 김대성 역, 펴내기, 1994, pp.55~56.

는 가급적 유럽의 간섭을 배제시키려는 의미를 내포하고 있었다. 오스만 근대화에 있어 가장 중요한 역할을 한 것은 신흥지식층(New Elite)이었는데 이들은 오스만제국에 근대적 의미의 정치집단을 조직하여 발전시키는 측면에서 기여하였다. 신흥지식층을 대표하는 정치집단을 청년 터키인(Young Turks)으로 일괄지칭하고 있는데 이들은 일반적으로 제국의 병을 위한 궁극적인 치료제는 정치적 자유, 법에 의한 통치와 헌정의 선포라고 믿고 있었다. 나믁 케말은 신흥지식층을 대표할 만한 인물이었다. 그러나 이들도 국권회복의 방법에 관한 견해에는 차이가 심해 어느 면에서는 대립하고 있었다. 이를테면 제국의 회생은 중앙집권적인 통치를 통해서 이루어질 것으로 믿는 그룹과 지방분권화를 통해 실현된다고 확신하는 그룹이 있었다. 이념적으로도 다양한 주장들이 제시되기도 했는데 이슬람주의, 오스만주의, 아랍주의, 터키주의 등이 대표적인 것들이었다. 그러나 이들의 우선적인 목표는 헌정의 선포였기 때문에 일단 협력하여 반정부 투쟁에 나섰다.

나믁 케말

오스만 정부당국은 이들을 탄압하고 정치적 제재를 가하였고 반면에 유럽 국가들 특히 영국과 프랑스는 이들에게 도피처를 제공하며 정신적 후원을 아끼지 않았다. 그러므로 이들은 친 영국, 프랑스 성향을 가지고 있었고 1908년 혁명에 성공하여 입헌정부를 선포한 뒤에도 이 국가들로부터 국가 회복에 필요한 구체적인 지원을 기대하고 있었다. 그러나 입헌정부가 구성되었음에도 불구하고 집권하게 된 청년 터키인들의 기대와는 달리 오스만제국의 지배지역인 발칸과 아랍지역에서 독립화 요구가 거세져 진보적 성향을 내세웠던 집권세력은 이전에 비해 강한 탄압 정치를 선택할 수밖에 없었다. 게다가 이들은 영국과 프랑스로부터 정치적 소외감을 실감하고 하나의 고육책으로서 오스만제국으로 접근하고 있는 독일과 제휴하기에 이르렀던 것이다. 이와 더불어 이태리와의 트리폴리전쟁(1911~1912) 그리고 발칸전쟁(1912~1913)은 입헌정치를 기대해 왔던 청년 터키인 그룹 출신의 정치세력의 처지를 불안하게 만들었다.

결국 1914년 발발한 제1차 세계대전에서 오스만제국은 독일과 동맹을 맺고 영국, 프랑스, 러시아, 그리스 연합군에 대항하였으나 패함으로써 오스만제국의 영토는 사분오열되어 분할, 점령되는 운명을 피할 수 없는 신세가 되었다.

오스만제국이 1918년 10월 30일 항복 문서에 서명함으로써 제1차 세계대전에서 패배했음을 인정한 뒤 집권세력은 국외로 도피하였고 연합군의 지배 하에 놓여 무장해제와 함께 독립권을 상실하였다. 그러나 터키인들은 이전의 일부 군사령관과 부하, 지방의 유지, 지식인을 중심으로 독립투쟁을 개시하였다. 이때 등장한 대표적인 인물이 무스타파 케말(Mustafa Kemal)이었으며 그는 약 3년에 걸친 구국전쟁을 승리로 이끌어 1923년 10월에 터키공화국을 건설할 수 있었다.

VIII. 터키공화국

케말과 이뇌뉘(왼쪽)

제1차 세계대전에서 패한 오스만제국은 1918년 10월 30일 연합국과 몬드로스(Mondros) 휴전협정을 체결하였고 이에 따라 연합군은 오스만제국의 영토를 분할 점령하기 시작했다. 그러나 열강의 오스만터키 강제점령은 터키민족의 저항운동을 촉발시켰다. 이때 무스타파 케말은 군에서 퇴역하고 1919년 5월 흑해변에 위치한 삼순으로 이동하여 독립전쟁 준비에 착수하여 국민 저항운동을 주도해 나갔고 1922년 9월 9일 대 그리스 전투에서 승리하여 이즈밀을 탈환하였다. 케말은 1920년 3월 19일 비상 국회를 소집하고자 각 지역 대표단에게 알렸고, 4월 23일에 국민총의회가 앙카라에서 소집되었다. 1920년 8월에 아나톨리아를 분할하려는 세브르(Sevr)조약이 연합점령군과 이스탄불 왕정 간에 체결되었다. 프랑스 파리 근교에 위치한 세브르에서 조약의 조인은 이스탄불 정권에 대해 국민들 가운데 엄청난 반감을 확산시켰고 민족주의자들은 대(對) 연합군 저항에 본격적으로 합세했다. 1922년 11월에는 오스만제국의 술탄 직위를 폐지하고 주권이 국민에게 있다고 민족주의 진영이 선언하였다. 마침내 케말이 이끌던 민족주의 앙카라 임시정부가 1923년 7월의 스위스 로잔(Lausanne)에서 연합국 측과 평화조약을 체결함으로써 터키의 독립과 주권, 터키공화국을 국제적으로 승인을 받았다. 1924년 3월 1일 국회에서 오스만의 술탄이 가지고 있던 칼리프 제도를 폐지하였다. 이로써 제정일치의 통치를 하던 오스만제국은 그 수명을 다했다. 연이어서 1924년 8월에는 이슬람법을 적용하고 가르치는 종교부의 해체, 이슬람신학대학의 폐쇄, 특별 종교재판부의 해산 등이 뒤따랐다. 앙카라 정부는 이슬람법을 대체할 서구식 민법을 터키 국민의 필요성에 맞추어 스위스 민법을 개작하였고, 국회는 서구식 민법을 1926년 2월 17일 받아들였다.

공화인민당이 1923년 9월 9일에 창당됐으며 무스타파 케말은 당수로 선출되었다. 터키공화국의 공식선포는 1923년 10월 29일에 행해졌고, 케말은 대통령으로 취임하였다. 공화인민당(The Republican People's Party)은 정치, 법과 교육 분야 등에서 종교적 요소를 배제하고 근대화와 서구화를 목표로 강력한 개혁정책을 추진했다. 공화인민당의 정강은 공화주의(Republicanism), 민족주의(Nationalism), 국민주의(Populism), 국가주의(Statism), 세속주의(Secularism), 혁명주의(Revolutionism)였다. 이때 보수적 세력은 공화인민당의 세속적이고 서구적 개혁에 반감을 표시했으나 무스타파 케말의 주도하에서 이루어지는 근대화를 저지시키기에는 역부족이었다.

1938년 케말이 사망하자 제2대 대통령으로 이스멧 이뇌뉘(Ismet Inonu)가 취임하여 선임자의 정책노선에서 경제문제를 국가사회주의적 방향으로 해결하려 했다. 터키는 제2차 세계대전 중 중립을 지켜오다 전쟁종료 시(1945.2) 독일에 선전포고하였다. 국내 정치적으로 케말 아타투르크가 세운 공화인민당의 일당정치는 1950년 5월에 시행된 선거에서 민주당(Democrat Party)에게 패하여 정권을 넘겨 줄 때까지 계속되었다.

아드난 멘데레스(Adnan Menderes) 주도하의 민주당정권은 정치, 경제의 자유화를 표방하고 소련의 팽창주의 위협에 대처하기 위해 1955년 5월에 결성된 북대서양 조약기구(NATO)에 가입하였다. 민주당정권은 아타투르크의 건국이념에서 벗어난 정치노선을 추구한다는 비난을 받아왔으며 결국 1960년 5.27 군사 쿠테타로 전복되고 1961년 9월 멘데레스 전 수상이 처형되었다.

1961년 11월의 총선으로 공화인민당의 이뇌뉘 전 수상이 재집권할 수 있었다. 1965년 10월 총선에서는 술레이만 데미렐(Suleyman Demirel)의 정의당이 승리하였으나 근로자의 파업, 학생 및 노동자의 소요 등으로 합동참모총장을 위시하여 육, 해, 공군사령관, 헌병대 사령관의 지시를 받는 군부가 개입함으로써 1971년 3월에 데미렐 내각은 총 사임하였다. 60년대 후반의 정치적 자유기는 1971년 3월 12일의 군부의 성명서 발표로 정지될 수밖에 없었다. 군부는 아타투르크 노선에 입각한 개혁 추진, 테러행위의 방지, 정치적 무질서의 해결 등을 촉구했으며 민간정부가 이러한 요구를 실행하지 않는다면 군대가 직접적으로 정치에 개입하겠다고 경고했다. 따라서 데미렐 수상과 그 내각은 사임할 수밖에 없었다. 신정부는 니하트 에림 교수를 수반으로 하고 원외에서 임명된 15명의 각료로 구성되어 출범하였다. 하지만 좌우익 학생들 간의 충돌과 총격전이 중단되지 않고 격화되자 군부는 1971년 4월 28일 앙카라와 이스탄불을 비롯한 11개 대도시에 계엄령을 선포하였다. 극우파와 극좌파 정당인 민족질서당과 터키노동당은 각각 1971년 5월과 7월에 해체되었다. 군부는 1973년 총선까지 교도민주주의를 실시하고 강력한 반공정책이 수행되었다.

터키는 1970년대에 정치적으로 안정된 기반을 구축하지 못했다. 이 시기에는 단독 정부수립에 필요한 과반수 의석이 확보되지 않아 주로 연립내각이 구성되었고 정치적 혼란이 나타났다. 공화인민당 중심의 연립내각(Bulent Ecevit, 1973.10~1974.9), 정의당 중심의 연립내각(Suleyman Demirel, 1975.3~1977.12), 공화인민당 중심의 연립내각(1978.1~1979.10), 정의당 중심의 연립내각(1979.11~1980.9) 등이 1970년대의 터키의 정치를 주도하였다. 에제비트의 내각 하에서도 고질화된 정치테러, 노동자 파업 등 국내소요로 치안이 혼란에 빠지고 경기침체와 정쟁이 심화되었다. 에제비트 수상은 1979년 상원의 1/3 의석을 교체하는 선거에서 패배하여 사임하자 이번에는 정의당의 데미렐이 수상이 됐고 민족구제당과 민족행동당의 지원을 받아 연립내각을 구성했다. 1979년 10월 24일 구성된 정의당 중심의 연립 내각은 테러방지를 도모하였으나 공화인민당과의 정쟁으로 인해 별 진전을 보지 못하였다. 1980년 1월 24일 데미렐 정부는 경제를 회복하려고 성명을 발표하여 단기간에 긍정적인 효과를 보았지만, 정치적 무질서와 테러 행위를 근절시키지 못했으며, 국회에서 선출되는 대통령도 1980년 초에 임기가 만료되었음에도 불구하고 여전히 신임 대통령을 뽑지 못했다

이러한 위기를 타개하려고 케난 에브렌(Kenan Evren) 장군 중심의 군부세력이 1980년 9월 12일 계엄을 선포하고 기성정치인 정치활동을 금지시켰다. 케난 에브렌이 의장을 맡은 국가안전위원회는 수상으로 해군사령관 출신의 불렌트 울루스를 지명하고 수상청의 차관직을 역임한 투르구트 외잘(Turgut Ozal)을 경제 담당 부수상으로 임명했다.

정당의 선거유세

군사정부는 1983년 4월 총선을 통한 민정이양을 약속하고 정당 설립을 허가하였다. 1983년 11월 6일의 총선에서 외잘(Ozal)이 이끄는 조국당이 과반수 의석을 확보하여 민정이양을 실현하였다. 조국당은 국회 의석의 53%를 차지하여 1983년 12월 13일 단독으로 내각을 구성할 수 있었다. 조국당은 자유경제 정책을 추진하여 경제적 활성화를 꾀해 경제성장을 이룰 수 있었으나 인플레이션을 잡지 못해 부분적으로 성공을 거두었다. 조국당은 1987년 선거에서도 국회에서 다수 의석을 차지했고 1989년 케난 에브렌 대통령의 임기가 만료되자 국회는 1989년 11월 9일 외잘을 대통령으로 선출했다.

외잘이 대통령으로 선출됨으로써 그 대신에 율드름 아크불루트(Yildirim Akbulut)가 수상직에 올랐다. 그러나 조국당은 인플레이션을 잡지 못하여 1991년 10월 20일 선거에서 정권을 내주게 되었고, 정도당의 데미렐이 수상으로서 사회인민당과 연립하여 내각을 구성했다. 정도당-사회인민당 연립정부는 경제성장을 이룩하고 실질소득을 증가시키는데 있어서 만족할 정도는 아니지만 성과를 이룰 수 있었다. 외잘이 1993년 대통령 재임 시에 심장질환으로 서거함으로써 데미렐이 대통령으로 선출되었다. 1993년 6월 13일에 열린 정도당 전당대회에서 탄수 칠레르가 당수로 선출돼 터키에서 첫 여성 수상이 등장할 수 있었

다. 질레르(93. 6. 25~95. 12. 25 재임)는 경제 성장을 위주로 정책을 추진했다.

1995년 12월의 총선에서는 복지당이 21%의 득표율을 얻어 이슬람주의 정당이 공화국 건국 이래 처음으로 제1당으로 부상하였다. 그 이유는 복지당은 정치인들의 부패를 청산하겠다는 공약을 내세워 유권자로부터 커다란 지지를 받았기 때문이다. 21%의 득표율로 제1당이 됐다는 것은 그만큼 이전의 기존의 집권 정당들이 국민들로부터 신뢰를 상실했음을 의미한다. 1996년 3월에 조국당과 정도당이 연립내각을 구성했으며 메수트 율마즈는 수상으로 취임했다. 하지만 이 연립정권이 원만한 관계를 이루지 못하자 대통령 술레이만은 복지당 당수 에르바칸에게 내각을 구성하도록 그를 수상으로 지명했다.

1996년 7월 20일에 복지당 당수 네즈메틴 에르바칸(Necmettin Erbakan)이 의회에서 신임을 얻어 수상으로 취임했다. 그 결과, 터키공화국 역사상 처음으로 이슬람주의 정당의 당수가 수상으로 행정권을 장악할 수 있었다. 그러나 세속주의 신봉자로 자처하는 군부와 사법부가 이슬람 세력의 성장을 견제하여 복지당의 성장에는 여러 가지 난관이 있었다. 복지당의 집권 후 종교활동이 강화됨으로써 헌법의 세속주의 원칙에 대한 위배를 이유로 군부와 사법부가 중심이 돼 복지당에 강력한 경고를 보냈다. 헌법재판소는 복지당의 정강과 활동이 헌법정신에 위배된다는 검찰의 기소를 받아들였고 1998년 1월에는 복지당을 해산시킴과 동시에 복지당의 핵심 정치인들의 활동을 금지하였다. 2000년 2월에는 민주좌익당과 우익계의 민족행동당이 연정으로 집권하게 되었다.

IX. 정의발전당의 창당과 집권

9-1. 정의발전당의 창당

1995년 12월 총선에서는 터키공화국 사상 처음으로 이슬람계 정당인 복지당(Refah Partisi)이 득표율 21%를 얻어서 최다득표 정당이 될 수 있었다. 그 이유는 터키 국민들이 기존에 정치권의 주도 세력인 온건 또는 중도 이슬람 성향의 우파 정당이나 세속주의를 표방하는 좌파 정당에 실망감을 느꼈기 때문이다. 최다득표를 얻었음에도 불구하고 복지당이 집권하기 위해서는 연정이 불가피했다. 복지당은 이슬람계 정당이라는 부담 때문에 연립 정권을 구성하기가 용이하지 않았다. 복지당이 연립 내각 구성을 시도하는 과정이 장기화되고 연정 파트너를 구하지 못해 내각 구성에 실패했다. 그 결과, 득표율 19.7%와 19.2%를 각각 얻은 중도우익계[5] 정당인 조국당(Ana Vatan Partisi: ANAP)과 정도당(Doğru Yol Partisi: DYP)이 연립하여 내각을 구성하기로 합의하여 1996년 조국당의 당수 이을마즈가 수상직을 맡게 되었다. 그러나 서로 경쟁 관계에 있었던 조국당-정도당 연정이 6개월을 지속하지 못하고 끝나게 되었다. 정도당 당수를 역임했던 대통령 데미렐은 복지당의 당수 에르바칸에게 다시 내각을 구성하는 권한을 주어 복지당-정도당 연립내각을 구성하는 환경을 마련해 주었다.[6] 1996년 6월 28일 복지당의 당수인 에르바칸은 복지당-정도당 간에 연정 합의를 바탕으로 54번 째 내각을 구성했다.[7] 정도당의 당수인 탄수 칠레르는 외무장관 겸 부수상으로 복지당-정도당 연정 내각에 참여했다. 복지당 중심의 내각이 구성되자 터키에서는 이슬람주의 정당 주도의 정부 구성에 반대하는 의견이 대두됐으며 득표율 21%를 얻은 정당이 정국을 주도할 수 없다는 여론이 커졌다. 국가안전위원회(National Security Council)도 1997년 2월 27일 이슬람원리주의의 위협이 증가하고 있다고 경고하자, 이 경고가 복지당을 겨냥한 것임을 알고 수 개월간 고민을 한 복지당 당수 에르바칸이 6월 18일 수상직을 사임했다. 결과적으로, 복지당-정도당 연립 정권도 겨우 1년 정도 유지될 수 있었다.

마침내 복지당-정도당 연정이 중단됨으로써, 그 다음으로 조국당(ANAP)-민주좌익당(DSP)-민주터키당(DTP)이 연정에 합의했고 조국당의 이을마즈를 중심으로 한 내각이 국회에서 1997년 7월 12일 신임을 얻어 활동에 들어갔다. 90년대 말 소수 정당 간의 연립정부 하에서는 정치가 안정되기 어려웠다. 조국당-민

---

5) 터키에서는 1980년대 중반부터 조국당(Ana Vatan Partisi: ANAP)과 정도당(Doğru Yol Partisi: DYP)이 대표적인 중도우익계 정당으로 활동해 왔다. 1991년 11월 20일-1993년 6월 25일 기간에 정도당과 사회민주국민당(SHP SOSYALDEMOKRAT HALKÇI PARTİ)이 연립하여 터키정치사에서 49번 째 정부, 1993년 6월 25일-1995년 10월 30일 기간에도 정도당과 사회민주국민당이 연립하여 50번 째 정부를 구성했다. http://www.basbakanlik.gov.tr/sour.ce/; http://belgenet.net/ (검색일자: 2008년 7월 9일)

6) 터키 정치사에서 54번째 내각에 해당됨. http://tr.wikipedia.org/wiki/Kategori:54. (검색일자: 2008년 7월 10일)

7) http://www.aksiyon.com.tr/detay.php?id=26823 (검색일자: 2008년 7월 10일)

주좌익당-터키민주당 정권도 야당의 지속적인 정치적 공세에 시달려 더 이상 지속되기 어려워졌고 1년 5개월의 연정 기간을 마치고 1998년 11월 25일 해체되고 말았다(김대성 2006: 112-113; Bacık 2004: 821).[8]

복지당-정도당의 연립내각 구성 후 종교활동이 강화됨으로써 헌법의 세속주의 원칙에 대한 위배를 이유로 군부와 사법부가 주축을 이루어 복지당에 강력한 경고를 보냈다. 복지당-정도당 연정이 지속되던 시기에 헌법재판소는 복지당의 정강과 활동이 헌법의 세속주의 원칙에 위배된다는 검찰의 기소를 받아들였고, 1998년 1월 16일에 복지당을 위헌정당으로 판결함으로써 복지당의 해산이 뒤따랐고 동시에 헌법재판소는 당수인 에르바칸(Erbakan)을 비롯한 핵심 정치인들의 활동을 금지하였다.

복지당을 구성하는 정치인들은 자신들을 민족적 가치론자(Milli Görüşçü)로 지칭하며 보수민족집단을 이루고 있다. 복지당의 보수민족집단은 당수인 에르바칸을 '종교지도자(Hoca)'로 부를 만큼 이슬람의 표현과 상징을 비롯한 역사적 전통을 강조하는 보수적 가치를 중요시한다(Tekin 2004: 54). 복지당의 해산 직후부터 복지당 구성원 간에 새로운 정치 활동을 모색하기 위해 다양한 방안들이 제기되었다. 주로 1980년 이후 정계에 입문한 중견, 소장파들은 복지당 당수 에르바칸과 보수민족집단에 대해 비판적인 입장을 전달하기 시작했다. 당내 진보세력은 에르바칸이 표방하는 보수성향의 민족적 가치론자의 노선은 수정될 필요가 있다고 의견을 모았다. 에르바칸과 민족적 가치론을 중시하는 보수민족집단에 대한 비판이 동일 집단 내에서 이전에는 불가능한 일이었다. 복지당을 구성하던 정치인들의 다수가 다양한 이견이 있었지만 복지당의 해산 명령이 있기 직전에 하나의 대안으로 1997년 12월 17일 미덕당(Fazilet Partisi)을 창당했다. 미

8) 정도당의 당수 탄수 칠레르는 에제비트(민주좌익당의 당수)가 내각을 구성하면 지원하겠다는 의사를 밝힘으로써 터키 정치사에서 56번째 내각을 이루는 에제비트 내각은 1999년 1월 17일 신임을 얻었으며 4월 18일 총선이 열리고 차기 정부가 구성된 5월 28일까지 활동하였다. 4월 18일 총선에서는 민주좌익당(DSP: Demokratik Sol Parti)와 민족주의행동당(MHP: Milliyetçi Hareket Partisi)에 이어 복지당의 후신인 미덕당은 제3당으로 밀려났다. 총선에서 1, 2위를 차지한 민주좌익당과 민족주의행동당은 4위를 차지한 조국당과 함께 연정을 이루어 터키정치사에서 57번째 정부(28 Mayıs 1999 - 18 Kasım 2002)를 구성했다.
http://www.basbakanlik.gov.tr/sour.ce/; (검색일자: 2008년 7월 5일)
http://www.belgenet.com/hukumet/57h.html; http://belgenet.net/ (검색일자: 2008년 7월 15일)

덕당에 조국당의 일부 국회의원이 가세하여 미덕당의 총 의석수는 146석이 될 수 있었다(김대성 2006: 109-110; Safi 2007: 290-291).[9]

미덕당의 창당 이후에도 보수민족집단에 대한 비판 여론이 당내 진보세력에 의해 꾸준히 제기되었다. 미덕당 내 진보세력은 자신들을 신보수민족집단으로 구분하며 종교적 성향이 강한 민족적 가치론자의 정치노선으로는 당의 장기적인 활로를 찾는데 한계가 있다고 비판하고 기존의 노선을 수정하도록 촉구했다. 사실상, 미덕당은 복지당의 이름만이 바뀌어 만들어진 정당이었고 그 구성원과 정치 노선은 대동소이했다. 미덕당은 1999년 4월 18일 총선에 참여했으나 15.4%의 득표율을 얻어 민주좌익당(DSP)와 민족주의행동당(MHP)에 이어 제3당으로 밀려났다.

미덕당 내의 갈등은 2000년 5월 14일의 전당대회에서 절정에 이르렀다. 미덕당의 전당 대회에서 보수민족집단 내에서 최초로 당수 후보로 2명이 나서게 되었다. 이전에는 민족적 가치론자 집단을 대표하는 에르바칸의 권위가 절대적으로 받아들여졌다. 그러나 2000년 5월 미덕당의 전당대회에서는 상황이 바뀌었다. 보수민족집단의 수장인 에르바칸이 지지하는 후보인 레자이 쿠탄(Recai Kutan)에 맞서서 당내 진보세력을 구성하는 신보수민족집단이 자신들의 후보인 압둘라흐 귈(Abdullah Gül)을 지지했다. 당내 경선 결과 레자이 쿠탄이 633표, 압둘라흐 귈이 521표를 얻어 쿠탄이 당수로 결정돼 보수민족집단이 승리했다. 그럼에도 불구하고, 보수집단 내에서 최초로 이루어진 당내 경선에서 신보수민족집단이 얻은 521표는 기대를 넘어서는 파급효과를 낳게 되었다. 경선 결과에 만족한 당내 신보수민족집단은 점차 보수민족집단과 분리하려는 준비 작업에 착수했다. 미덕당 내에서는 정치노선을 둘러싸고 갈등이 좀처럼 가라앉지 않았다. 당내 신보수민족집단이 보수민족집단과 결별하려는 과정은 오히려 헌법재판소의 결정에 의해서 급진전되었다. 헌법재판소는 2001년 6월 22일 미덕당의 정치 노선이 헌법의 세속주의 원칙에 위배된다는 이유로 미덕당의 해산 판결을 내렸다. 이러한 과정을 거치면서 미덕당 내 신보수민족집단은 보수민족집단과

9) 1983년 400명, 1987년 450명의 국회의원이 선출되었는데, 1995년 선거법을 개정하여 국회의원이 550명으로 늘어났다. http://www.gemelsecim.org/(검색일자: 2008년 7월 18일); http://www.tbmm.org.tr/develop/owa/secim_sorgu.genel_secimler(2008년 7월 20일 검색)

결별하고 새로운 정당을 결성하기로 의견을 모았다(Çakır 2004: 574).

복지당, 미덕당, 정의발전당, 행복당의 관계	
복지당 1995년 12월 총선에서 최다득표 획득	
복지당-정도당 연정 1996년 6월 28일	
미덕당 창당 1997년 12월 17일	
복지당 해산 1998년 1월 16일	
미덕당 해산 2001년 6월 22일	
정의발전당 창당 2001.08. 14 신보수민족집단	행복당 창당 2001.07. 20 보수민족집단

미덕당 내 신보수민족집단은 이슬람의 전통을 중시하는 민족적 가치론자(Milli Görüşçü)의 정치 노선으로 장기적인 집권이 불가능함을 인지하고 제2의 길을 선택한 에르도안(Erdoğan)을 중심으로 정의발전당을 창당했다. 정의발전당은 2001년 8월 14일에 보수민족집단 출신인 51명의 국회의원을 포함한 발기인 총회를 통해서 창립됐으며 터키정치사에서 39번째 정당이 되었다(Bölügiray 2004: 33). 당 대표를 맡은 에르도안은 '보수민족집단의 옷'을 벗었으며 '종교주의, 인종주의 및 지역주의'를 배격한다고 발표함으로써 보수민족집단과의 결별을 선언했다. 정의발전당은 이슬람의 보수적 성향을 배격하는 대신에 '보수민주주의'를 표방하는 새로운 정치노선으로 선택했다. 복지당과 미덕당의 '보수민족집단'의 정치노선이 선명한 종교적 노선을 중시했던 것과는 대조적으로 정의발전당의 '보수민주주의(Muhafazakar Demokrasi)' 노선은 민주적 정치 절차를 비롯한 현대의 정치적 가치와 이슬람 전통과의 조화에 바탕을 두고 있다(Safi 2007: 293-294; Kalçık 2007: 126; Akdoğan 2004: 6). 미덕당 해체 이후 보수민족집단은 정의발전당을 세운 신보수민족집단과 결별하고 행복당(Saadet Partisi)을 2001년 7월 20일

창당했다.

9-2. 2002년 11월 총선과 정의발전당의 집권

2002년 총선의 첫 번째 특성은 신생 정당인 정의발전당이 최다 득표율을 얻었다는 점이다. 정의발전당은 2002년 11월 3일 총선에서 총 550석 가운데 363석을 차지하여 최대 의석을 확보했고 단독으로 집권하였다. 총선에서 정의발전당은 유효 투표인 31,416,584표의 34.29%인 10,762,131표를 얻어 국회의원 의석 중 363석을 차지할 수 있었다. 공화인민당이 유효 투표의 19.38%인 6,090,883표를 얻어 국회의원 의석 178석을 차지했다.[10]

2002년 총선에서는 국회의원 선출 방식으로 제방형동트제도를 채택하여 최저한계득표선 10%제를 적용하므로 득표율 10% 미만을 얻은 정당은 국회에 진출할 자격을 상실했다(서재만 1998: 17, 26).[11] 이에 따라 10% 미만의 표를 얻은 모든 정당의 득표율은 전체 유효 투표의 45.3%에 달했으며, 결과적으로 투표자의 45.3%는 국회의원을 선출하지 못한 사표(死票)가 되었던 것이다(Bacık 2004: 826). 정의발전당은 총 유권자 41.436.434명 중 약 1/4에 해당하는 10,762,131표를 얻어 집권할 수 있었다. 이러한 현상에 대해 국회의원 의석을 얻지 못한 정당들은 정의발전당이 국민의 1/4을 대표하는 정당이라고 비난하기도 했다.

10) 정의발전당의 홈페이지를 참고. 무소속 의원은 9석을 차지했다.
http://www.akparti.org.tr/secimsonuc.asp (검색일자: 2008년 8월 3일)

11) 동트 제도(d'Hondt System)는 벨기에 Chent 대학 동트(d'Hondt) 교수가 창안한 제도로 다수당에 할증을 제공하는데, 일정 득표율을 넘지 못하는 정당은 국회의원을 선출할 권한을 박탈하는 제방형동트제도는 다수당에 더 강력한 힘을 주게 된다. 터키의 선거제도에 대해서 다음 논문을 참고. 서재만, 터키의 선거제도에 관한 연구, *한터학회논총*, Vol.2, 한터학회, 1998.

2002년 11월 3일 총선 정당별 득표율[12)]

■	AKP %34.29, 정의발전당	■	DEHAP %6.23, 민주인민당
■	CHP %19.38, 공화인민당	■	ANAP %5.12, 조국당
■	DYP %9.56, 정도당	■	SP %2.49, 행복당
■	MHP 민족주의 %8.35, 행동당	■	DSP %1.22, 민주좌익당
■	GP %7.26, 청년당	■	DİĞER %6.10, 기타

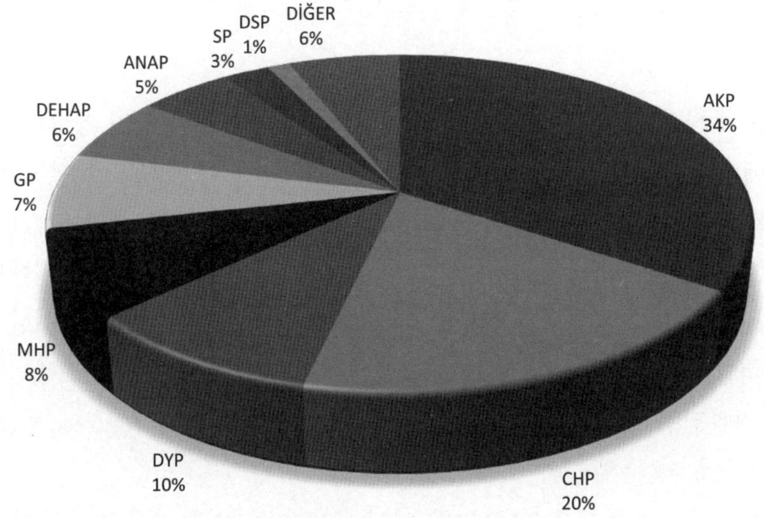

2002년 총선은 터키 국민이 정치적 안정을 원하고 있음을 보여주었다. 1987년 11월 총선에서 조국당이 단독으로 집권한 이후 10년 이상 지속적으로 연립내각이 구성되었으므로 정치적 안정이 결여됐다고 본 국민 다수가 정의발전당을 지지한 것으로 나타났다. 따라서 정의발전당은 34.29%의 득표율을 얻어 국회의원 의석 66%를 차지함으로써 단독으로 정부를 구성할 수 있었다(Bölügiray 2004: 34).

12) 정의발전당의 홈페이지를 참고. http://www.akparti.org.tr/secimsonuc.asp (검색일자: 2008년 8월 7일)

1999년 총선과 2002년 총선에서 득표율 비교

	1999년		2002년		득표 차이
	순서	득표율(%)	순서	득표율(%)	
AKP			1	34.28	+34.28
CHP	6	8.71	2	19.39	+10.68
DYP	5	12.01	3	9.54	-2.47
MHP	2	17.98	4	8.36	-9.62
GP	17	0.14	5	7.25	+7.11
DEHAP (HADEP)	7	4.75	6	6.22	+1.47
ANAP	4	13.22	7	5.13	-8.09
DSP	1	22.19	8	1.22	-20.97

2002년 총선의 두 번째 특성은 57대 내각을 구성했던 정당의 참패다. 1999년 총선에서 민주좌익당(DSP)와 민족주의행동당(MHP)이 각각 1, 2위를 차지했었으나 2002년 총선에서는 최저한계득표선 10%를 넘지 못해 국회에 진출하지 못했다. 오히려 신생 정당인 정의발전당과 1999년 총선에서 6위를 차지했던 공화인민당(CHP)이 각각 여당과 야당으로 국회에 진출할 수 있었다. 이러한 변화를 보면 특히, 터키 국민들이 1999년 총선에서 승리하여 정권을 주도했던 정당에 대해 거부감을 갖고 정치적 심판을 내린 것으로 볼 수 있다(Tuncer, Kasapbaş, Tuncer 2003: 93).

1999년 총선에서 득표율 22.19%를 얻어 제1당이 되었던 민주좌익당이 2002년 총선에서 득표율 1.22%를 얻은 것은 충격적인 결과였다. 2002년 총선은 민주좌익당의 당수이자 57대 정부의 수상인 뷜렌트 에제위트(Bülent Ecevit)의 30년에 이르는 정치 생명에 치명타를 입혔다. 2001년 2월 에제위트 수상이 정치적 부패를 관리하지 못한다는 대통령 아흐멧 네즈뎃 세제르(Ahmet Necdet Sezer)의 지적에 에제위트 수상이 반발했던 정치적 스캔들이 있었다. 대통령과 수상 간의 불화는 경제 불안정을 야기하여 국민들의 불만이 크게 증가했었다(Müftüler 2003: 427).

1999년 총선에서 17.98%의 득표율을 얻어 제2당으로 연정에 참여했던 민족주의행동당이 2002년 총선에서 8.36%의 득표율을 얻어 제4위를 차지하긴 했으나 최저한계득표선 10%제를 넘지 못해 국회의원을 배출하지 못했다는 것이다. 혹자는 민족주의행동당의 전통적 지지층이 유권자의 8% 대에 불과하다고 지적하나, 민족주의행동당과 유사한 민족주의 계열의 청년당(GP)이 약진하여 민족주의행동당에서 이탈된 유권자로부터 7% 이상의 득표율을 얻은 것으로 보는 견해가 지배적이다(Müftüler 2003: 428). 따라서, 민족주의행동당에 식상한 유권자들의 일부가 청년당에게 투표한 것으로 분석된다.

2002년 총선의 세 번째 특성은 1990년대 정권을 주도해 온 전통 중도우파와 중도좌파 정당의 패배다. 전통 중도우파 정당인 조국당과 정도당의 득표율 합계가 1991년 총선에서 51%, 1995년 총선에서 39%, 1999년 총선에서 25%로 점차 하락했는데, 2002년 총선에서는 더 떨어져 16.1% 크게 추락했다. 득표율 하락에 있어서 중도좌파 정당과 중도우파 정당이 비슷하다. 중도좌파 정당의 득표율 합계가 1995년 총선에서 31%였으나, 1999년 총선에서는 공화인민당, 민주좌익당, 신터키당(Yeni Türkiye) 등이 21% 득표율을 얻었고 2002년에는 공화인민당과 민주좌익당의 득표율 합계가 20.6%로 더 떨어졌다(Özbudun 2004: 10-11).

2002년 총선의 네 번째 특성은 기존 정치인들의 대대적인 교체다. 2002년 총선에서는 550명의 의원 가운데 490명에 해당하는 89.09%가 초선 의원이며 60명만이 재선되었다. 1960년과 1980년 군사혁명 이후 치러진 61년과 83년 총선에서도 기존 국회의원들이 2002년 선거처럼 크게 탈락되지 않았었다(Özbudun 2004: 12).[13] 이처럼 터키 국민들은 기존 정치인에 대해 실망감이 컸으며 하나의 대안으로써 새로운 정치인과 정당에 기대를 걸었음을 알 수 있다(Akdoğan 2006: 52). 특히, 터키 국민들은 터키정치사에서 57대 정부(28 Mayıs 1999 - 18 Kasım 2002)를 구성했던 민주좌익당, 민족주의행동당, 조국당을 심판한 것으로 볼 수 있다.

2002년 총선에서는 '정의와 발전'을 목표로 내세운 정의발전당이 정치적 부패와 경제적 침체에서 벗어나고 싶어하는 터키 국민들의 심리를 읽어 최대의 성과를 거둘 수 있었다.

13) 1954년부터 2007년까지의 총선 결과에 대해서 참고.
http://www.belgenet.net/ayrinti.php?yil_id=14(검색일: 2008년 7월 21일)

<참고문헌>

김대성. 2006. 터키 들여다보기, 서울: 한국외대출판부

서재만. 1998. 터키의 선거제도에 관한 연구, *한터학회논총*, Vol.2, 한터학회. pp.7-32.

Akdoğan, Yalçın. 2004. *AK Parti ve Muhafazakar Demokrasi*, İstanbul: Alfa Yayınları.

Akdoğan, Yalçın. 2006. "The Meaning of Conservative Democratic Political Identity", *The Emergence of A New Turkey*, The University of Utah Press. pp.49-65.

Bacık, Gokhan. 2004. "The Parliamentary Election in Turkey, November 2002", *Electoral Studies*, 23, pp.821-828.

Bölügiray, Nevzat 2004. *AKP Değişiyor mu?,* İstanbul: Tekin Yayınevi.

Kalçık, Tuba. 2007. *Televizyonda Siyasal propaganda ve AKP*, Yüksek Lisans Tezi, Ankara Üniversitesi: Ankara.

Kongar, Emra. 1995. *Türkiye'nin Toplumsal Yapısı*, Ankara: Remzi Kitabevi.

Mardin, Serif 1973. "Center and Periphery Relations: A Key to Turkish Politics", *Daedalus*, 1973 Winter, pp.10-19.

Müftüler, Meltem - Bac, 2003. "The New Face of Turkey: "The Domestic and Foreign Policy, Implication of Novemeber 2002 Elections", *East European Quarterly*, Vol. 37, No.4. pp.421-438.

Özbudun, Ergun. 2004. *2002 Seçimleri Işığında Türk Siyasetinde Eğilimler*, Ankara: Türkiye Bilimler Akademisi Forumu.

Rüşen Çakır. 2004. "Milli Görüş Hareketi", *Modern Türkiye'de Siyasi Düşünce-İslamcılık*, ed..Yasin Aktay, Cilt:: 6, İstanbul: İletişim Yay. pp.544-575.

Safi, Ismail. 2007. *Türkiye'de Muhafazakar Siyaset ve Yeni Arayışlar*, Ankara: Lotus.

Tekin, Üzeyir. 2004. *AK Parti'nin Muhafazakar Demokrat Kimliği*, Ankara: Orient Yayınevi.

Tuncer, Erol; Kasapbaş, Coşkunp; Tuncer, Bülent. 2003. *Seçim 2002: Sayısal ve Siyasal Değerlendirme*, Ankara: TESAV Yayınları.

Türköne, M. 1994. "Milli Devlet Laiklik Demokrasi", *Türkiye'de Politik Değişimi ve Modernleşme*, İstanbul: Alfa Yayınevi. pp.319-331.

Uyanık, Mevlüt. 2004. "Bir Sosyal ve Siyasal Kimlik Tartışması: Muhafazakar Demokrat Mı, Müslüman Demokrat Mı?, *Muhafazakar Düşünce*, Sayı: 1, Yaz. Ankara. pp.166-177.

TURK

투르크 지역 문화와 문학

이난아 (한국외대 터키·아제르바이잔어과 강사)

AREA

01
터키 문화 코드

I. 서론

한 국가의 문화를 이해하고 그에 따른 적절한 소통 방식을 익히는 것은 세계화 시대에 지극히 필요하고 중요한 태도이자 대처라고 할 수 있다. 국가 및 지역 간 상호교류가 증대 및 확산되고, 다양한 문화에 대한 이해와 만남 역시 부각되고 있는 현 시대에, 우리는 다양한 국가의 문화, 역사 및 사회 제반의 문제를 이해하고, 동시대를 살아가고 있는 타자와의 교류를 활성화함으로써, 문화적 다양성을 체험하게 된다. 이 문화 이해는 기본적으로 다른 사회에 살고 있는 사람들의 사고 및 정신세계를 파악하는 측면에서 중요하며, 나아가 국가 간의 진정성 있는 교류와 융화를 가능하게 한다는 면에서 커다란 의미를 갖고 있다고 할 수 있다.

터키 문화를 한 마디로 혼종성, 다양성으로 특징지을 수 있지만, 그렇다고 이렇게 거칠게 다잡아 묶기에는 그 안에 내포되어 있는 여타 요소들이 간과할 수 없을 정도로 중요하며, 이러한 요소들은 터키를 이해하는 이정표 역할을 하고 있다. 또한 다양성이나 혼종성으로 명명할 수 있는 카테고리 안에는 많은 문화 연구자들이 공통으로 도출할 수 있는 문화 코드들이 존재한다.

한 사회의 문화코드는 시대의 흐름에 따라 끊임없이 발생, 소멸하며, 재구성되는 살아 있는 생명체와 같다. 이는 문화 속의 풍습, 관습에 있어서도 예외가 아니다. 주시하듯, 문화를 의미하는 영어단어 'culture'는 라틴어 'cultura'에서 유래한 것으로 대체로 경작, 거주, 연습 등의 의미를 가지고 있다. Culture 역시 재배, 경작의 의미를 지니고 있으며, 이를 확대하면 인간의 심성을 도야하고 인격을 기른다는 뜻을 포함하게 된다. 따라서 문화를 의미하는 영어단어 culture는 일반적으로 인류의 물질 생산 활동에서 발생하여 확대된 제반 정신활동 영역을 의미하는 것으로 문명과 크게 구분되지 않는다. 즉, 인간의 모든 정신활동을 의미하는 것으로 서양의 철학적 체계를 고려한다면, 신이 인간을 교화할 목적으로 제한적으로 지혜를 나누거나 신에 대한 이해를 통해 인간의 영역에서 신의 영역으로 나아가기 위한 정신적 활동의 총체를 의미한다고 볼 수 있다.[1] 예컨대, 문화는 한 사회의 어떤 집단의 구성원이 지닌 사유, 행동 등 그 집단에서 습득하여 계승해 온 독특한 생활 방식으로 이해 될 수 있다.

코드(code)라는 용어를 학술적으로 처음 사용한 사람은 소쉬르(Ferdinand de Saussure)라고 할 수 있다. 소쉬르의 코드는 소통을 위한 기호체계, 간단히 말하자면 신호등 같은 것을 의미한다. 한 사회의 소통체계를 분석하기 위해 그 사회에 내재된 문화코드를 분석하는 것은 이제 보편적인 방법론이 되었다. 이 소통체계인 코드를 몰라서 갈등이 생겨난다는 인식이 자리 잡고 있고, 그것을 극복하기 위한 다양한 연구들이 활발하다.[2]

한편, 코드는 기호의 계열을 다른 기호 계열로 표현할 때의 기본 개념이며, 기호를 위한 명료한 사회적 관습의 체제이며, 사회적 코드는 그 사회 구성원의 위치, 환경, 철학, 종교 등을 연결 지으며 하나의 문화 집단의 구성원들에게 관습화된 패턴이다. 문화코드는 문화적 약속이며, 문화적 관습체계이고, 문화적 관

1) 윤재식 외, 『한국 콘텐츠의 세계 시장 진출 확대를 위한 중국문화코드 연구』, 문화콘텐츠진흥원, 2010, 12, p.5.
2) 박치환·김평수 외, 『문화콘텐츠와 문화코드』, 한국외국어대학교 출판부, 2011, p.173.

습 패턴이라고 말할 수 있고, 인간이 사회적 구성원으로서 진리를 추구하기 위한 정신적 활동에 의해 획득된 능력 또는 습관의 총체를 표현하는 전통적인 사회 규약 혹은 관례[3]라고 정의 할 수 있을 것이다. 한 사회가 다양한 현상이나 사건에 대해 왜 서로 다른 행동을 보여주는 지, 예컨대 먹을 때, 마실 때, 물건을 살 때, 말할 때, 사랑할 때, 간단하게 말하자면 살면서 왜 서로 차이가 있는지에 대한 답은 그 사회의 문화 코드 안에 숨겨 있다고 할 수 있다. 이러한 이유로 소통 관련 연구자들, 지역학 연구자들, 문화 관련 연구자들에게 있어 문화코드는 간과할 수 없는 중요한 연구 분야라고 할 수 있다. 나아가 문화코드에 관한 광범위한 연구 성과는 추후 어떤 지역에 다양한 목적으로 진출하고자 하는 사람들에게 이정표 역할도 담당하게 된다.

이 지면에서는 터키문화코드를 연구하는 데 있어, 먼저 터키 역사에 관한 개요를 언급한 후, 이러한 것들에 기반을 두고 계승 및 정착된 코드들을 추출하고자 했다. 그 이유는 터키의 역사를 내포한 터키 문화가 단순한 집합이 아니라 상호관계에 의한 통합체이기 때문에 선행 연구가 필수적이라고 사료되었기 때문이다. 하나의 세계가 다른 하나의 세계와 맞닿기 위해서는, 하나의 교집합으로 만나 종국에는 합집합으로 통합되고 융화되기 위해서는 무엇보다도 정신적으로, 무형적으로 더 높고 이상적인 차원의 결합이 필요하며, 그 중심에 쌍방 간의 문화 이해가 자리 잡고 있다고 사료된다. 이러한 이해의 중심에 문화코드가 자리하고 있으며, 각국의 문화코드를 파악하고 분석하는 작업은 다양한 국가의 정체성을 연구하는 분야에서 필수적인 관문이라고 할 수 있다.

II. 본론: 터키를 이해하기 위한 핵심적인 요소 혹은 문화 코드

터키인들은 원래 몽골 초원에서 살았으며, 역사 속에서 '투르크'라는 이름의 유목민이다. 이들은 몽골 서부 알타이 산맥에서 발흥하여 6세기 중엽에 대제국을 건설했고, 8세기에 들어와 같은 투르크 계 유목민인 위구르 족에게 쫓겨 몽

3) 정유연, 「국내 인쇄광고에 나타난 한국인의 문화코드에 관한 연구 : 대한민국 광고대상 인쇄부문 수상작을 중심으로」, 석사학위논문, 홍익대학교, 2005, p.9~10.

골 초원을 떠나 서쪽으로 이주했다. 이렇듯 터키인의 조상은 서쪽으로 이주한 이들 투르크 계 유목민이다.

11세기에 들어, 셀주크 투르크라는 이름으로 중앙아시아의 강자로 부상하면서 비로소 투르크 족은 역사의 전면에 등장하게 된다. 그들은 지중해까지 진출하여 1071년에는 비잔틴 제국을 몰아내고 지금의 터키 땅인 아나톨리아 반도에 정착했다. 셀주크는 13세기 몽골의 침략을 받을 때까지(1245년) 이 땅의 주인으로 군림했다.

13세기에 셀주크 투르크를 대신하여 아나톨리아 반도를 지배한 사람들은 오스만 투르크다. 오스만제국을 세운 이들은 1453년에 약 11세기에 걸쳐 번영하던 동로마 제국을 멸망시키고, 콘스탄티노플을 이스탄불이라 개명하여 오스만제국의 수도로 삼은 후, 제국이 공식적으로 멸망하게 되는 20세기 초까지 이 땅을 지배했다. 지금의 터키 사람들은 바로 이들 오스만 투르크의 후예이다.

술탄이 지배하던 오스만제국은 16세기에 이르러 그 세력을 서아시아에서 발칸 반도, 북아프리카까지 떨쳤다. 그러나 영토의 확장은 제국의 통치를 어렵게 하여 결국 산업혁명과 근대화에 뒤지는 결과를 초래하고 말았다. 그 결과 영토는 점점 줄어들었고, 오스만제국의 세력도 점차 쇠퇴하여 과거의 영광스러운 모습은 사라지게 되었다. 더욱이 제1차 세계대전에서 독일 측에 가담했다가 패전 후 많은 영토를 잃고 그리스의 침입까지 받는 등 시련을 겪게 되었다. 이때 그리스인들을 격퇴하고 술탄제를 폐지하며 1923년에 공화국을 선포한 사람이 무스타파 케말이다. 그는 아타투르크 즉, '터키인의 아버지'로 불릴 만큼 터키인의 존경을 한 몸에 받은 위대한 인물로 역사에 남아 있다.

이렇듯 파란만장한 역사를 가진 터키는 지리적으로 아시아와 유럽을 연결하는 위치에 자리 잡고 있다. 이스탄불의 마르마라 해 동쪽 지역을 '아시아 터키'로, 서쪽 지역을 '유럽 터키'로 부르는 것도 이러한 터키의 지정학적 특이성을 대변하며, 과거 이 땅에 히타이트, 그리스, 비잔틴 문명 등 화려했던 동·서 문화가 번영했던 지역이라고 할 수 있다.

터키의 이러한 역사적, 문화적 특징은 터키 문화코드를 연구할 때 필수적으로 이해하고, 염두에 두어야 할 부분이다. 그 이유는 한 국가의 문화적 무의식, 예컨대, 생활습관, 생활 규범, 가치 판단 기준, 감성, 가치관 등 여러 문화적 요소들인 문화코드와 밀접한 관련이 있기 때문이다.

문화코드를 '문화적 무의식(cultural unconsciousness)'이라고 설명한 클로테르 라파이유(Clotaire Rapaille)의 연구는 문화코드 이해의 중요한 단서를 제공해주고 있다. 그는 사회적 행동의 배후에 있는 진정한 의미를 찾아내는 핵심은 문화사회적 구조를 이해하는 데 있으며, 사람들의 행동방식을 이해하려면 행동 내용보다는 문화사회적 구조를 살펴보아야 한다고 지적했다. 이러한 측면에서 집단무의식의 개념을 통해 접근한 문화적 구조에 따라 집단적 행동 패턴이 나타나게 되며, 문화코드란 문화를 읽어내는 하나의 열쇠로서 기능하게 되는 것이다.[4] 문화코드야말로 우리가 '그 국가의 문화적 특징으로 두드러지게 나타나고 있는 현상들을 최대한의 자료와 현지 정보를 수집하여 객관적으로 파악'하기 위해 숙지해야만 할 필요최소한의 인자, '문화적 유전자'[5]이다.

코드는 많은 차이들과 수많은 이유들에 의거한다. 우리가 다른 나라, 다른 문화권 사람들과 어떤 '차이'가 있으며, 어떤 '이유'로 하나의 현상에 대해 각기 다른 반응을 보이는 지는 오랜 시간을 거쳐 오면서 그 사회에 정착된 문화, 관습, 종교 등의 틀로 해석할 수밖에 없을 것이다. 한 문화가 다른 문화와 변별된다는 것이 주지하는 사실이며, 우리가 살아가는 데 있어 일련의 방향을 제시해주는 데도 불구하고, 사람들은 이 차이에 대해 그다지 인식하지 않는 경우도 있다. 하지만 개개인의 무의식에 미치는 모든 영향은 한 사회의 무의식에 저장되고, 이는 한 나라의 문화코드로 화석화되며 이것이 한 사회의 정체성과도 직결된다는 점은 숙지해야 할 것이다.

이 지면에서는 터키를 이해하기 위한 핵심적인 요소를 몇 가지 문화코드로 정리 분석하고자 한다. 문화코드는 쉽게 이해하자면 문화적 특색이라고 할 수 있으며, 이 문화적 특색이 오늘날의 터키를 대변하고 표상하는 요소들이라고 할 수 있다. 이 글에서 터키를 이해하기 위한 문화코드로 이슬람, 다문화 사회(혼종성), 집단주의, 가부장적 사회, 명예, 관용, 환대, 음식 등을 선별해 정리 및 분석하는 시도를 하지만, 문화의 가변성을 감안하면, 당연히 다른 코드들이 첨

4) 서정민 외, 『한국 콘텐츠의 해외 시장 진출확대를 위한 중동·아랍 문화코드 연구』, 한국문화콘텐츠 진흥원, 2011, pp.3~4.
5) 재인용, 박지훈, 「문화적 세계화에 대한 비판적 성찰」, 『글로벌문화콘텐츠』, 제 6호, 2011, p.94.

가될 수 있을 것이다. 터키 문화를 이해할 때 빠질 수 없는 코드 중 하나가 '유목 문화'라고 할 수 있지만, 이 글에서는 유목 문화 코드를 단독으로 살펴보지 않고 집단주의, 음식 등의 코드 안에 녹여 설명하고자 했다. 한편, 터키에서는 1980년대에 주로 터키 내의 다양한 인종과 관련된 연구들을 진행하는 과정에서 각 인종의 문화코드에 관한 문제가 중점적으로 연구된 바 있음을 밝힌다.

터키를 이해하는 문화코드들 중 먼저, 터키 사회 전반에 걸쳐 가장 중요한 영향을 미치고 있을 뿐 만 아니라 그들의 삶의 근간이자 종교인 '이슬람'에 관한 접근을 시작으로, 제반의 코드들을 순차적으로 언급하고자 한다.

2-1. 이슬람

전 세계에서 이슬람교를 믿는 신자의 숫자는 정확히 알 수 없지만, 세계 인구의 약 25%인 13억 내외로 추정하고 있다. 이스라엘을 제외한 서남아시아의 거의 모든 국가들, 북아프리카, 사하라 사막 북쪽의 아프리카에 있는 나라들 예컨대, 알제리, 리비아, 수단, 이집트, 말리 그리고 중앙아시아, 남아시아에 위치한 국가 등 세계 57개국이 이슬람교를 믿고 있다.

이슬람의 언어학적 어원은 '평화'이며, 신학적으로는 '복종'을 의미하며, 알라에 대해 절대복종하며, 내면의 평화와 지상에서의 평화를 사상의 요체로 삼고 있다. 이슬람에서는 아담, 노아, 아브라함, 모세, 예수에 이르는 모든 예언자들을 받들고 추앙하며, 특히 예수를 신이 보낸 훌륭한 예언자들 중 한 명으로 인정하고 있다. 무슬림들은 신과의 직접 교통을 통해 현세의 삶과 내세에서의 구원을 얻을 수 있다고, 즉 신과의 직접적인 관계를 통해 선행을 쌓아가야 한다고 믿는다. 이슬람에서는 알라의 예언자들이 시간과 공간의 제한성을 갖고 각 나라, 사회, 민족 등에 계속 출현했으며, 종국에는 시간과 공간을 초월한 완전한 계시가 무함마드를 통해 내려졌다고 믿는다. 즉, 종전의 모든 계시를 종합하여 종교적 통일을 가져다 준 계시가 바로 이슬람이고, 이 계시를 내포하고 있는 것이 꾸란이라고 믿는다.

이슬람교를 믿는 국가 분포도[6)]

터키는 국민의 98%가 이슬람교를 믿지만 이슬람교를 믿는 다른 국가들과는 변별된다. 현 터키 공화국의 전신인 오스만제국의 술탄은 이슬람 세계의 지도자라는 의미의 칼리프 직을 보유하고 있었기 때문에 이슬람교 믿는 사람들을 거느렸던 상징적인 주인이었다. 하지만 터키는 공화국으로 전환되면서 1924년에 칼리프 직위를 폐지했고, 더 이상 이슬람 세계의 주인이 되는 것을 포기했다.

이렇듯 터키는 국민의 대다수가 무슬림들인 국가이지만, 이슬람 국가라고 불리지 않는다. 그 이유는 공화국으로 들어서면서 정치와 종교를 분리하여 운영하는 이른바 세속주의를 표방하고 있기 때문이다. 즉, 터키는 다른 이슬람 국가와는 달리, 국가 운영에 있어 종교의 영향, 이슬람 율법의 영향을 받지 않는다는 의미이다.

일례로, 터키의 몇 몇 이슬람 계 정당은 정당을 정치적 목적으로 이용했다는 이유로 해체된 경우도 있다. 가장 최근의 예로 1983년에 창당된 이슬람 계 정당인 복지당은 터키 공화국 사상 최초로 연정으로 정치 제도권에 들어섰지만,

6) http://egloos.zum.com/TheNeoSR/v/1226388

1998년에 종교를 정치에 이용하지 않는다는 세속주의 원칙을 위반했다는 이유로 헌법재판소에 의해 패쇄 판결을 받으면서 정치 생명이 끝나고 말았다.[7] 즉, 터키는 정교 분리의 세속주의 이념을 철저하게 적용시키는 나라이며, 이 점이 이슬람교를 믿는 다른 국가들과 변별되는 특징이라고 할 수 있다. 터키의 이슬람은 중동의 이슬람과는 달리 수니파, 시아파를 다 포용한다. 또한 터키의 이슬람은 근대화와 접촉한 최초의 이슬람으로 세상사를 모두 다 종교적으로만 해석하지 않는다. 이슬람 종교와 근대적 민주 정치와의 충돌을 경험한 터키 이슬람은 자기 비판적이라는 특징이 있다. 19세기 오스만제국은 이슬람과 근대화를 어떻게 조화하느냐 하는 문제를 두고 고민했다. 최초의 의회제도, 헌법, 선거 제도를 도입하는 과정을 통해 민주주의 제도 속에서 통합되고 근대화된 이슬람을 창조해 냈다. 이러한 과정을 겪은 터키의 이슬람은 서구를 향한 자신감이 충만해 있다.[8] 이러한 특징이 다른 이슬람 국가들이 개방정책을 펼치려고 할 때 터키를 그 모델로 보고 있는 이유이기도 하다.

오스만제국 이래 터키가 서구화된 정치, 사회를 표방하고 있음에도 불구하고, 국민의 대다수가 무슬림이기 때문에 이슬람의 전통과 문화가 이들의 일상을 지배하고 있다. 오스만제국이 다양한 문명의 도가니였고, 몇 백 년 동안 이슬람 이데올로기의 영향 하에 있었기 때문에 이슬람 이데올로기가 지배적인 도덕규범이었던 사회 구조 속에서 건국된 터키에는 여전히 이슬람 문화가 만연하며, 터키 사회 전체를 지배하고 있다. 터키 사회는 이슬람에서 정한 종교 축일을 반드시 따르며, 가정과 직장에서도 이슬람은 그들의 행동 양식과 역할에 지대한 영향을 미치고 있다. 그럼에도 불구하고 세속주의를 표방한다는 점에서 다른 이슬람 국가와는 변별된다는 점이 터키를 이해하는 중요한 문화코드들 중 하나이다.

---

7) 이에 대한 더 자세한 설명은, 이희철, 『문명의 교차로 터키의 오늘』, 문학과 지성사, 2012, pp.26~28 참조하시오.

8) 위의 책, pp.72~73.

2-2. 다문화 사회(혼종성)

이 부분에서 다문화 사회(혼종성)라는 코드는 동·서양을 가로지르는 터키의 역사와 문화를 전방에 내세운 의미로 사용하고자 한다.

다문화주의라는 용어의 의미는 사용하는 사람에 따라, 그리고 분야에 따라, 학파에 따라, 그리고 국가에 따라 엄청나게 다르다. 다문화주의란 용어가 사용될 때 구체적으로 무엇을 의미하는지가 정확하지 않을 정도다. 캐나다가 공식적으로 다문화주의 정책을 시행한 이후로 그 용어는 계속해서 퍼져나가게 되었고, 1980년대와 1990년대에는 북아메리카, 남아메리카, 유럽과 오스트리아에서 사회과학과 공적인 논의에 있어서 상당한 자리를 차지했다. 다문화주의란 명사는 일반적으로 인간사회의 다양성, 인구학적이고 문화적인 다양화를 설명하기 위해 사용된다. 프티 로베르 사전은 다문화주의를 간단하게 "한 나라 안에서 몇 가지 문화가 공존"하는 것으로 정의한다.[9]

터키 지도[10]

9) 마르코 마르티니엘로, 『현대사회와 다문화주의』 시앙스포 총서 8, 윤진(옮긴이), 한울(한울아카데미), 2008, p.88.

10) https://search.naver.com/search.naver?where=image&query=%ED%84%B0%ED%82%A4%20%EC%A7%80%EB%8F%84&nso=so%3Ar%2Ca%3Aall%2Cp%3Aall&qdt=0&sm=t

흔히 터키를 말할 때, 위의 지도에서도 볼 수 있듯이 동·서양의 교차점이라는 언급을 자주 사용하는데, 이 언급은 동·서양 문명이 만나면서 빚어 낸 다양성이라는 측면에서 그 의미가 있다. 터키는 히타이트, 프리기아, 리디아, 페르시아, 헬레니즘, 로마, 비잔틴, 셀주크, 오스만제국에 이르기까지 다양한 문명이 명멸한 곳으로 인류 문명의 박물관이라고 할 수 있다. 오랜 기간 동안 중앙아시아에서 서쪽으로 이동하면서 다양한 문명과 문화를 흡수, 통합했던 지금의 터키 땅에는 이 지구상의 수많은 문화와 문명이 거쳐 갔으며, 그 영향이 지금까지도 지속되고 있다.

이렇듯 역사적으로 오랫동안 다양한 인종과 문화가 공존하고 있는 모자이크 나라인 터키는 다양한 인종의 삶의 방식, 종교적 차이로 인해 적지 않은 충돌이 있어 왔다. 터키 사회에는 터키족이 주류를 차지하고 있지만, 쿠르드족, 아르메니아인, 유대인, 타타르인, 룸, 라즈, 시리아인, 아랍인, 페르시아인, 보스니아인, 루마니아인, 아제르바이잔인, 그루지야인, 발칸인, 체르케스인, 슬라브 인 등 다양한 인종이 공존하고 있다. 예컨대, 터키에서는 다양한 피부색, 성격, 문화가 함께 공존하고 있고, 이러한 소수집단과 인종적, 종교적으로 다른 다수 집단의 공존 문제는 터키 사회의 가장 커다란 담론 중의 하나이다.[11]

오스만제국은 두 가지 점에서, 비록 지배층은 터키인이었어도 지극히 자연스레 다민족 국가로 성장, 발전할 수밖에 없었다. 첫째, 오스만제국은 터키인에 의하여, 그리고 세속적인 힘에 의하여 창건, 성장하였으므로, 결코 이슬람 성전의 원리에 의거한 것이 아니다. 그러므로 오스만제국은 처음부터 터키인만의 국가가 아니라 인종이나 종족 그리고 종교까지도 초월한 세계적 대제국으로 성장, 발전하였다. 밀레트 제도[12]는 오스만제국이 영토를 확장하면서 많은 이교도 지역을 통합하여 다민족국가로 발전함에 따라 개발된 다민족 국가 유지를 위한 대표적인 통치제도이다. 둘째, 이슬람 원리는 알라에 귀의와 동시에 국적과 인

---

ab_nmr#imgId=blog9292987%7C13%7C70017417973_1&vType=rollout

11) 이난아, 「오르한 파묵의 작품에 나타난 다문화적 요소」, 『한국이슬람학회논총』, 제22-1집, 2012, pp.184~185.

12) 밀레트 제도는 오스만제국 시 영토의 팽창에 따른 점령지의 관리를 위하여 중앙에서 터키인을 행정 관료로 임명하여 파견하는 대신 이교도 밀집지역에 이교도 집단의 종교수장을 행정수장으로 임명하여 관리케 하는 지방자치제도이다.

종을 초월하여 교도공동체 움마(Umma)에 통일된다. 오스만제국이 아랍지역으로부터 칼리프권을 승계하여 이슬람권을 통합했을 때, 이미 이슬람권은 인종이나 종족을 초월한 다민족의 교도공동체를 형성하고 있었던 것이다.[13]

이렇듯 다민족, 다문화 국가였던 오스만제국의 소수민족 정책은 상호공존에 의거한다. 오스만제국내의 소수집단들은 밀레트 내에서 자신들의 신앙과 종교의례는 물론 고유한 관습과 언어 사용, 문화적 전통 등을 향유할 수 있었다. 또한 터키인들과의 마찰과 갈등으로 인한 경우를 제외하고는 자신의 공동체 내규에 따라 분쟁이 조정되고 해결되었다.(…) 소수민족 공동체와의 조화와 공존은 오스만 터키 제국 600년 역사를 관통하는 기본적인 통치이념이었다.[14]

이 지구상에서 터키만큼 다양한 모습을 한 사람들이 일상생활에서 다양한 언어를 쓰며, 각 인종의 전통을 따르며 다른 방식으로 하나의 공동체를 이루며 오랜 역사를 엮어 온 국가는 그리 많지 않을 것이다. 단적으로 말하자면 터키는 다문화주의와 다양성을 그대로 보여주고 있는 국가라고 할 수 있다. 이러한 역사 안에서 인종 간의 충돌, 반목이 계속되어 왔고, 이는 여전히 터키 사회의 가장 커다란 이슈 중의 하나 임은 의심할 여지가 없다. 이렇듯 터키 사회는 끊임없이 서로 다른 문화 간의 대화와 서로 다른 문화와 관계 속에서 갈등과 절충 그리고 재형성 과정을 거치면서 지금에 이르렀다고 할 수 있다.[15]

수많은 문화와 문명, 인종, 종교, 민족들의 유산이 남아 있는 터키에서, 이러한 다문화적 요소들을 어떻게 조화시켜 갈등 없이 공존시킬 수 있는가 하는 문제는 여전히 터키 사회의 가장 커다란 담론 중 하나라고 할 수 있다. 오랜 역사 속에서 지속되어 오고 있는 터키 사회의 다문화적 특징은 터키를 더욱 더 색채감 있는 나라로 만들고 있으며, 다문화주의에 대한 연구가 활발한 현 시대에 터키가 다문화주의를 어떻게 적용하고, 발전시켜 왔는지에 대한 연구 대상으로서 그 가치가 높다고 할 수 있다.

---

13) 서재만, 「터키인의 의식구조」, 『세계인의 의식구조 II』, 한국외국어대학교 출판부, 1997, pp.204~205.
14) 이희수·이원삼 외, 『9·11 테러와 이슬람세계 이해하기-이슬람』, 청아출판사, 2005, p.466.
15) 이난아, 「오르한 파묵의 작품에 나타난 다문화적 요소」, 『한국이슬람학회논총』, 제22-1집, 2012, p.186.

2-3. 집단주의

집단주의란 사회를 분석할 때 개인보다는 집단행동, 사회나 국가와 같은 집단의 중요성을 강조하는 사회이론이라고 할 수 있다. 이는 개인의 자율성, 목표 그리고 삶이 집단에 우선하는 생활방식인 개인주의와 반대되는 개념이기도 하다.

집단주의 문화의 사회화 과정 안에서는, 복종, 의무, 그룹을 위한 이타심 발휘, 협력, 자신이 속한 그룹 보호, 내(內) 집단의 권위 인정, 쌍방 간의 결속과 관심을 강조한다.[16] 터키는 단지 내 집단이나 하위집단 뿐 만 아니라 민족 전체의 범위까지 이 집단주의가 팽배하다고 할 수 있다.

집단주의는 온갖 집단에서 나타나는데 이 집단주의의 세 가지 유형을 보면, 가족에서(가족주의), 아는 사람들 사이에서(친분주의) 그리고 사회적 관계에서(애국심) 잘 드러난다. 가족주의는, 개인의 삶을 가족에게 헌신하고, 가족의 이익을 개인의 이익보다 우선시하는 것을 내포하고 있다. 집단주의에서 친분주의와 관련된 유형은, 개인이 이웃들, 친구들, 직장 동료들과의 결속 관계와 함께 자신이 속한 그룹의 필요성에 초점을 맞추는 것으로 구별된다. 사회적 차원에서의 집단주의는 개인이 국가에 봉사하기 위해 개인적인 편리를 포기하고 자신들을 국가에 헌신하는 것으로 특징 지워 진다.[17] 터키는 위에서 열거한 세 가지 유형이 모두 확연하게 드러나는 집단주의 성향이 강한 나라라고 할 수 있다.

먼저, 터키에서의 가족 집단주의는 앞으로 다룰 명예 코드에서도 확연히 드러나는 사례이며, 어떤 집단 혹은 개인과 일을 할 경우, 개인적 친분이 지대한 영향을 미친다. 또한 터키는 애국심의 발로라고 할 수 있는 민족주의 성향이 강해 여전히 터키주의 혹은 국가 정체성을 모독하거나 이에 해를 입힌 사람을 처벌하는 형법 301조가 존재하고 있다.

이렇듯 터키는 집단의 목표를 개인의 목표보다 중요시 여기는 문화가 더 지배적이다. 예컨대 '내가 먼저'가 아니라 '우리가 먼저'인 사회인 것이다. 한국 역시 집단주의 성향이 강하지만, 일례로 가옥 구조를 보면 높은 담을 쌓고 집과 외부

---

16) Harry C. Triandis et al, "An Etic-Emic Analysis of Individualism-Collectivism", *Journal of Cross-Cultural Psychology*, Vol. 24, No. 3, September 1993, p.368.

17) Anu Realo; Jüri Allik, "A Cross-Cultural Study of Collectivism: A Comparison of American, Estonian and Russian Students", *The Journal of Social Psychology*, 1999, pp.133~134.

와의 관계를 차단하는 양상이 나타나는 반면, 터키인들의 가옥에는 담이 없고, 아파트 역시 모두 발코니가 있어, 집안에서도 바깥과 소통하는 발코니 문화가 지배적이며, 다른 사람들과 함께 하고자 하는 욕망이 높다. 이는 터키민족이 과거 유목 생활에서 무리지어 집단적으로 이동했던 전통과도 연관시킬 수 있을 것이다.

고국을 떠나 해외로 이주한 모든 민족들이 그러하지만, 터키 역시 이주하여 정착한 국가에서 자기들끼리의 주거지를 형성하며 결속을 다진다. 하지만 터키는 역사적 특성상 외부와 계속 교류하는 문화가 지배적인 국가이기 때문에 폐쇄적인 집단주의를 표방하고 있다고는 보기 어렵다.

일반적으로 터키 문화에서 집단주의 경향이 강하다는 것에 많은 학자들이 동조하며, 이는 일상생활에서 뿐 만 아니라, 세속주의에서 종교주의, 사회주의에서 민족주의까지 매우 다양한 성향을 가지고 있는 사람들의 정치적 사고의 중심에도 이것이 자리 잡고 있다. 어느 나라나 그러하겠지만, 터키 역시 어떤 개인이나 그룹이 항상 같은 정도로 집단주의 성향을 보이는 것은 아니라는 점도 환기할 필요가 있다.

2-4. 가부장적 사회

터키 사회는 오스만제국 말기부터 서구화를 단행하고, 공화국 시대에 들어와서는 본격적으로 사회 전반에 걸쳐 서구를 모델로 하는 일련의 개혁들이 단행되었다. 하지만 주지하듯 한 사회의 전통이나 관습은 단기간 내에 변할 수 있는 것들이 아니다. 터키 농촌의 경우 여전이 전통적인 가족 관계, 즉, 가부장제의 대가족 형태가 많으며, 가장의 절대적인 권위에 복종하는 관습이 여전히 지속되고 있다. 그러니까 급속한 사회, 경제적 변화에도 불구하고 농촌에서의 전통적인 가족 관계는 크게 변화되지 않았다는 의미이다. 가족 구성원들이 농업, 목축업, 가내 수공업에 종사하고 있기 때문이 가족 내에서 가장의 권위가 거의 절대적이라고 할 수 있다. 또한 집안의 행사나 사소한 일이라도 가장 혹은 연장자와 상의하지 않고 진행하는 경우는 없으며, 이에 대한 최종적 결정은 가장이 내리는 것이 관습으로 이어져오고 있다. 하지만 대도시에 사는 젊은 세대들은 가부장적인 전통적인 가족 형태에서 벗어나 핵가족을 선호하고 있으며, 많은 여성이 남성과 대등하게 사회 활동을 하고 있다.

터키는 1950년 대 이후 자본주의의 영향으로 농촌에서 도시로 이주하는 현상이 두드러지게 나타났다. 도시로 이주해 온 농촌사람들은 가난 때문에 남녀노소를 불문하고 생활전선에 뛰어들 수밖에 없었다. 하지만 여성의 취업은 '밥벌이는 남자의 몫이다'라는 사고방식에 위배되고, 남성의 권위에 도전하는 것이 되었다. 물론 2001년 개정된 가족법에 한 가족에 대한 책임은 남녀평등권에 입각한 부부 공동 책임제를 수용했지만 실제로 여성의 취업은 가부장적인 구조가 바뀌는 대신 가부장의 권위나 억압이 그녀들에게 더욱 더 강화되는 현상이 나타났다. 남성들이 잃어버린 자신의 지위를 되찾기 위해 여성에게 폭력을 행사하며 그 권위를 지키려고 하기 때문이다. 이러한 사례에 관한 연구는 터키여성학계에 수없이 많다.

여성의 인권 문제는 가부장제와 연결된다. 주지하듯 가부장제는 남성이 가장으로 가족을 이끌어나가는 형태이며, 이러한 전통은 자연히 가족 내 뿐 만 아니라 사회 전반에 걸쳐 영향을 미친다. 터키에서는 가부장적인 가족법들 중 1926년에 개정된 새로운 민법을 보면, 일부다처제는 불법이며, 결혼은 민사계약으로 이루어졌고, 이혼 시 이슬람 법 아래서 남편이 유리한 사항들은 없어지게 되었다.

특히 가부장적 사회는 남성 중심적이며, 남성의 지배구조를 띄기 때문에 사회 전체 구조도 이에 따라 형성된다. 이에 대한 대표적 법제가 호주제라고 할 수 있다. 여성이 가장이 될 수 없다는 것이다. 터키는 2001년에는 호주제를 폐지했으며, 일부일처제 보장, 부부에게 동등한 이혼 권한 부여, 평등한 재산권 보장을 보장하는 법령이 시행되었다. 한국이 2008년에 호주제를 폐지한 것보다 훨씬 빠른 시기였지만, 그렇다고 몇 백 년 동안 그 영향이 지속되었던 이슬람 이데올로기가 제시한 가부장적 관습이 사라진 것은 아니다.

일례로, 신부가 결혼식을 하러 가기 직전 결혼 예복은 입고 나서 결혼 등록식장으로 떠날 때 신부의 아버지는 딸의 허리에 '가이렛 쿠삭(보호대)'라는 띠를 감아준다. 아버지가 생존하지 않는 경우에는 오빠 또는 삼촌이 신부 허리에 가이렛 쿠삭을 감아주면서, "지금까지는 네 명예와 지조는 내게 맡겨져 있었지만, 지금부터는 네 남편에게 맡겨진다. 처신을 잘 하고 말조심을 해라."라며 권고한다. 물론 이 말은 여성이 결혼을 하면 자신의 행동에 대해 책임을 지라는 말이지만,[18] 결혼하는 여성의 미래를 다른 남성(남편)에게 전가하는 가부장적 사고의 지속으로도 해석할 수 있다. 이러한 관습은 과거 여성의 의사가 배제되었던 우리나라의 '여필종부'와 일견 상통하는 면이라고 할 수 있다. 남아선호 사상도 사라지지 않고 있고 이러한 현상은 문학 작품에서도 종종 등장한다. 일례로 2006년 터키문학사상 최초로 노벨문학상을 수상한 오르한 파묵(1952~)의 데뷔작 『제브데트 씨와 아들들』에서, 제브데트 씨의 장인이 첫 번째 부인이 아들을 낳지 못해, 두 번째 부인을 맞아들였다는 서술이 나온다. 작가의 또 다른 소설 『순수 박물관』에서도 혼전 순결이 여성에게만 요구되는 터키의 가부장적 사회 모습이 다뤄지고 있다. 이 소설에서는 혼전 경험은 남성의 경우 있을 수도 있는 일이지만, 여성에게는 결혼 후 그 사실이 알려지면 불행한 결혼 생활을 할 거라는 암시들이 종종 등장한다. 여성의 정절만 강요하는 남녀 차별적이며, 이분법적인 가치 판단이라고 할 수 있다.

오로지 남성이라는 이유만으로 많은 것이 허용되는 사회는 이제는 시대착오적인 사고이다. 가족 구성원들 간의 유대는 오로지 복종에 의거한 것이 아니며, 사랑과 배려가 바탕이 되어야 하며, 성별과 나이에 관계없이 동등하게 대해주어야 한다. 가족 내에서 여성도, 어린 자녀도 최소한 남자만큼이나 중요하고 가치가 있다는 의식이야말로 한 사회의 민주화 과정의 기본이라고 할 수 있다. 왜냐하면 한 사회와 국가의 민주화는 먼저 개인, 가족의 민주화에서 시작되기 때문이다. 사회의 모든 구성원은 이성을 사용할 수 있고, 자유로운 의지로 어느 곳에서나 자신의 의견을 피력할 수 있어야 하며, 나이, 성별, 지위에 상관없이 자신의 가치 판단을 제시할 수 있는 체제가 진정한 민주사회이다. 이러한 길로 가는 지름길은 가부장적 사회에서 탈피하는 것이다.

터키가 여타 이슬람권 국가들 보다 법적으로 여성들의 권리가 비교적 많이 보장된 나라라는 것은 분명하지만, 사회 전반에 걸쳐 여전히 남성에게 더 자유로운 권리가 허용되는 사회임과 동시에, 전통적인 가부장적 사회와 성차별을 지양하는 서구적 가치관이 공존하고 있는 과도기적 형태라고 볼 수도 있다.

18) 김대성, 『터키 들여다보기』, 한국외국어대학교 출판부, 2006, p.201.

2-5. 명예

명예란 자존심이라는 말과 일맥상통하는 부분이 있다. 터키인들 중 개인 혹은 가족, 가문의 명예와 자존심을 최고의 가치로 생각하는 사람들이 많고, 명예(자존심)를 위해 죽음도 감수하는 사례들이 없지 않다.

특히 명예는 터키 전반에 걸쳐, 특히 터키농촌사회에서 지켜야 할 가치로 여기지는 것이기도 하다. 이에 대한 대표적인 사례로 명예 살인을 들 수 있을 것이다. 인권감시단체인 Human Rights Watch에서는 명예 살인에 대해, "명예 살인이란 남성 가족 구성원이 여성을 상대로 행하는 폭력으로서, 종종 살인으로 이어지기도 한다. 주로 여성이 가족의 명예를 더렵혔다고 간주될 때 명예 살인의 대상이 된다. 예를 들어 여성이 부모가 결정한 중매 혼을 거부하거나, 성폭력의 희생자가 되거나, 이혼을 요구하거나, 간통을 할 때 명예 살인의 표적이 된다. 여성이 가족에게 불명예를 안겼다는 행위를 했다는 것만으로도 그러한 일이 자행되는 것이다."[19]라고 정의하고 있다.

이러한 비인도적인 관행은 여전히 간간이 터키 사회에서 발생하고 있는 것이 현실이다. 일례로, 1982년 제35회 칸 영화제에서 황금종려상을 수상하며 세계적으로 주목을 받은 일마즈 귀니 감독의 <욜(길)>은 이러한 관행에 대한 고발 형식의 작품이다. 이 영화는 교도소에 수감된 죄수들이 특별 휴가를 받아 고향을 방문하는 이야기를 그린 작품으로 특히 터키 동부 지역의 경제적 낙후, 전통적이지만 봉건적인 관습, 군사 혁명 이후 행해지고 있는 압박을 비판적인 시각으로 다루고 있다.

이 수감자들 중 주인공에 해당하는 세이트 알리라는 인물은, 교도소에 있을 때 받은 편지를 통해 부인인 지네가 자신을 배반했음을 알게 된다. 지내는 세이트 알리를 기다리겠다는 약속을 저버리고 매춘굴로 빠지게 되고, 세이트 알리의 가족과 처가는 자신들의 명예를 더럽힌 며느리/딸에게 죽음이라는 형벌을 내릴 결정을 했고, 그 벌을 실행하기 위해 세이트 알리를 기다리고 있다.[20] 처남은 가문의 명예를 더럽힌 여동생을 죽이라며 세이트 알리에게 말과 총을 건네준다. 그의 아내가 처가의 마구간에 감금되어 동물처럼 쇠사슬로 묶여 있는 처

19) 김정명, 「명예 살인과 중동의 여성 문제」, 『국제지역정보』, 제10권 제1호, 2006, p.32.
20) 이난아, 「여성의 속박된 육체에 관한 이야기 <욜>」, 『영화 속의 동·서양 문화』, 2002, p.104.

침힌 모습도 나오는 등 당시의 터키 현실 고발 형식의 작품이자 터키 사회의 현실을 대변하는 다큐멘터리적인 요소가 강하다고 할 수 있다. <욜>은 영화의 한 축에 터키의 명예 살인문제를 다루면서, 여성을 감시하는 사회, 여성 인권이 무시된 터키 사회를 포괄적으로 보여준다는 점에서 시사하는 바가 크다고 할 수 있다.

급속한 도시화, 산업화에 노출된 딸의 현대식 사고방식은 전통을 고수하려는 부모 자식 간의 갈등 요인이다. 터키의 한 인권단체가 조사한 바에 따르면 매년 200여명의 여성들이 명예 살인의 피해자가 되고 있다. 터키 형법은 명예 살인의 경우 형을 감할 수 있도록 여지를 제공하고 있다. 터키 형법 제 51조와 462조[21]가 그것인데, 현재는 인권 단체들의 압력으로 이 조항을 개정하려는 움직임이 일고 있다.[22]

한편, 터키에서 명예는 대의명분 그리고 애국심 같은 가치와도 불가분의 관계를 맺고 있다고 할 수 있다.

2-6. 관용

주지하는 바와 같이 관용이란 남의 잘못을 너그럽게 받아들이거나 용서하는 것을 의미한다. 터키의 경우 관용 문화가 사회전반에 걸쳐 널리 펴져 있다고 할 수 있다.

그 이유 중 하나는 꾸란에서도 권유하고 있는 가장 아름다운 미덕중의 하나이기 때문이다. 꾸란이 국민의 대다수가 무슬림인 터키인들의 삶에 지대한 영향을 미치는 바, 관용과 관련된 꾸란의 구절들을 살펴보면 다음과 같다. 아으라프 장 199절을 보면, "*관용*을 베풀고 사랑을 베풀되 우매한 자들을 멀리하라.", 슈라 장의 제 40절에는, "사악함에 대한 보상은 그에 상응하는 벌이 있으되 그러나 *관용*을 베풀어 개선하는 자는 하나님으로부터 보상을 받노라"라고 쓰여 있다. 관용을 베푸는 자는 하나님이 이에 상응하는 보상을 한다는 의미로, 관용을 권장하고 있다. 또한 같은 장의 제 43절에는, "그러나 인내하고 *관용*을 베

21) 터키 형법 제 51조는 감형에 관련된 조항이며, 462조는 간통죄를 범한 여자를 그녀의 남편, 여자의 남동생 혹은 여동생이 죽일 수 있다는 조항이다.

22) 이희철, 『터키, 신화와 성서의 무대, 이슬람이 숨 쉬는 땅』, 리수, 2002, p.167.

푸는 것 실로 그것들이 인내요 굳은 결심 중의 하나라"라는 말은 관용이 고결한 미덕중의 하나라는 말을 설파하고 있다. 역시 타가분 장 14절을 보면, "그러나 너희가 사랑을 베풀어 용서하고 *관용*을 베푼다면 하나님은 *관용*과 자비로 충만하시니라"[23]라는 구절이 있다. 이렇듯 꾸란은, 관용이 신자들 간의 형제애를 두텁게 하며, 증오심과 적의를 느끼더라도 계속해서 관용을 베푸는 길로 나아가야 한다고 강조하고 있다.

터키 역사에서 관용이라고 할 때 가장 먼저 떠오르는 것은 오스만제국의 관용문화라고 할 수 있다. 오스만제국은 하나의 민족이 아닌 다민족으로 구성된 국가였다. 종교 역시 하나가 아니었고, 많은 종교가 공존했다. 오스만제국 내에는 다양한 인종들이 살았으며 이들 간에 다방면으로 엄청난 차이가 있었지만, 오스만제국 내에서 평화롭게 살았으며, 제국은 다양한 문화와 인종 사회를 연합시켜 조화로운 일체감을 형성했다.

이러한 사실에 관하여 압델-라흐만 설렘 박사는, '오스만제국의 관용의 뿌리는 신앙과 사상의 자유'에서 의거한다고 주장했고, 이 관용의 뿌리는 셀추크 왕조시기로 거슬러 올라가며, 셀추크 왕조가 아나톨리아에서 비잔틴 제국에 대항에 승리한 후 왕조의 술탄들이 비잔틴 문화와 종교에 대해 지극히 관용이었으며, 이들이 오스만제국 관용문화의 씨를 심어 유산으로 남겨주었다[24]고 밝히고 있다.

한편, 터키의 관용구에 "죽은 사람에 대해 말하지 않는 것이 예의다(Ölünün arkasından konuşulmaz)"라는 말이 있다. 죽은 사람에 대한 말할 거리가 긍정적인 것이라면 이런 말이 생겼을 리가 없다. 이는 사자가 부정적인 것을 말할 거리를 제공했으나, 사후에 그에 대해 언급하지 말하는 의미가 내포되어 있다. 물론 이 말의 저변에는 종교적인 전통도 깔려 있을 테지만, 한편으로는 사자에 대한 관용이자 예의라고 해석할 수 있을 것이다. 이러한 관습이 터키 사회를 더 부도덕하게 만든다는 의견도 없지 않지만, 이미 이 세상에 없는 사람의 험담은 그 주위 사람을 힘들게 할 거라는 관용적 사고에서 여전히 이러한 통념과 관습은 지

23) 최영길, 『성 꾸란, 의미의 한국어 번역』, 사우디아라비아 왕국 이슬람·이슬람기금·선교부.
24) Abdel-Rahman Ahmad Salem, *Osmanlı Hoşgörüsü*(Editörler:Kemal H.Kapat ve Yetkin Yıldırım), Timaş Yayınları, İstanbul, 2012, pp.57~60 참조.

속되고 있다.

2-7. 환대

2000년도 이후부터 터키를 방문하는 한국인 관광객 수가 기하급수적으로 증가하고 있다. 물론 터키는 역사 이래 많은 역사문화유산이 보존되어 있는 나라이고, 한국처럼 삼면이 바다로 둘러싸여 있어 멋진 풍광을 자랑하는 세계적인 관광국이다. 하지만 단지 역사문화유산만을 보기 위해 터키를 방문하지는 않을 것이다. 국내의 여러 인터넷 사이트, 미니홈피나 블로그를 보면 터키를 방문한 사람들이 자신의 터키 여행 감상문들을 적은 것들은 접할 수 있는데, 그 내용들 중 빠지지 않고 등장하는 것이 터키인의 환대문화이다. 이는 비단 한국인 관광객들만의 감상이 아니며 터키를 찾는 많은 외국인이 거의 공통적으로 느끼는 감정이다.

일례로, 11세기 터키인 역사가 유수프 하스 하집(Yusuf Has Hacip)의 기록에서 터키인들의 이러한 손님 환대 문화와 정신을 엿볼 수 있다. 하집은, "집, 밥상과 그릇을 항상 깨끗이 정돈해 주어라. 방에 방석을 깔아 두고 마실 것들을 최상으로 준비할 뿐 만 아니라 맛있고 정갈해야 한다. 특히 다양한 음료가 준비되어야 하며 부족해서도 안 된다. 식사가 끝나면 과일이나 건과물을 대접해야 한다. 여러 가지 면에서 여유가 있다면 손님들에게 선물을 마련하라. 그리고 살림이 넉넉하다면 비단을 선사하라. 그런 후 가능하다면 여비 돈을 제공하라."[25]라고 적고 있다. 자신의 집을 방문한 손님을 환대하여 최상의 식사를 대접하는 것에 그치는 것이 아니라, 여건이 되는 경우 선물과 여비까지 챙겨주고자 하는 태도는 너그러운 터키인들의 마음과 함께 환대 정신의 극치를 엿볼 수 있다.

터키인들의 환대 정신은 그들이 사용하는 다음 두 가지 말에서 알 수 있다. 터키인들은 자신의 집이나 나라를 찾아오는 손님을 모두 신이 보내준 손님이라고 생각하고 있다. 그들의 말로 '탄르 미사피르(Tanrı misafiri)'이다. '탄르'는 신을 의미하고, '미사피르'는 손님이라는 뜻이다. 터키에서 사는 외국인이나 터키를 방문한 외국인은 모두 신이 보낸 손님이라는 것이다. 또 하나는 내 집이 당신 집이

25) Reşat Genç, "XI. Yüzyılda Türk Mutfağı Sempozyumu Bildirileri", Ankara, 1988, pp58~59.

라는 생각이다. 터키어로 '에비미즈 시진 에비니즈'이다. 터키어로 '에브'는 집인데, 일단 손님이 내 집에 들어오면 그때부터 이 집은 손님 집이라는 생각이다.[26] 이처럼 터키인들은 손님을 대접할 때 당신 집처럼 편하게 생각하는 말을 꼭 하며, 이러한 말을 들으면 손님들의 마음은 편해지게 마련이다. 일례로, 터키인들이 가장 많이 사용하는 말들 중 하나는 '손님 환대'라는 의미의 '미사피르 페르베르릭(Misafir Perverlik)'이다.

터키를 방문하는 외국인들이 자주 경험할 수 있는 대표적인 환대 문화는 차[27]문화에서도 자주 느낄 수 있다. 터키인들은 자국인 뿐 만 아니라 자신들의 상점에 들어오는 손님에게 물건을 팔기 전에 일단 무엇을 마실 것인지를 묻는다. 주로 터키인이 하루 평균 10잔 이상 마시는 홍차나 터키 식 커피를 권하며, 이외에도 사과 차 역시 자주 권하는 음료 중 하나라고 할 수 있다.

길을 묻는 사람들에게 자신의 일도 제쳐두고 행인이 가고자하는 장소까지 동행하는 경우를 보면 터키인들의 환대 문화가 확연히 드러난다. 이러한 터키인의 행동은 터키를 방문하는 사람들이 터키에 대한 인상에서 자주 언급하는 에피소드들 중 하나이다. 이러한 손님 환대는 아마도 터키로 향하는 외국인들의 발걸음을 그치지 않게 하는 그들의 미덕 중 하나라고 할 수 있다.

2-8. 음식

터키음식은 프랑스 음식, 중국 음식과 더불어 세계 3대 음식의 반열에 올라있다. 터키 땅은 삼면이 바다에 둘러싸여 있고, 다양한 기후로 인해 해산물, 과일, 채소들이 철마다 풍성하게 식탁을 장식하며, 이러한 식재료들은 터키음식문화를 풍부하게 만들고 있다.

터키인들은 유목생활을 했던 민족으로 음식문화에서도 그 유목민 문화의 흔적을 발견할 수 있다. 유목민적 특징이 그대로 나타난 예를 들자면, 양젖을 발효시켜 만든 요구르트와 요구르트를 끓인 수프는 터키인들의 대표적인 음식들이

---

26) 이희철, 『터키, 신화와 성서의 무대, 이슬람이 숨 쉬는 땅』, 리수, 2002, pp.168~169.

27) 터키의 일인당 차 소비량은 2005년 기준으로 세계에서 가장 높은 나라이다. 차를 좋아한다는 영국의 일인당 차 소비량인 2.1kg보다 높은 2.5kg이다. 터키인들은 허브 차 뿐 만 아니라, 사과 차, 장미 열매 차, 보리수 꽃 차, 석류 차 등도 많이 마신다.

라고 할 수 있다. 또한 요구르트를 희석시킨 아이란(Ayran)이라는 음료는 한 여름철에 많이 소비되며, 특히 숙면 효과가 있다고 하여 터키인들이 즐겨 마시는 전통 음료이다.

터키 유목민들이 대량으로 사육하던 동물들의 젖을 가공하지 않고 마시기도 했지만, 그 젖으로 다양한 음식을 만들어 먹었다. 젖으로 가장 손쉽게 가공되는 식품은 치즈, 요구르트, 아이란, 크림 등이었다. 양젖이나 소젖을 끓인 다음 서서히 식히는 과정에서 발효되어 만들어진 요구르트는 터키인들에게 강장식품으로 알려져 있으며,[28] 지금도 터키 시골 가정에서는 치즈와 요구르트를 비롯한 다양한 유제품을 만들어 먹고 있다.

육류로 터키인들이 즐겨 먹는 것은 쇠고기, 양고기 그리고 닭고기라고 할 수 있다. 양고기 역시 터키인들이 가장 즐겨 먹은 육류라고 할 수 있다. 과거 겨울철에 고기를 말려 장기간 보관하는 문화가 있었는데, 특히 삶은 고기에 후춧가루나 다른 양념을 쳐서 말린 '파스트르마'는 유목과 이동생활을 하는 터키인들이 즐겨 먹었던 음식이며, 이 음식은 현재도 여전히 터키인들이 좋아하는 음식들 중 하나이다.

터키인들은 이슬람 관습에 따라 돼지고기를 먹지 않는다. 돼지는 유목민들의 생활에 도움이 되지 않는 동물이었다. 말이나 양과 비교해 이동성이 떨어지고, 여름철에는 고기가 쉽게 부패될 뿐 아니라, 가죽 역시 일상생활에 별 도움이 되지 않는다. 양이나 말이 고기, 젖 그리고 가죽을 모두 활용할 수 있다는 점을 감안한다면, 돼지는 이 모든 면에서 그 가치가 별로 높지 않기 때문일 것이다.

빵은 터키인들에게 빼 놓을 수 없는 주식이다. 11세기 이전부터 밀을 빻아 밀가루를 생산했으며, 밀가루를 반죽하여 빵을 구워 먹었다. 빵을 구우면 이동하면서 어렵지 않게 먹을 수 있었고, 보관도 용이했으므로 주로 이동하는 유목민들에게는 편리한 음식이었다.[29] 또한 터키인들이 11세기에 주로 먹었던 채소가 시금치, 호박, 무, 당근, 양파, 마늘, 가지 등이라는 기록이 있는데, 위 야채들은 현재 터키 음식에서 가장 기본적인 재료로 사용되는 것들이다.

터키인들은 정복 과정에서도 소수 민족과 함께 살게 되면서 언어, 종교 등 소

28) 김대성, 『터키 들여다보기』, 한국외국어대학교출판부, 2006, p.174.
29) Reşat Genç, "XI. Yüzyılda Türk Mutfağı Sempozyumu Bildirileri" Ankara, 1988, p.65.

수 민족의 문화를 다 유지하도록 하였는데, 당연히 그 과정에서 그들의 음식도 터키 고유 음식에 이입되었다. 터키인들이 중앙아시아 지역에 살았을 때에는 넓적한 빵인 피데를 먹었지만, 아나톨리아 지방에 들어와서는 그리스인들이 먹던 두툼한 빵을 먹게 된 것이나, 로마인들이 먹던 블렉 마안즈 푸딩을 닭 가슴살에 우유와 설탕을 넣어 카잔디비(Kazandibi)로 만든 예가 그것이다.[30] 이러한 음식문화 역시 다양한 문명과 문화를 접목한 터키 역사의 특성을 반영하는 사례라고 할 수 있다.

터키 음식의 원류는 중앙아시아라 할 수 있지만, 이들이 서쪽으로 이동하면서 정복지의 음식들과 섞이고, 아나톨리아에 정착하면서 그 지역에 살던 사람들의 음식과도 융합되어, 고유하면서도 다양한 음식문화가 발달한 것이 그 특징이라고 할 수 있다.

III. 결론

한 사회의 가치관을 이해하기 위해서 다양한 경로를 통해 접근할 수 있겠지만, 그 중 문화라는 요소가 가장 중요한 담론 중 하나일 것이다. 그 이유는 문화야 말로 한 사회 혹은 국가의 형성을 가능하게 한 근원과 민족성을 효과적으로 파악할 수 있는 수단이기 때문이다.

문화는 우리가 통념으로 인식하는 예술과 예술 활동으로서의 문학, 미술, 음악 등등이라고 거칠게 말할 수도 있을 것이다. 또한 지식, 도덕, 관습, 종교 등 사회구성원으로서 인간이 획득한 기타 능력과 습관을 포함한 복합적인 전체를 의미하기도 한다. 이 지점에서 문화코드는 이러한 역할을 가장 잘 수행할 수 있는 특징과 상징성을 내포하고 있다고 할 수 있다.

코드는 물론 기호처럼 자의적인 것이기는 하지만, 한 국가 내에서 그것이 관습화된 상태로 표출되고 있는 상태라면, 그것을 일러 우리는 '문화적인 것'이라고 할 수 있다. 문화코드란 이렇게 한 국가 내에서 문화적 관습에 의해 '안정화',

30) 이희철, 『터키, 신화와 성서의 무대, 이슬람이 숨 쉬는 땅』, 리수, 2002, pp.187~188.

'자연화'되어 있는 코드를 특화시켜 지칭하는 새로운 개념이다. 따라서 우리가 한 국가의 문화코드를 분석하고 추출하는 것은 결국 그 국가의 문화적 특징으로 두드러지게 나타나고 있는 현상들을 최대한의 자료와 현지 정보를 수집하여 객관적으로 파악한다는 것을 의미한다.[31]

이 글에서 터키 문화와 터키인들의 국민성을 이해하기 위해 문화코드로서 이슬람, 다문화사회(혼종성), 집단주의, 가부장적 사회, 명예, 환대, 관용, 음식 등으로 정리하여 터키 사회에 유기적으로 연결되어 있거나 녹아 있는 것, 지향하는 가치들을 이해해 보려는 시도를 했다. 문화코드를 그 사회의 축적된 행동의 DNA이자 사회적 본능이라고 요약하여 정의할 수 있다면, 터키 문화를 이해하려는 시도에서 추출한 이러한 코드들은 터키인들의 특성이나 기질, 사고 및 행동 방식 등을 가늠하는 데 하나의 지침이 될 수 있을 것으로 사료된다.

한편, 위에서 다룬 코드들을 보면 터키만의 유일한 코드라고 할 수 없는 것들, 예컨대, 가부장주의, 집단주의, 명예, 환대 같은 코드들은 다른 국가에도 적용되는 경우가 있다. 이는 해당 국가들의 역사적 전통, 문화, 종교, 관습 등의 측면에서 서로 유사한 부분이 있기 때문에 드러나는 양상으로 이해할 수 있을 것이다. 프랑스 학자 클로테르 라파이유는"한 사회의 문화 코드는 비밀번호가 있는 자물쇠와 같다'[32]고 말한 바 있다. 그 비밀번호를 찾느냐 찾지 못했느냐 여부에 따라 그 문화의 해독 여부가 결정된다는 의미이다. 문화코드야말로 한 사회의 인종, 정체성을 제시하는 학문적 분야라고 할 수 있으며, 그 사회가 밟아온 길, 역사, 언어, 종교, 그리고 다양한 분포도를 연구하는 것, 단적으로 말하면 사회의 행동 DNA의 비밀번호라고 할 수 있기 때문이다.

우리는 터키가 다양한 문명을 품고 있으며, 동양과 서양, 이슬람과 세속주의, 전통과 현대 등 이중적이며, 복합적이며, 다양한 층위가 있는 국가라는 점을 감안하여 이에 다가가는 자세가 필요하다. 본론에서 언급한 터키인의 문화적 특징과 가치관을 이해하고 반영하는 대표적인 코드들이 터키인들의 의식 형성 패턴과 사회문화 이해에 지침이 되는 요소들 중 몇 몇이라고 할 수 있지만, 앞으로 이에 관한 더 포괄적이며, 심층적인 연구가 개진되어야 할 것이다.

---

31) 박치환·김평수 외, 『문화콘텐츠와 문화코드』, 한국외국어대학교 출판부, 2011, p.370.
32) http://www.gennaration.com.tr/dunyadan/toplumun-kultur-kodu-sifreli-bir-kilit-gibidir/

우리 학계는 현재 우리나라 문화의 원형과 뿌리를 찾으려는 모색을 부단히 하고 있다. 하지만 이 과정에서 문화의 가변성을 염두에 두어야 할 것이며, 특히 그 사회의 뿌리라고 할 수 있는 문화코드 역시 시대에 따라 변하고 있다는 점을 간과하면 안 될 것이다. 이러한 태도는 다양한 국가의 문화 코드를 연구하는 데 있어 공통적으로 적용되어야 할 접근 방식으로 사료된다.

<참고문헌>

김대성, 『터키 들여다보기』, 한국외국어대학교 출판부, 2006.

김정명, 「명예 살인과 중동의 여성 문제」, 『국제지역정보』, 제10권 제1호, 2006

마르코 마르티니엘로, 『현대사회와 다문화주의』시앙스포 총서 8, 윤진(옮긴이), 한울(한울아카데미), 2008, 88쪽.

박지훈, 「문화적 세계화에 대한 비판적 성찰」, 『글로벌문화콘텐츠』, 제 6호, 2011.

박치환·김평수 외, 『문화콘텐츠와 문화코드』, 한국외국어대학교 출판부, 2011.

서재만, 「터키인의 의식구조」, 『세계인의 의식구조 II』, 한국외국어대학교 출판부, 1997.

서정민 외, 『한국 콘텐츠의 해외 시장 진출확대를 위한 중동·아랍 문화코드 연구』, 한국문화콘텐츠 진흥원, 2011.

윤재식 외, 『한국 콘텐츠의 세계 시장 진출 확대를 위한 중국문화코드 연구』, 문화콘텐츠진흥원, 2010.

이난아, 「여성의 속박된 육체에 관한 이야기 <욜>」, 『영화 속의 동·서양 문화』, 2002.

_____, 「오르한 파묵의 작품에 나타난 다문화적 요소」, 『한국이슬람학회논총』, 제22-1집, 2012.

이희수, 『이슬람 문화』, 살림, 2003.

이희수·이원삼 외, 『9·11 테러와 이슬람세계 이해하기-이슬람』, 청아출판사, 2005.

이희철, 『터키, 신화와 성서의 무대, 이슬람이 숨 쉬는 땅』, 리수, 2002.

_____, 『문명의 교차로 터키의 오늘』, 문학과 지성사, 2012.

전국역사교사모임, 『처음 읽는 터키사』, 휴머니스트, 2010.

정유연, 「국내 인쇄광고에 나타난 한국인의 문화코드에 관한 연구 : 대한민국 광고대상 인쇄부문 수상작을 중심으로」, 석사학위논문, 홍익대학교, 2005.

최영길, 『성 꾸란, 의미의 한국어 번역』, 사우디아라비아 왕국 이슬람·이슬람기금·선교부.

Abdel-Rahman Ahmad Salem, *Osmanlı Hoşgörüsü*(Editörler:Kemal H.Kapat ve Yetkin Yıldırım), Timaş Yayınları, İstanbul, 2012.

Anu Realo; Jüri Allik, "A Cross-Cultural Study of Collectivism: A Comparison of American, Estonian and Russian Students", The Journal of Social Psychology, 1999.

Harry C. Triandis et al, "An Etic-Emic Analysis of Individualism-Collectivism", *Journal of Cross-Cultural Psychology*, Vol. 24, No. 3, September 1993.

Orhan Türkdoğan, *Türk Toplum Sistemi ve Yapısal Sorunları*, IQ Kültür-Sanat Yayıncılık, Nisan 2011.

Reşat Genç, "XI. Yüzyılda *Türk* Mutfağı Sempozyumu Bildirileri", Ankara, 1988.

인터넷 사이트

http://egloos.zum.com/TheNeoSR/v/1226388 검색일자: 2012년 9월 17일.

http://www.gennaration.com.tr/dunyadan/toplumun-kultur-kodu-sifreli-bir-kilit-gibidir 검색일자: 2012년 11월 14일.

https://search.naver.com/search.naver?where=image&query=%E%84%B0%ED%82%A4%20%EC%A7%80%EB%8F%84&nso=so%3Ar%2Ca%3Aall%2Cp%3Aall&qdt=0&sm=tab_nmr#imgId=blog9292987%7C13%7C70017417973_1&vType=rollout 검색일자: 2012년 10월 18일.

02
중앙아시아 투르크계 유목민 영웅 서사시 『데데 코르쿠트의 서』 고찰

I. 서론

현 터키 공화국 터키인들의 모국은 중앙아시아이다. 과거 이들이 살았던 지역의 서쪽에는 카스피 해, 동쪽은 킨간(Kingan)산, 남쪽에는 힌디쿠쉬와 카란륵 산맥, 북쪽에는 알타이 산맥이 있었다. 애초에 중앙아시아에 살았던 투르크 인들[1]은 가뭄, 목초지 부족, 척박한 토지, 생활고와 인구증가, 다른 종족들과의 전쟁 그리고 종족 내부 전쟁 등 다양한 이유로 모국을 떠나 민족 이동을 하게 된다. 하지만 무엇보다도 투르크 인들이 중앙아시아를 떠나게 된 가장 근본적인 이유는 경제적인 것이라고 할 수 있다.

유목 생활과 이동 생활을 했던 투르크 족들의 단결과 애국심 고양은 그들 민

1) 터키는 국명이며, 투르크는 형용사로서 종족을 지칭한다. (…) 투르크는 중앙아시아 전역에서 흥기 했던 수많은 투르크 계 종족, 부족, 왕족, 국가의 용어로 광범위하게 사용되기 시작했다. 이희수, 『터키사』, 서울: 대한교과서 주식회사, 1993, 1쪽.

족의 용맹성을 읊는 영웅 서사시를 통해 고취되었다. 모든 공동체는 자신들이 경험한 중요한 사건들을 통해 미래에 대해 경고를 하며, 그 사건들에서 교훈을 얻고자 하는 목적으로 영웅담을 창작한다. 이 영웅 서사시들은 입에서 입으로 구전되어 공동체의 기억에서 계속 생생하게 살아 있을 뿐 만 아니라, 과거와 미래 간의 연결 고리 역할을 한다.

영웅 서사시는 대부분 고대 및 중세에 성립되었으며 민간에 전승되어 온 영웅에 관한 전설을 그 바탕으로 한다. 과거에는 민중이 직접 만든 것이라고 생각 되어 민중 서사시라고 불리었으나 오늘날에는 특정 작가가 추정되며, 일반적으로 전설, 역사적 사건을 바탕으로 한 기본적인 이야기에다 이와 유사한 다른 전설이나 가요 또는 신화, 종교적 사상(事象) 등 여러 요소를 삽입하고 추가하여 일대 서사시가 형성되었다고 본다.[2]

주지하듯 모든 공동체 혹은 민족의 기억에는 영웅 서사시가 존재하고 있다. 역사적으로 중요한 사건들이 이야기로 만들어지면서 다양한 사회와 문화 사이에 공통의 특징들이 내포되어 있는 규칙들이 만들어졌다. 이러한 맥락에서 서사시의 중요한 공통의 특징들 중 하나는 구전문학 속에서 풍부해지면서 구전되어 미래세대로 전달된다는 점이다.

투르크 민족의 보고(寶庫)라고 할 수 있는 『데데 코르쿠트의 서書, Dede Korkut Kitabı』에 수록되어 있는 영웅담들은 이러한 면에서 투르크 민족의 기억에 그 가치를 매길 수 없을 만큼 귀중한 민족적 정체성을 담고 있는 네러티브이다. 이 글에서는 『데데 코르쿠트의 서』 개괄, 작품에 수록된 이야기들, 작품에 등장하는 중앙아시아 지형과 그 주변 그리고 투르크 문학사에 있어서의 가치를 다루고자 한다.

2) http://terms.naver.com/entry.nhn?docId=1127360&cid=40942&categoryId=32861 (검색: 2014. 8.14).

II. 『데데 코르쿠트의 서』의 지형과 선행연구

『데데 코르쿠트의 서』(원 제목은 『Kitab-i Dedem Ḳorḳud Alā Lisān-ı Tāife-i Oğuzẖan 오우즈 부족[3]들의 언어로 된 '데데 코르쿠트의 서'』)는 10~11세기에 중앙아시아에 살았던 오우즈 부족들의 이야기들을 소재로 한 영웅서사시라고 요약 할 수 있다. 이러한 이유로 이 작품은 오우즈 부족들의 서사시인 오우즈나메 Oğuzname의 전체는 아니지만 아주 중요한 일부로 간주되고 있다(Köprülü 1976, 251).

『데데 코르쿠트의 서』는 오우즈 부족들이 중앙아시아, 코카서스, 아나톨리아 및 이란 등지에서 생활했던 내용을 담고 있다. 이 작품에는 터키 투르크 인들 뿐 만 아니라 카자흐스탄과 키르기스스탄, 아제르바이잔 및 투르크메니스탄 투르크 인들의 문화유산도 포함되어 있다. 따라서 이 작품은 오우즈 부족의 민족성, 역사, 관례 및 가치관을 담고 있기 때문에 중요한 자료이다(양민지 2009, 3). 예컨대 이 작품은 어느 한 국가에 속하는 작품이 아니라 중앙아시아에 분포되어 살았던 모든 투르크 족들의 이야기라고 할 수 있다.

이러한 이유로 터키 뿐 만 아니라 아제르바이잔과 투르크메니스탄에서도 데데 코르쿠트 이야기에 대한 수많은 연구가 이루어져 왔으며, 특히 투르크메니스탄에서는 50 마나트 지폐에 데데 코르쿠트의 초상이 실릴 정도로 투르크 족들 역사에서 그 의미가 각별하다.

『데데 코르쿠트의 서』 이야기의 구술자는 '데데 코르쿠트'라는 이름으로 알려진 성스런 오우즈 부족 시인이다. 그의 삶 혹은 그가 살았던 시기는 확실하지 않다. 우리는 이 작품에 등장하는 이야기들을 통해 그가 기적을 일으키고, 보이지 않은 세계에 대해 알려주는 반은 역사적이며 반은 전설적인 투르크 노인이라는 것을 추정할 수 있다(Karalioğlu 1994, 7).

---

3) 오우즈 부족은 <오우즈 카안 서사시>에 의하면 24 부족, 캬스갸르르 마흐무드의 <디반 위 뤼가트 투르크> 에 의하면 22 부족으로 이루어진 중앙아시아 원류의 가장 인구수가 많은 투르크 부족이다. 현재 터키 인구의 대부분은 오우즈 족이며, 7세기 경 유목 생활을 하면서 정착지를 바꾸었다. 비잔틴 제국의 기록서에 따르면 이들은 처음에는 발칸 지역으로 확산되기 시작했으며, 터키, 아제르바이잔, 투르크메니스탄, 이란, 이라크, 시리아, 이집트, 발칸지역(불가리아, 루마니아, 그리스, 마케도니아, 코소바, 세르비아)에 사는 투르크 인들의 조상으로 간주된다. http://tr.wikipedia.org/wiki/O%C4%9Fuzlar (검색: 2013.12.18).

그림 1. 투르크메니스탄 중앙은행 발행 50 마나트 화폐에 실린 데데 코르쿠트[4)]

그림 2. 투르크메니스탄의 아쉬가바트에 있는 데데 코르쿠트 동상[5)]

4) http://blog.daum.net/simwbo/16045244 (검색: 2014.9.14).

5) http://www.trthaber.com/foto-galeri/askabat-8-ayak-parki/3326/sayfa-3.html (검색: 2014.7.28.).

데데 코르쿠트 이야기의 권위 있는 연구자 무하렘 에르긴 교수는, "데데 코르쿠트 노인은 오우즈 부족의 멘토이며, 기적을 일으키며, 이야기 속 사건들이 일어난 후 그것들을 처음으로 정리 정돈하여 읊었다고 추정되는 일종의 작가의 위치"(Ergin 2013, 9)에 있는 인물이라고 밝혔다.

데데 코르쿠트 이야기가 구전으로 시작해서 기록되는 시기까지 시간 차이가 있기 때문에 이 이야기들의 배경에는 서로 다른 두 지형이 나타난다. 첫 번째 지형으로는 중앙아시아이다. 10~11세기 사이에 시르 강[6]에서 망그쉬락(카자흐스탄의 남서쪽 카스피 해 동쪽 해안에 있는 지역)까지 펼쳐지는 지역이 포함된 역사적 흔적들이 있다. 두 번째 지형으로는 동 아나톨리아 북쪽, 아제르바이잔 즉 더 광범위하게 말하면 카프카스 지역이다(Üçler 1995, 24). 이 두 지형을 지도로 표시하면 다음과 같다.

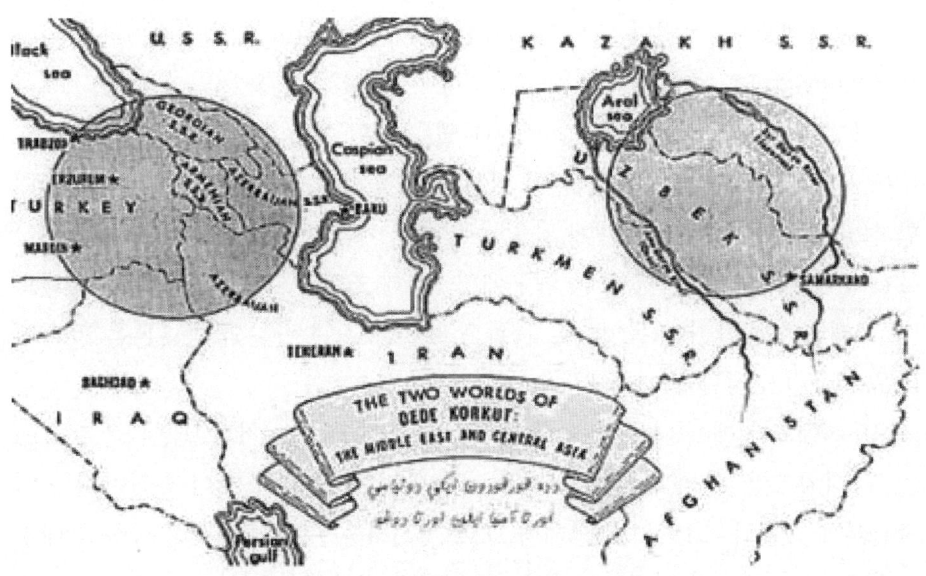

그림3. 데데 코르쿠트 이야기의 배경이 된 두 지역[7]

6) 키르기즈스탄에서 발원하여 타지키스탄, 우즈베키스탄, 카자흐스탄을 지나 아랄 해에 이르는 강. 장준희, 『중앙아시아, 대륙의 오아시스를 찾아서』 (서울: 청아 출판사, 2010), p.97.

7) http://www.anamurunsesi.com/HABERLER/dede%20korkut%20sorun%20soyleyelim%209.htm (검색: 2014. 7. 18)

『데데 코르쿠트의 서』는 서사시 전통 시기에서 민담 시기로 이행되는 시기의 가장 중요한 작품이며, 그 형태가 중앙아시아에서 형성되기 시작했고, 이후 투르크 인들이 무슬림이 되고 아나톨리아로 이주한 후에 종교적, 환경적 모티프에 따라 작품 내용면에 있어 일련의 변화를 맞게 되었다.

이 작품은 한편으로는 영웅 서사시, 다른 한편으로는 동화, 또 다른 한편으로는 역사라고 할 수 있다. 예컨대, 작품 속에 초현실적인 사건들이 나오고, 초인적인 힘을 가진 등장인물들이 나오기 때문이다. 또한 작품 속에 요정, 죽음의 신 등이 등장하는 데 이런 면을 보면 동화의 특징도 드러난다고 할 수 있다. 더불어 당시 오우즈 투르크 인들의 삶, 생활상, 문화 등의 정보를 주고 있다는 면에서 역사적 사실을 기술하고 있다고 할 수 있다.

데데 코르쿠트 이야기는 그 기원이 오래되었지만, 15세기에 글로 기록되었고, 이때까지 이야기들은 구전으로 세대에서 세대로 전승되었다는 설이 유력하다. 이 작품의 판본은 독일의 드레스덴 왕립 도서관 판본(19세기 초에 발견)과 바티칸 판본(1950년에 발견)이 있다.

드레스덴 왕립 도서관에 있는 서문과 열두 편의 이야기로 구성된 『데데 코르쿠트 서』 판본은 H.O. 플라이셔가 발견했고, 도서관 카탈로그에 이 작품에 대한 설명이 있다. 이 책을 학계에 처음으로 알린 사람은 H.F. 폰 디에즈이다. 그는 1811~1815년 사이에 진행했던 연구에서 『데데 코르쿠트 서』에 대해 언급했으며, 테페괴즈 이야기를 독일어로 출판했고, 드레스덴 판본의 카피본을 만들어 이를 베를린 도서관에 기증했다.

1916년에 터키에서 나온 첫 출간물인 킬리스리 르파트 저작 『데데 코르쿠트』는 폰 디에즈의 이 카피 본에 의거한 것이다. 이후 오르한 샤이크 괵야이는 이 출판본에 의거하여 1938년에 『데뎀 코르쿠트』라는 이름의 유명한 작품을 내놓았다. 터키와 세계의 터키학자들은 항상 데데 코르쿠트 이야기에 관심을 갖기 때문에 이 작품에 대한 수많은 연구가 이루어져 왔다.[8]

무하렘 에르긴(Muharrem Ergin)은 열두 편의 이야기와 서문으로 이루어진 드레스덴 판본을 기본으로 하여, 이탈리아 터키학자 Ettore Rossi가 1950년에 바

8) 터키에서의 선행연구에 관하여, 양민지, "『현인 코르쿠트 서』 분석, 서사 구조와 등장인물을 중심으로", 한국외국어대학교 대학원 중동어문학과 석사학위 논문, 서울, 2009, 5~7 쪽 참조.

티칸 도서관에서 찾은 서문과 여섯 편의 이야기로 구성된 바티칸 판본과 비교하여 데데 코르쿠트 이야기들을 『데데 코르쿠트의 서』라는 제목으로 1958년에 터키 언어학회 출판부에서 출간했으며(Kocakaplan 2014, 18-19), 이 작품은 이후의 많은 연구자들의 지침서가 되고 있다.

한편 투르크메니스탄 이본에는 16편의 서사시가 포함되어 있는데, 이는 드레스덴 판본에는 들어 있지 않는 여러 주제와 설화들이 기술되어 있다. 1998년에 터키와 투르크멘 학자들도 이 16편의 이야기를 터키 투르크어로 번역 출판한 바 있다.

국내에서는 김효정의 "투르크 문학에 나타난 신화적 상징으로서의 이리 모티브 연구"[9]라는 논문에서 『데데 코르쿠트 서』에 나오는 이리 모티브에 대한 언급이 있었고, 석사학위 논문으로 양민지의 "『현인 코르쿠트 서』 분석-서사구조와 등장인물을 중심으로"[10]가 있다.

『데데 코르쿠트의 서』에 등장하는 인물들을 보면, 먼저 오우즈 부족의 통치자는 바인드리 한이다. 그런데 그는 작품 속에서 언급은 되지만 별로 등장하지 않는다. 바인드리 한 다음 서열로 카잔 베이가 나온다. 이 영웅 서사시의 가장 중요한 인물인 카잔 베이는 부족들의 통치자라고 할 수 있다. 오우즈 부족의 나라는 이치 오우즈(위치 옥 Üç Ok)와 드시 오우즈(Boz Ok) 등 둘로 나뉘는데, 카잔 베이는 이치 오우즈 부족의 통치자이기도 하다. 드시 오우즈의 통치자는 카잔 베이의 외삼촌인 아루즈이다. 이들의 지배 하에 오우즈 부족의 24개 일파가 통치하는 다양한 공국이 있다. 이 작품은 바로 이러한 정치와 통치 질서 안에서의 오우즈 부족의 삶과 상징적인 인물들을 서술하고 있다(Ergin 2003, 6).

지금까지 『데데 코르쿠트의 서』의 연구 역사 및 동향, 지형 그리고 작품의 배경이 된 오우즈 부족 관련 역사적 정보 등을 짚어보았다. 이제 이 작품에 실린 이야기들을 살펴보면서 중앙아시아 지역에 거주했던 오우즈 부족의 생활상, 문화, 역사 등을 살펴보고자 한다.

---

9) 김효정, "투르크 문학에 나타난 신화적 상징으로서의 이리 모티브 연구", 『한국중동학회논총』, 제23집 2호, 서울, 2002, 85~102쪽.

10) 양민지, "『현인 코르쿠트 서』분석, 서사 구조와 등장인물을 중심으로", 한국외국어대학교 대학원 중동어문학과 석사학위 논문, 서울, 2009.

III. 『데데 코르쿠트의 서』에 수록된 이야기

위에서도 밝힌 바, 서문과 열두 편의 이야기로 구성되어 있는 『데데 코르쿠트의 서』의 드레스덴 판본은 현존하는 가장 오래된 자료이다. 책에 수록된 이야기들은 때때로 서사시적인 특징을 보여주고 있지만, 대부분 사실이라고 할 수 있을 정도로 일상의 삶을 소재로 한 것들을 볼 수 있다. 이러한 특징들 때문에 이야기들은 서사시와 민담 사이의 문학적 산물로 평가되고 있다. 텍스트들의 내러티브 부분들은 산문이지만, 주인공들이 말하는 '소이라마'라고 이름을 붙인 부분들은 일반적으로 내재율이 있는 운문적 요소를 띠고 있다.

예컨대 이 작품은 산문과 운문이 복합적으로 사용된 구성이며, 구술자가 말하는 부분들은 산문으로, 긴박한 사건들이 일어나는 순간 혹은 그 사건들 앞에서 등장인물들이 느끼는 감정들을 묘사하는 부분들은 등장인물들의 입을 빌어 운문으로 기록되어 있다(Kudret 2012, 6).

데데 코르쿠트라는 인물은 성스런 특징을 지니고 있는 역사적 인물로 평가되는 동시에 각 이야기들의 첫 서술자로서 우리 앞에 나타난다. 이야기에서 때때로 등장인물로 나오기도 한다. 이 작품의 서문에서는 그가 오우즈의 바야트 부족 출신의 현자이며, 무하메트 시기와 가까운 시절에 살았다고 밝히고 있다(Kocakaplan 2014, 22). 다음의 열두 가지 이야기들의 요약은 아드난 빈야자르(Adınan Binyazar)의 『Dede Korkut 데데 코르쿠트』(2012년)를 참고로 했으며, 이 작품에 수록된 이야기들을 순서대로 소개하면 다음과 같다.

3-1. 디르세 한의 아들 보아치 한 이야기

바인드르 한은 매년 자신이 통치하는 지역의 수장들을 초대해 연회를 베푼다. 어느 해, 그는 참석한 손님들을 각기 다른 세 천막으로 맞이하라는 명령을 내린다. 이 천막은 각각 흰 천막, 붉은 천막 그리고 검은 천막이다. 흰 천막은 아들이 있는 사람들, 붉은 천막은 딸이 있는 사람들, 검은 천막은 자녀가 없는 사람들을 위한 것이었다. 바인드르 한은 자식이 없는 사람들, 즉 생산을 하지 못하는 사람들은 신의 저주를 받았다고 여겼다. 디르세 한은 자식이 없었다. 마흔 명의 부하들과 그곳에 왔을 때 그 처사가 마음에 들지 않아, 아내에게 책임을 묻지만 그녀는 그에게 불만을 표하는 대신 연회를 베풀라는 충고를 한다. 그는 사람들을 도와주고, 도움을 받은 사람들은 그를 위해 기도를 했으며, 드디어 아들을 얻게 된다. 아이는 열다섯 살이 되었고, 어느 날 어떤 공터에서 놀고 있을 때 그곳에 풀어 놓았던 황소를 죽여 보아츠라는 이름을 얻게 된다. 이 이름은 잔치에 참석한 데데 코르쿠트가 붙여 준 것이다. 아이의 아버지도 보아츠에게 공국 통치권을 준다.

그림 4. 디르세 한의 아들, 황소를 죽임으로써 '보아츠'라는 이름을 얻다[11]

보아츠는 공국을 하사 받은 후 아버지의 용사들에게 관심을 두지 않는다. 이 용사들은 그의 아버지에게 보아츠에 대한 험담을 한다. 이에 화가 난 디르세 한은, 사냥 중에 아들을 향해 활을 쏘고, 보아츠는 기절하고 만다. 이후 그의 어머니가 많은 시녀를 거느리고 아들을 찾기 위해 길을 나섰다가, 산에 쓰러져 있는 아들을 발견한다. 보아츠의 꿈에 신선이 나타나, 어머니 젖과 들꽃이 상처를 낫

11) 이 논문에 수록된 이야기 소재 그림들은 화가 Erdoğan Günay의 작품이며, İsa Kocakaplan 교수가 제공해주었음을 밝힌다.

게 해줄 거라고 말했다고 어머니에게 말한다. 어머니는 그 말을 이행해 보아츠를 낫게 해준다. 보아츠가 살아서 유목민들의 거처로 돌아왔다는 소식을 들은 디르세 한의 악한 용사들은, 디르세 한을 포로로 잡아 이교도인들이 사는 곳으로 납치해 간다. 보아츠는 아버지를 이 악한 용사들의 손에서 구해낸다. 이러한 사실을 들은 최고 통치자 바인드르 한은 보아츠에게 부족과 부족장 직을 하사한다.

3-2. 살루르 카잔의 집이 약탈당하는 이야기

살루르 카잔은 공국의 족장들과 연회를 즐기던 중 사냥을 갈 결정을 내린다. 그의 외삼촌이 이를 반대하지만, 그는 아들인 우루즈를 천막을 지키라며 그곳에 두고 사냥을 간다. 살루르 카잔이 부재중이라는 상황을 안 칠천 명의 적군은 한밤중에 카잔 한의 거주지를 공격한다. 그들은 수많은 처녀들, 카잔의 부인 부르라 하툰, 삼백 명의 용사 그리고 카잔의 아들 우루즈를 포로로 잡은 후, 카푸라르 데르벤디에 있는 카잔 소유의 양 만 마리를 훔치러 간다. 양을 지키던 카라주크 목동과 그의 두 형제가 이교도들을 물리치지만 나머지 두 형제는 죽고 만다.

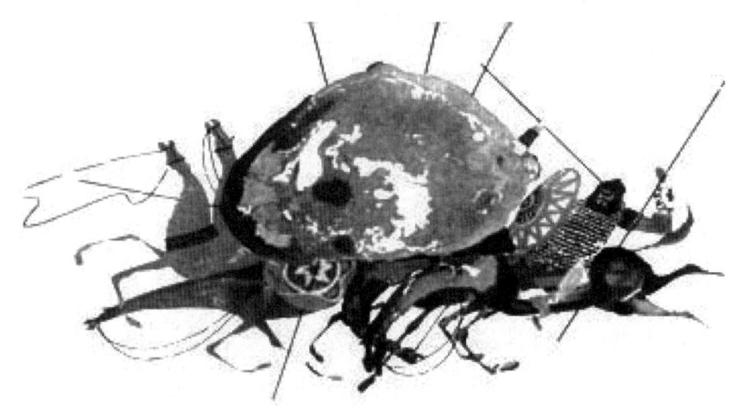

그림 5. 카라주크 목동이 공격하는 적들을 향해 돌을 던져 물리치다

카잔이 자신의 나라로 돌아왔을 때 거주지가 약탈당한 것을 알게 되고, 카라주크 목동의 개와 우연히 만나게 된다. 개는 그를 목동 곁으로 데리고 간다. 목동이 상황을 설명해 주자 아내 그리고 아들을 구하기 위해 목동을 나무에 묶어 두고 길을 나서고, 목동은 자신이 묶여 있던 나무를 뿌리 째 뽑아 등에 진 채 카잔의 뒤를 따라간다.

그림 6. 카라주크 목동 묶여 있던 나무의 뿌리를 뽑고 카잔 한의 뒤를 따라가다

살루르 카잔은 적의 성을 공격하고, 이 사이 다른 오우즈 부족 족장들도 그를 돕기 위해 도착한다. 이들은 카잔 한의 어머니, 부인, 아들, 수많은 용사들, 수많은 처녀들을 구한다. 칠일 간 밤낮으로 잔치를 벌인다. 데데 코르쿠트가 와서 영웅담을 얘기한다. 기도를 올리며 이야기를 끝낸다.

3-3. 바이 뷔레의 아들 밤시 베이레크 이야기

바인드르 한이 벌이는 잔치에 참석한 바이 뷔레라는 이름의 족장은 그곳에 있는 젊은이들을 보며 아이가 없는 자신의 처지가 서러워 운다. 바이 비잔이라는 족장도 딸이 있었으면 하고 기도를 했고, 딸이 생기면 바이 뷔레의 아들과 결혼시키겠다고 말한다.

그림 7. 밤시 베이레크, 바느 치체크의 천막 앞에서

얼마 지나지 않아 바이 뷔레는 아들을 낳았고, 바이 비잔은 딸을 낳았다. 바이 뷔레는 아들에게 줄 선물을 상인들에게 주문하지만, 상인들은 돌아오는 길에 에비뉙 성의 이교도들의 공격을 당해 물건들을 빼앗긴다. 상인들 중 한 명이 도망을 쳐 어떤 용사에게 도움을 요청하자, 그 용사는 이교도들을 물리치고 상인의 물건들을 되찾아 준다. 그 용사는 바이 뷔레의 아들이었다. 데데 코르쿠트는 이 용사에게 밤시 베이레크라고 이름을 붙여준다. 그리고 이 사건을 축하하기 위해 사냥을 나선다.

베이레크는 사냥을 하다 어떤 천막 앞에 이르게 된다. 그것은 바이 비잔의 딸 바느 치체크의 천막이었다. 그는 처녀와 화살을 쏘고, 말을 타고, 레슬링을 한다. 이후 그녀가 바느 치체크라는 것을 알고 약혼을 한다. 이들은 수많은 난관을 극복하고 결혼식을 올리지만, 신방에 들어가는 날 밤 바이부르트 성의 족장이 군대를 이끌고 그들의 거주지를 습격하여 베이레크와 서른아홉 명의 용사를 포로로 잡아 십육 년 동안 감금한다.

이에 거짓말쟁이 얄타죽은 바느 치체크에게 베이레크가 죽었다는 거짓 소식을 전했고, 그녀와 결혼 준비를 하기 시작한다. 바느 치체크가 결혼 할 거라는 소식은 베이레크에게도 전해졌고, 그를 사랑하는 바이부르트의 딸의 도움으로

성에서 도망쳐 변장을 하고 그녀의 결혼식에 가 거짓말쟁이 얄타죽에게 모욕을 주자 그는 도망치고 만다.

베이레크는 바이부르트 성에 잡혀 있는 상인 두 명과 서른아홉 명의 용사를 구하기 위해 그곳으로 갔고, 오우즈 부족 족장들도, 카잔 한도 이에 동참한다. 베이레크는 자신을 도와 준 바이부르트의 딸을 데리고 자기의 나라로 돌아온다. 베이레크는 바느 치체크와 결혼한다.

3-4. 카잔 베이의 아들 우루즈가 포로로 잡힌 이야기

카잔 베이는 아들 우루즈가 열여섯 살이 되었는데도 전쟁에서 용맹을 떨치지 못하고 그에 걸 맞는 이름이 없기 때문에 근심한다. 이에 우루즈는 아버지에게 용맹성을 가르쳐달라고 말한다, 카잔 베이는 마흔 명의 용사, 삼백 명의 군사 그리고 아들 우루즈와 함께 사냥을 나선다. 이 소식을 들은 이교도 적들은 카잔 베이의 사냥 무리를 습격한다. 카잔 베이는 아들에게 이 전쟁에 참전하지 말고 지켜만 보라고 말하지만, 우루즈는 아버지 몰래 전투를 하다 포로로 잡힌다. 아들을 보지 못한 카잔 베이는 집으로 가보지만 그곳에도 없는 것을 알게 된다. 이후 전쟁터로 돌아가 땅바닥에 떨어져 있는 아들의 검을 보고 포로로 잡힌 것을 알게 된다. 아들을 구하기 위해 혼자 적군의 요새로 간 카잔 베이는 패배를 하고 역시 포로로 잡히고 만다.

그림8. 우준 보이루 부를라 부인과 마흔 명의 처녀 전쟁터로 나가다>

이에 그의 아내인 우준 보이루 부를라 부인이 시녀들과 함께 길을 나서고, 다른 오우즈 부족의 족장들도 카잔 베이를 구출하러 간다. 부인은 전쟁에서 적군들을 죽이고, 승리하여 남편 카잔 베이와 아들 우루즈를 구한다.

3-5. 두하 코자의 아들 델리 둠룰 이야기

두하 코자의 아들 델리 둠룰은 물이 마른 시내 위에 다리를 만든다. 그는 자신이 용감하다는 것을 보여주기 위해 다리를 지나가는 사람들부터 금화 서른세 개, 지나가지 않는 사람들은 구타를 하며 금화 마흔 개를 받았다. 어느 날 다리 옆에 세워진 천막에서 젊은이가 죽고 곡소리가 난다. 델리 둘룸이 가 물어보니 그 젊은이의 목숨을 아즈라엘[12]이 가져갔다고 말한다.

그림 9. 아즈라엘, 델리 둠룰을 말에서 떨어뜨리다

델리 둠룰은 아즈라엘에게 화를 내며 도전장을 내밀고, 그와 대결할 수 있게 신에게 애원한다. 델리 둠룰이 연회를 베풀고 있을 때 아즈라엘이 나타난다. 델리 둠룰이 아즈라엘을 물리치려고 안간힘을 쓰지만, 오히려 죽임을 당할 위기에 처한다. 아즈라엘은 다른 목숨을 가져오면 둠룰의 목숨을 살려주겠다고 말

12) '죽음의 천사'

한다. 델리 둠룰은 어머니와 아버지에게 목숨을 달라고 하지만 그들은 주지 않는다. 자신을 대신해서 죽을 사람을 찾지 못하자 아내와 이별하기 위해 찾아 간다. 아내는 둠룰의 상황을 알게 되고 자신의 목숨을 내주겠다고 한다. 이에 델리 둠룰은 두 사람의 목숨을 다 앗아가든지, 아니면 둘의 목숨을 살려달라고 애원한다. 이에 신은 이 둘의 목숨을 살려주고 대신 둠룰의 어머니와 아버지의 목숨을 앗아가고, 델리 둠룰과 그의 아내에게는 백사십 년의 수명을 준다.

3-6. 칸르 코자의 아들 칸투랄르 이야기

칸르 코자에게는 칸투랄르라는 이름의 아들이 있다. 칸르 코자는 아들을 결혼시키고 싶어한다. 칸투랄르는 아버지에게 자신처럼 용맹스러운 여자와 결혼하고 싶다고 말한다. 부자는 그런 처녀를 물색하지만 찾지 못한다. 그러다 트라브존의 한 이교도 지주에게 자신들이 원하는 셀젠 하툰이라는 딸이 있다는 것을 알게 되지만, 그 처녀를 데려오기 위해서는 그들이 키우고 있는 괴물 세 마리를 죽여야 한다는 것을 듣게 된다. 이 세 마리 괴물이란 카안 사자, 검은 황소, 검은 숫 낙타였다. 아버지는 처녀와 결혼하고 싶어 하는 남자들이 괴물들과 싸우다 죽어 있는 모습을 보고는 되돌아 와 아들에게 상황을 말해준다.

그림 10. 칸투랄르 카안, 사자와 싸울 때

칸투랄르는 마흔 명의 용사를 데리고 트라브존으로 가 괴물 세 마리를 다 죽였고, 처녀는 그 모습을 보게 된다. 처녀를 데리고 오우즈 부족이 있는 곳으로 가기 위해 길을 나섰고, 그녀와 먹고 마시다 잠이 들고 만다. 하지만 트라브존의 이교도 지주는 군대를 끌고 와 딸을 데리고 가기 위해 공격한다. 칸투랄르는 이교도들에 의해 포위되지만, 셀젠 하툰은 그를 구해 말 등에 태워 도망친다. 칸투랄르는 자신이 여인의 손에 의해 구출된 것에 자존심이 상한다. 그리하여 셀젠 하툰을 죽이고 싶어 하자 처녀는 결투를 할 준비가 되어 있다고 말하며 활을 쏘자 칸투랄르는 겁을 먹는다. 이에 둘은 화해를 한다. 이들은 오우즈 부족이 있는 곳으로 돌아와 결혼식을 치르고 행복하게 산다.

3-7. 카즈르크 코자의 아들 이에네크 이야기

카즈르크 코자는 바인드르 한의 총리대신이다. 그는 바인드르 한이 베푼 연회에 참석 해, 출정허가를 받고 족장들을 모아 흑해 연안에 있는 이교도 지주가 통치하는 뒤즈뮈르드 성을 공격한다. 하지만 카즈르크 코자는 포로가 되고 16년 간 갇혀 있게 된다.

카즈르크 코자가 포로로 잡혔을 때 한 살 이었던 아들 이예네크는 열일곱 살이 된다. 사람들로부터 아버지가 포로로 잡혀 있다는 것을 듣게 된다. 이에 이예네크는 바인드르 한으로부터 습격 허가 요청을 받아, 오우즈 부족의 가장 용감한 전사들과 함께 뒤즈뮈르드 성으로 간다. 성의 지주인 아르쉰의 아들 디레크 테퀴르와 전투를 했고, 디레크 데퀴르는 부상을 당한다. 테퀴르가 성안으로 도망치려 할 때, 이예네크는 쫓아 가 성문에서 그의 목을 친다. 성에 있던 사람들은 카즈르크 코자를 풀어준다. 오우즈 부족의 족장들은 성을 장악한다. 가장 값나가는 전리품들을 바인드르 한에게 바치기 위해 따로 놔두고, 다른 것들을 전사들에게 하사하고, 고국으로 돌아온다.

3-8. 바사트가 테페쾨즈를 죽이는 이야기

적의 공격을 받은 오우즈 부족의 아루즈 코자는 도망을 치다가 요람에 있던 아들 바사트를 땅에 떨어뜨린다. 사자가 그 아이를 데리고 가 키운다. 시간이 흘러 오우즈 부족들은 자신들의 나라로 되돌아온다. 아이는 자라서 사자와 함께 야생의 생활을 하지만 데데 코르쿠트가 설득하여 아버지 집으로 돌아온다.

아루즈 코자의 목동인 코누르 코자 사르는 우준 프나르라는 샘 앞에서 우연히 요정들을 보고 마음에 들어 강제로 동침을 하게 되고 요정은 아이를 갖게 된다. 하지만 태어난 아이는 정상적인 사람이 아닌 이마에 눈이 하나 달린 괴물(테페괴즈)이다. 우연히 이 괴물 아이를 발견하게 된 아루즈 코자는 바사트와 함께 키우기 위해 데리고 온다. 하지만 괴물 아이가 얼마나 젖을 세게 빠는지 유모들은 죽고, 닥치는 대로 먹어댄다. 결국 아루즈 코자는 테페괴즈를 집에서 내쫓는다.

그림 11. 테페괴즈

이에 테페괴즈는 산으로 가 산적이 되고, 산길을 지나가는 사람들을 죽여 먹기 시작한다. 오우즈 부족들의 유명한 용사들도 그를 이기지 못한다. 결국 데데 코르쿠트는 대사를 보내 테페괴즈와 협정을 맺는다. 이 협정은 테페괴즈에게 하루에 오백 마리의 양과 이 양들을 요리할 요리사를 주는 것이었다. 원정에서 돌아온 바사트는 사람들의 비명 소리를 듣고 테페괴즈를 죽일 결심을 한다. 이 둘은 싸움을 했고, 바사트는 불에 달군 꼬챙이로 데페괴즈의 눈을 찔러 장님으로 만든다. 하지만 테페괴즈가 죽지 않자 바사트는 어떤 동굴 입구에 걸려 있는 마법의 검으로 테페괴즈의 머리를 내리쳐 죽인다. 오우즈 부족들에게 이 희소식을 전하러 요리사 일을 하던 두 노인을 보내고, 커다란 축제를 벌인다. 데데 코르쿠트가 와서 코푸즈를 연주하며 영웅담을 얘기하면서, 바사트를 위해 기도를 한다.

3-9. 베길의 아들 엠렌 이야기

매년 조지아에서 오우즈 부족장에게 공물이 전달된다. 그러던 어느 해 말 한 마리, 검 그리고 치즈만이 도착하게 된다. 오우즈 부족장 바인드르 한은 족장들에게 나눠줄 전리품들이 오지 않아 마음이 상한다. 이에 데데 코르쿠트가 이 세 가지 선물을 한 사람에게 주고, 그 사람이 오우즈 부족을 수호하도록 하라고 충고한다. 바인드르 한은 그 선물들을 일 년에 한 번 그를 방문하는 베길 족장에게 주고자 한다. 베길은 아주 훌륭한 사냥꾼이자 용감한 사람이었다.

일 년 후 바인드르 한은 파발을 보내 베길을 초대해 사냥 축제를 벌인다. 베길은 사냥을 할 때 다른 족장들처럼 활을 쏴서 동물들을 잡지 않고, 동물의 목에 줄을 던져 잡는다. 카잔 한은 그 기술이 베길이 아니라 말의 기술이라고 말하고, 베길은 그 말에 상처를 입고 받은 선물을 되돌려 준다.

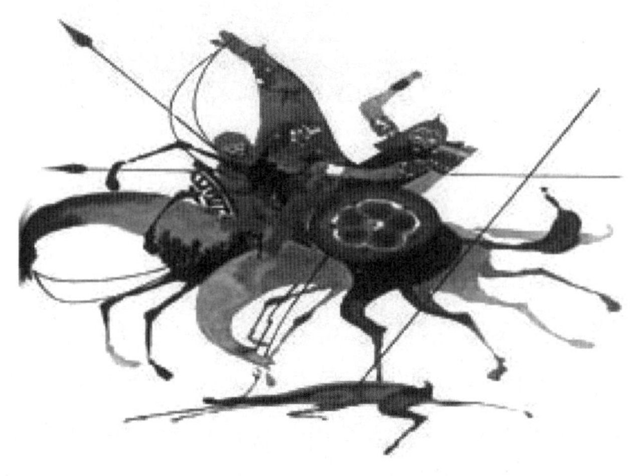

그림12. 오우즈 용사들이 사냥을 할 때

카잔의 말에 상처를 입은 베길은 자신의 통치 지역으로 돌아 가, 아내에게 오우즈 부족에게 반기를 들것이라고 말한다. 아내는 그를 위로하며 오우즈 부족에게 예속되어 있으라고 권유한다. 베길은 사냥을 나섰다가 말에서 떨어져 오른쪽 엉덩이 뼈가 부러지지만 아무에게도 말을 하지 않는다. 하지만 이 소식은 퍼져, 첩자들을 통해 이교도 통치 지역까지 들어간다. 적들은 베길의 상황을 기회로 삼아 그의 통치 지역으로 원정을 나갈 결정을 하고, 그곳에 있던 베길의 첩자는 이 소식을 베길의 아들 엠렌에게 전하면서 카잔 한에게 도움을 요청하라고 말한다. 하지만 아들이 이교도들과 맞서 싸우겠다고 선언하자, 아들에게 검과 갑옷 그리고 군사를 준다.

이교도 군대가 베길의 통치 지역을 공격한다. 이교도인 통치자와 엠렌은 벌판에서 맞서게 되지만 엠렌은 이교도인 통치자의 힘에 밀려, 신에게 애원하게 된다. 신은 엠렌의 호소를 들어주고, 이교도 통치자는 패배하게 된다. 엠렌은 그들의 나라를 약탈하고 전리품들을 바인드르 한에게 보낸다. 베길과 그의 아들은 바인드르 한에게 간다. 바인드르 한은 엠렌에게 카프탄을 하사하고, 카잔의 아들 우루즈의 왼편에 앉으라고 말한다.

3-10. 우쉰 코자의 아들 세으레크 이야기

우쉰 코자라는 족장에게는 두 아들이 있는데 큰 아들의 이름은 에으레크이며, 작은 아들은 세으레크이다. 에으레크는 거만한 인물이며, 아무 때나 바인드르 한의 평의회에 허락도 받지 않고 들락거렸고, 다른 족장들의 법도 위반한다. 이에 족장들 중 한 명이 에으레크에게 족장들의 자리는 그들이 정당한 검과 빵으로 얻었다고 말한다. 이에 에으레크는 카잔 한으로부터 출정 허가를 요청한다. 그는 습격대를 이끌고 조지아로 가 전리품을 획득한다. 돌아오는 길에 이교도 지주인 카라 테쿼르가 만들어 놓은 덫에 걸려 포로로 잡히고, 성의 감옥에 투옥된다.

우순 코자의 막내아들인 세으레크는 청년이 되고, 형이 감금되어 있다는 것을 듣게 된다. 세으레크는 형을 구할 준비를 하고, 형이 잡혔던 울창한 숲으로 들어간다. 이교도 지주는 이 소식을 듣고는, 수백 명의 군사를 보내지만 세으레크는 이들을 물리친다. 결국 에으레크를 석방해 동생 곁으로 보내고, 이 둘은 서로를 알아보게 되고 함께 오우즈 부족의 나라로 돌아간다.

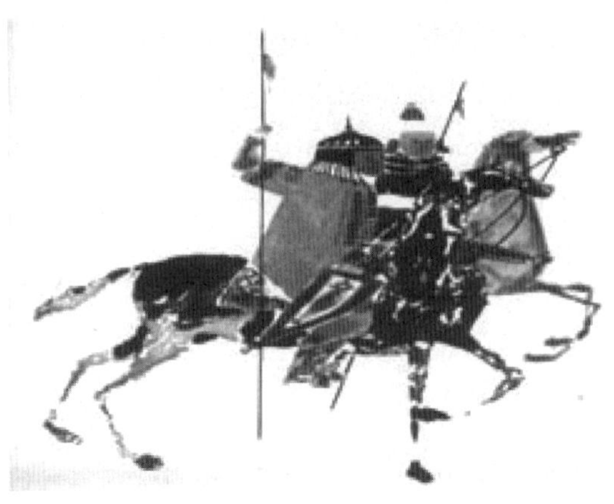

그림 13: 세으레크, 형인 에으레크를 감옥에게 구하고 거주지로 돌아오다

3-11. 살루르 카잔이 포로로 잡히고, 아들 우르주가 그를 구하는 이야기

족장들의 족장인 카잔 한은 트라브존 테퀴뤼(이교도인 지주)가 선물한 매를 대동해 사냥을 나서고자 한다. 매는 조지아에 있는 토마는 성(城)으로 가고, 카잔과 족장들은 매를 따라 간다. 가던 길에 카잔은 칠일 동안 계속되는 잠에 빠지게 된다. 토마는 성의 테퀴뤼는 이 소식을 듣고는 군대를 모아, 카잔 한을 성으로 데리고 와서는 우물에 가두어 놓는다.

카잔 한의 아들 우루즈는 족장들과 함께 아버지를 구하기 위해 나섰던 길에서 이교도들의 교회를 점령한다. 이교도들은 자신들을 공격하는 군대 앞에 카잔 한을 내세워, 그 군대를 물리치면 그를 풀어 줄 것이며, 전리품도 주겠다고 말한다. 그 전장에 우루즈가 나와 카잔 한의 어깨에 부상을 입힌다. 우루즈가 두 번째로 공격을 하려고 하자 카잔은 자신을 소개한다. 이에 둘은 함께 힘을 합쳐 이교도들을 공격해 승리한다.

3-12. 드시 오우즈가 이치 오우즈에게 반란을 일으키고 베이레크가 죽는 이야기

카잔 한은 일 년에 한번 드시 오우즈와 이치 오우즈 족장들을 초대해 자신의 집을 약탈하도록 한다. 이것은 전통이다. 하지만 이번 약탈에 드시 오우즈 족장들은 초대받지 못했고, 이들은 카잔 한에게 적의를 갖게 된다.

그림 14: 전투하는 오우즈 족들>

드시 오우즈 측은, 자신들을 카잔과 화해시켜달라는 핑계를 대며, 카잔 한 휘하의 가장 강한 족장인 베이레크를 초대해 자신들에게 합류하라고 설득한다. 하지만 베이레크는 자신은 그들과 합류할 수 없다며 거부한다. 이에 드시 오우즈 족장인 아루주 코자는 검으로 베이레크의 오른쪽 넓적다리를 자르고, 베이레크의 시체를 그의 집으로 보낸다. 베이레크 족들은 카잔에게 마흔[13]명의 용사를 보내, 아루즈 코자에게 복수하라고 말한다.

카잔은 베이레크가 죽은 소식을 듣고는 칠 일 동안 평의회에 나오지 않고, 조의를 표한다. 칠 일이 끝나는 날 카잔과 족장들은 준비를 해 드시 오우즈 족 쪽으로 가고, 두 세력은 만나게 된다. 카잔 한이 전장으로 나오고 아루즈를 말에서 떨어뜨려 목을 친다. 이 드시 오우즈 족들은 살려달라고 애원을 하고, 카잔은 그들을 용서한다. 아루즈가 죽자 그의 편이었던 사람들은 다시 카잔의 지도력을 인정한다. 이치 오우즈 그리고 드시 오우즈 간의 이 적의는 두 영웅 즉 베이레크와 아루즈의 죽음으로 끝이 난다.

열두 편의 이야기에서 우리는 오우즈 부족들의 생활상, 그들이 치렀던 전쟁과 함께 계급 질서 유지, 젊은이들의 용맹성, 부부 간의 사랑과 도리, 젊은이들도

13) 실제 마흔 명이라는 의미는 아니며, 많은 수의 병력을 의미한다.

용맹성을 보여주면 계급 질서 안에서 진급할 수 있다는 능력위주 사회, 금기된 관계에서 태어난 아이가 내린 재앙을 통해 공동체 내에서 여성에게 대우를 잘 해줘야 한다는 교훈, 출정하기 전에 허락을 받으며, 전리품은 최고 부족장에게 바친다는 점 등 기능적인 부족 기구와 계급제 존재, 여성들도 전쟁에서 싸울 정도로 용감하다는 점을 통해 비교적 남녀가 평등한 사회라는 것을 알 수 있다.

또한 지면상 열거할 수 없지만, 사건의 진행 과정 속에서 이 작품에 나타난 터키 문화와 사회상에 대한 많은 정보들을 찾아볼 수 있다. 예컨대 샤머니즘 전통, 투르크 이름들, 말고기를 먹는 전통, 마유주(馬乳酒)를 마시는 것 등의 전통과 오우즈 부족의 생생한 삶을 서사시 안에서 볼 수 있다(Koçak 2011, 354).

내용 면에서 보면, 초자연적인 내용을 묘사하고 있는 '테페괴즈'와 '델리 둘룸' 이야기를 제외한 열 편의 이야기는 오우즈 부족들이 치른 전쟁에 관한 이야기이다(1번과 12번은 내전, 나머지는 다른 부족들과의 전쟁). 이 작품에 등장하는 이야기들의 내용은 각각 다르지만 모두 연관성이 있다. 예컨대 이야기들에 동일한 등장인물들이 왕왕 등장하며, 모든 이야기 끝에는 성스런 시인 데데 코르쿠트가 등장해 사건을 매듭짓는다는 점에서 이야기들이 서로 관련되어 있음을 알 수 있다.

IV. 작품에 등장하는 중앙아시아 및 주변 지형

『데데 코르쿠트의 서』가 실제 역사에 기반하고 있다는 특징을 감안하면 작품에 등장하는 지형은 실재하는 지형들이라고 할 수 있다.

Karasar 교수에 의하면, 이 작품에 수록된 이야기들의 공간적 배경은 중앙아시아, 카자흐스탄, 아제르바이잔, 카프카시아 산, 흑해 연안 그리고 동 아나톨리아 등이다(Karasar 2011, 317).

이 당시 오우즈 족은 시르 강 북쪽의 초원 지대에서 유목 생활을 하고 있었다. 그러나 오우즈 족은 11세기에 중앙아시아로부터 서아시아로 이동했다. 그리고 이 이동과 동시에 중앙아시아에서 전해 내려온 원래 이야기에 여러 서방적인 요소가 첨가되었다. 그리고 최종적으로 15세기(14세기 설, 16세기 설 있다)의 동부 아나톨리아에서 오늘날과 같은 형태로 편찬된 것으로 보인다. (…) 이야기의 무대는 원 판본에서는 중앙아시아의 초원 지대였을 것이다(마노 에이지 외 2009, 296).

그렇다면 이 작품 속 이야기들의 공간적 배경이 되고 있는 지역들 중 중앙아시아와 그 주변 지역들을 언급한 부분들을 보면 다음과 같다.

1. 첫 번째 이야기인 "디르세 한의 아들 보아츠 한 이야기"에는 종종 카라축(Karaçuk)이라는 지명이 등장하는데, 이 지명은 다른 이야기에도 볼 수 있다. 카라축은 오늘날 시르 강 바로 동쪽에 있는 남 카자흐스탄이며, 오우즈 부족들이 살았던 중심지이다.
   하지만 Cemşidov는 이 카라축이 아마도 아제르바이잔에 있는 카라 다으 혹은 디야르바크르 남쪽에 위치한 카라축 산이라고 설명하기도 한다.[14]
2. 아홉 번째 이야기인 "베길의 아들 엠렌의 이야기"에서 '베르데'라는 지명이 등장하는데, 이 곳은 아제르바이잔 북쪽 퀴르와 테르테스 수유가 만나는 지역에 위치한 폐허이다.
3. 열 번째 이야기인 "우쉰 코자의 아들 세그레크 이야기"에 나오는 데레 샴(Dere-şam)은 아제르바이잔의 카라바으 지역이다.

이 작품이 오랜 세월 동안 구전되어 오다가 정착되었기 때문에 작품 속에 등장하는 지명을 현재의 지명으로 정확히 어디라고 단정하기에는 논쟁의 여지가 많고, 증명할 수 없는 부분들도 많다. 그럼에도 불구하고, 이 작품이 시간과 공간이 불확실한 동화나 전설이 아니고, 실재 역사를 배경으로 한 서사시 장르인 것을 감안할 때 작품에 등장하는 지형들이 실재 지형들이라는 점은 부인할 수 없을 것이다.

또한 이야기의 서술자인 데데 코르쿠트가 투르키스탄의 아랄 해 지역, 그러니까 시르 강이 아랄 해로 흘러가는 지역에서 태어났다는 것도, 이 작품의 공간적 배경으로 중앙아시아도 포함된다는 견해에 무게를 실어주고 있다.

---

14) http://gefad.gazi.edu.tr/window/dosyapdf/2009/4/12.pdf(검색: 2014.8.20).

V. 결론

전설이나 서사시가 풍부한 민족의 역사는 그만큼 찬란했다는 의미로도 받아들여질 수 있을 것이다. 영웅 서사시는 민족들의 용맹성을 다룬 이야기들의 총체이다. 『데데 코르쿠트의 서』에 수록된 이야기들의 내용은 오우즈 부족들이 10~11세기에 카스피 해와 아랄 호 동쪽에 위치한 시르 강에 있는 지형에서 살면서 했던 적들과의 투쟁에 관한 것이다.

더불어 이 이야기들에서는 동 아나톨리아와 아제르바이잔 지형이 전면에 등장하고 있다. 하지만 이 지형들의 배후에는 직접적으로 혹은 이들 지역과 연결되어 있는 중앙아시아와 투르키스탄 지형의 요소들이 내재되어 있다(Ergin 2013,7).

현존하는 작품은 서문과 열 두 편의 이야기로 구성된 드레스덴 판본 그리고 서문과 여섯 편의 이야기로 구성된 바티칸 도서관 판본이다. 이 책에는 데데 코르쿠트가 누구인지를 설명하는 서문과 열두 편의 이야기가 수록되어 있으며, 구전으로 내려오다가, 드레스덴 판본과 바티칸 판본을 감안할 때, 15세기 혹은 16세기에 기록되었다고 추정된다. 그 이유는 이 작품에서 사용된 언어, 표기법 그리고 음운 특징들을 보면 텍스트가 이전 시기의 것이 될 수 없다는 것을 증명하기 때문이다.

『데데 코르쿠트의 서』의 특징을 정리하면, 첫째, 이 작품은 서사시에서 민담으로 이행되는 과도기의 산물이다. 둘째, 열두 편의 이야기로 구성되어 있다. 셋째, 초현실적인 사건과 현실적인 사건이 서로 맞물려 있다. 넷째, 투르크 인들의 과거의 생활상과 관련된 세부적인 것들 이외에 이슬람교와 관련된 특징들도 있다. 다섯 째, 작품에 등장하는 '데데 코르쿠트'라는 인물은 미지의 민중 시인이다. 여섯 째, 이야기들의 내용은 오우즈 부족들이 그들 주위에 있는 부족들과의 전쟁과 내부 투쟁들에 관한 것이다. 일곱 째, 이야기들의 소재는 사랑, 용맹성, 부족들과의 전쟁 등으로 요약할 수 있다. 여덟 째, 15세기경에 기록되었다. 아홉째, 작품의 작가는 미상이다. 열째, 산문과 운문으로 서술되어 있다 등이다.

더불어 이 작품에는 금언에 가까운 교훈적인 말들, 오우즈 부족들의 관습, 도덕을 기반으로 한 가족 구조 등이 서술되고, 선한 사람들을 칭찬하고, 악한 사림들을 비판하는 내용도 왕왕 등장한다. 투르크 문학과 세계 문학의 걸작들 중 하나인 이 작품은 현재까지 영어, 독일어, 러시아어, 이탈리아어, 세르비아어로 번역되었다.

결론적으로, 『데데 코르쿠트의 서』는 중앙아시아 지역에 살던 오우즈 투르크인들의 사회상, 믿음, 관습, 생활상, 역사, 문화, 전통을 내포하고 있으며, 당시의 다른 종족들에 관한 중요한 정보들도 포함되어 있는 투르크 서민 문학의 걸작이라고 할 수 있다.

<참고문헌>

Binyazar, Adnan(2012). *Dede Korkut*. İstanbul, YKY.

Bulduk, Üçler(1995). "Dede Kokut, Oğuz Elleri ve Kafkaslar", 1. Milli Kafkasya Sempozyumu ve Âşıklar Şöeni, Kars.

Ergin, Muharrem(2003). *Dede Korkut Kitabı*. İstanbul, Hisar Kültür Gönüllüler www.hisargazetesi.com.

______(2013). *Dede Korkut Kitabı*. İstanbul, Boğaziçi Yayınları.

Karalioğlu, Seyit Kemal(1994). *Dede Korkut Hikayeleri*. İstanbul, İnkılap.

Karasar, Şahin(2011). "Dede Korkut: Türk Soylu Hakkında Bir Ortak Değeri", *Dede Korkut ve Geçmişten Geleceğe Türk Destanları, Uluslararası Sempozyumu Bildiriler Kitabı*, Ankara. TÜRKSOY, YAKINDOĞ ÜNİVERSİTESİ.

Kocakaplan, İsa(2014). "Dede Korkut Hikayeleri.", *Türkiye-Kore Edebiyatı Sempozyumu Bildiriler Kitabı*, Gyeongju.

Koçak, Ergin(2011). "Dede Korkut Destanının Türk Kültü Tarihi Bakımından Değeri ve Önemi", *Dede Korkut ve Geçmişten Geleceğe Türk Destanları, Uluslararası Sempozyumu Bildiriler Kitabı*, Ankara. TÜRKSOY, YAKINDOĞ ÜNİVERSİTESİ.

Köprülü, Fuad(1976). *Türk Edebiyatında İlk Mutasavvıfla*, Ankara, Diyanet İşleri Başkanlığı Yayınları.

Kudret, Cevdet(2012). *Bugünkü Türçemizle Dede Korkut Hikayeleri*, İstanbul, Varlık.

김효정(2002). "투르크 문학에 나타난 신화적 상징으로서의 이리 모티브 연구." 『한국중동학회논총』, 제23집 2호.

마노 에이지 외 지음(2009). (현승수 옮김), 『교양인을 위한 중앙아시아사』, 서울, 책과 함께

양민지(2009). "『현인 코르쿠트 서』분석, 서사 구조와 등장인물을 중심으로." 한국외국어대학교 대학원 중동어문학과 석사학위 논문, 서울.

이희수(1993). 『터키사』. 서울, 대한교과서 주식회사.

장준희(2010). 『중앙아시아, 대륙의 오아시스를 찾아서』, 서울, 청아 출판사.

인터넷 자료

http://tr.wikipedia.org/wiki/O%C4%9Fuzlar 검색일자: 2013년 12월 18일.

http://www.trthaber.com/foto-galeri/askabat-8-ayak-parki/332/sayfa-3.html 검색일자: 2014년 7월 28일.

http://terms.naver.com/entry.nhn?docId=1127360&cid=40942&categoryId=32861 검색일자: 2014일 8월 14일.

http://gefad.gazi.edu.tr/window/dosyapdf/2009/4/12.pdf(검색: 2014.8.20.).

http://www.anamurunsesi.com/HABERLER/dede%20korkut%20sorun%20soyleyelim%209.htm 검색일자: 2014년 7월 18일.

http://blog.daum.net/imwbo/16045244 검색일자: 2014년 9월 14일.

03
투르크 세밀화 연구
- 소설 『내 이름은 빨강』을 중심으로 -

I. 서론

아시아 대륙의 동북부에서 발원했으며, 돌궐로 알려진 투르크 족의 역사는 유구한 역사만큼이나 굴곡진 사연을 가지고 있다. 투르크 민족은 8세기부터 중앙아시아와 투르키스탄[1] 지역을 떠나 서쪽으로 이동하여 현재의 아나톨리아 반도에 정착했으며, 이 긴 기간 동안 유목민으로서 고유한 문화를 일구어 내었다.

1) 투르키스탄은 투르크계 종족들이 사는 파미르 고원의 동서쪽 광활한 지역의 통칭이다. 9세기 이후 파미르 고원 이동의 신장 지역에 종래의 이란계 종족을 대신해 투르크계의 위구르 인들이 진출해 투르크화 됨으로써 그 지역은 동 투르키스탄이 되고, 투르크계 종족들이 파미르 고원 서쪽으로 이동함에 따라 중앙아시아 일원이 투르크화 됨으로써 서 투르키스탄이 되었다. 투르크화된 서 투르키스탄에는 키르기스스탄, 카자흐스탄, 우즈베키스탄, 타지키스탄, 투르크메니스탄, 아프가니스탄 등 여러 나라와 지역이 포함되었다. 이 지역은 지정학적으로 동서교통(오아시스로와 초원로)의 요충지로서 동서 문명의 교류에 지대한 역할을 해왔으며, 이를 증명하는 유적, 유물들이 도처에 산재해 있다. 정수일 편저, 『실크로드 사전』, 창비, 2013, 815쪽.

이렇듯 투르크 족은 중앙아시아에서 아나톨리아까지 이동하는 과정에서 거쳐 왔던 지역의 이슬람 종교와 문명을 수용하고, 고대 문명, 그리스와 로마 문화, 비잔틴 문화에 동화되기도 했다. 자연히 자신들이 거쳐 왔던 지역들의 문화 및 자연 환경 조건의 영향을 받은 투르크 족은 자신들 고유의 회화성과 정착한 지역의 회화가 혼합된 독특한 미적 요소를 탄생시켰다.

중국 문화권에서는 수묵화, 서양 문화권에서는 유화가 대표적인 회화 장르라고 한다면 이슬람권을 대표하는 전통 회화는 세밀화라고 할 수 있다. 세밀화란 영어로 miniature로 축소형, 축도, 중세고본의 장식, 소형의 밀화, 미세화란 뜻을 지니고 있다. Miniature는 Minium(연단鉛丹 적색 안료, 익은 고추 빛, red lead)에서 유래한 것인데, 이것은 중세기 때 사본에 색 장식하는 사람이 주서(朱書)로 붉게 인쇄하기 위해 사용하였던 연단에서 유래한 것이다(정미숙 1977, 41). 투르크 세밀화는 거의 다 삽화 양식이다. 중세 이탈리아 화가들이 성경이나 문학작품에서 회화의 소재를 찾았듯이, 투르크 인들도 문학서적, 역사 기록 등에서 세밀화 소재들을 찾았다.

원래 세밀화는 종교 서적의 삽화나 장식에 이용되어 중세 유럽에서 유행되었다. 반면에 동방에서는 사산조 페르시아 시대에 간행된 마니교 경전의 삽화에서 찾아볼 수 있다. 이것이 이슬람 시대로 이어져 바그다드에서는 12세기에, 이란에서는 13세기에, 인도에서는 16세기에 세밀화가 유행하기 시작했다(정수일 2002, 260).

이 글에서 다루고자 하는 투르크 민족의 세밀화 발달 시기는 그 특징에 의거하여 이들이 아나톨리아에 정착하기 전 중앙아시아 거주시기, 이슬람 수용 이후의 셀주크 시기 그리고 오르한 파묵(Orhan Pamuk, 1952-)의 소설 『내 이름은 빨강, Benim Adım Kırmızı』(1988)의 배경이 된 오스만제국 시기로 분류할 수 있다.

소설 『내 이름은 빨강』은 투르크 전통 화풍인 세밀화에 대한 전문 지식과 세밀화의 역사 지식을 바탕에 깔고, 오스만 시대에 실존한 세밀화가들의 예술가로서의 장인정신과 고뇌를 묘사하고, 이와 대치되는 베네치아 회화라는 새로운 화풍과 전통화풍의 속에서 갈등하는 예술가의 모습을 배치하면서 세밀화가의 살인사건의 비밀을 밝혀가는 추리기법을 채용하고 있다. 그러나 『내 이름은 빨강』은(…)소설과 회화의 '경계 허물기'를 실험한 흔적과 소설의 미술적 효과를 드러낸 점에서 그 차별성이 있다고 할 수가 있다(이난아 2010, 159-160).

세밀화가 문학작품, 이야기책에 들어가는 삽화 형식의 예술 양식인 바, 투르크 문학사와도 밀접한 상관관계가 있으므로, 문학작품과 세밀화를 함께 다루는 작업은 문학 작품 소재뿐만 아니라 연구 분야의 자연스러운 흐름이라고 할 수 있다.

II. 투르크 세밀화의 역사적 발전 과정

2-1. 중앙아시아 시기 세밀화

투르크 민족의 세밀화는 중앙아시아 위구르[2] 시대 때 제작되기 시작했다. 8세기 중반부터 위구르 투르크족들이 제작한 세밀화는 이후에 발전할 투르크 세밀화의 원류가 된다. 오늘날까지 전해오고 있는 일련의 세밀화가 그려진 자료들은 이 시기의 세밀화에 마니교의 영향이 있었음을 보여주고 있다. 투르크족인 위구르 인들은 당시 현재의 중국 땅인 칸수 강 유역에 살고 있었으며, 이들은 소그디아나에서 이곳으로 온 마니교 승려들의 영향으로 마니교를 믿었다.

한편 위구르 투르크 인들의 불교와의 접촉은 7세기부터 시작되었고, 마니교가 국교로 정해진 것은 762년경이다. 이러한 이유로 투르크 회화는 불교와 마니교의 틀 안에서 작품들이 제작되었다. 투르크 회화의 진정한 대표자는 예술에 관심이 많았던 위구르 투르크 인들이다. 고대 위구르 도시의 폐허들에서 발견된 8~9세기 불교와 마니교 관련 벽화들과 삽화에 그려진 다양한 세밀화들은

2) 투르크계 종족인 위구르는 중세기 중아 아시아에서 문명을 일궜으며, 초기에는 북 몽골에서 거주했다. 훈제국의 멸망 후 돌궐족 통치 하에 들어갔으며, 이후 이들에 반기를 들고 일어나 독립적인 국가를 세웠으며(740년), 다른 투르크 부족들을 통합하여 힘을 키웠다. 100 년 동안 몽고를 지배한 위구르 족들은 중국과 관계를 맺었고, 9세기 중엽 키르기즈 족들과 티베트 족들의 공격을 받아 멸망하자 서쪽으로 이주해(840) 작은 국가들을 세웠다. 이후 모든 위구르 족들은 징기스칸 시기에 몽고 통치하에 들어갔고, 위구르 제국은 13세기 초에 해체되었다(1212). 이 시기 이후 더 독립적인 국가를 세우지 못한 위구르는 오늘 날 중국의 북서 지방인 신장 자치구에서 중국의 지배하에 살고 있다. http://www.tarihsayfasi.com/uygurlar-kimdir/default.asp

투르크 회화의 가장 오래된 사례들이라고 할 수 있다.[3]

그림 1. 기도하는 위구르 여성

위구르 세밀화들 중 <그림 1. 기도하는 위구르 여성>[4]을 보면 얼굴이 달덩이처럼 둥글고, 눈은 가늘고 길며, 입은 작다. 위구르 시기 때부터 그려진 이 인물 묘사는 오스만제국 세밀화까지 이어지고 있으며, 특히 여성을 묘사하는 이 그림 스타일이 시간이 지나가면서도 계속 답습되고 있었다는 것을 본고의 오스만제국 세밀화 부분에서 증명하고자 한다.

투르판에 있는 카라호자 도시는 위구르 제국의 북쪽 지역 중심지였다. 카라호자 유적지에 발굴된 8~9세기 마니교 벽화들과 세밀화들은 투르크 회화사에서 오늘날까지 알려진 가장 오래된 사례이다. 이 세밀화에는 봉헌하는 사람들, 음악가들이 재현되고 있으며 화면 구성은 순서에 따라 비대칭적으로 배열되고 있다. 선명한 색을 사용했으며, 짙은 푸른색과 붉은색이 주로 사용되고 있는 것을 볼 수 있고, 꽃과 포도송이들이 장식 형태로 펼쳐져 있다. 인도 승려들, 중국 승려들, 토하르 족들과 페르시아인들도 볼 수 있다.[5] 위구르 왕자들과 다른 봉헌자들이 사실적으로 재현되고 있는 이 그림에서는(그림 2, 그림 3) 페르시아와 중국의 영향이 보인다.

마니교 전성기에 많은 삽화책이 제작되었지만, 페르시아에서 마니교가 금지된 후 이 책들은 대부분 불살라져 소량만 남아 있다. 이 그림들 중 특히 동 투르키스탄 위구르 제국의 카라호자 고분에 있는 마니교 세밀화들은 현재의 이슬람 세밀화의 원류라고 할 수 있다. 투르크 인들은 이슬람 수용 이전에 믿었던 마니교와 불교문화에서 그림이 말(言)만큼 영향력이 있었다고 믿었다. 종교 의식 등에서는 시각적 자료인 그림으로 설명하는 것이 이야기들을 더 오래 지속시키는 역할을 했다던 것이다 이 시기에 그려진 세밀화들은 주로 위구르 왕자

3) Yrd. Doç. Dr. Metin YERLİ, "Uygur Türklerinin İnanç Sistemlerinin Resim Sanatlarına Etkileri", http://akademiye.org/tr/?p=329.
4) 그림 자료 출처: http://akademiye.org/tr/?p=329
5) 마니교를 믿었던 위그루 인들의 예술에 관하여, Betül ÖZBAY, *HUASTUANIFT, Manihaist Uygurların Tövbe Duası*, Türk Dil Kurumu Yayınları, Ankara, 2014, pp.42-48을 참조하시오.

와 공주들, 마니교와 위구르 승려들을 재현하고 있다.

그림 2. 위구르 시기 세밀화[6]

그림 3. 위구르 카라호자 왕자들[7]

6) 사진 출처: Yrd. Doç. Dr. Metin YERLİ, "Uygur Türklerinin İnanç Sistemlerinin Resim Sanatlarına Etkileri", http://akademiye.org/tr/?p=329 참조하시오.
7) 사진출처: http://akademiye.org/tr/?p=329.

다양한 문화와 종교가 영향을 미쳤던 시기에 제작된 이 세밀화들은 스타일 면에서 무척 다양하고, 고유성이 있으며, 마니교를 믿던 위구르시기에 제작된 세밀화에 묘사된 인물형들과 화면 구성은 셀주크 시기 세밀화를 이끈 선구자 역할을 했다.

첫 세밀화 작품들이 이슬람 이전 페르시아 사산조 시대 때 화집으로 나왔다고 하지만 현존하는 것은 없다. 위구르 투르크 족의 회화법이 이슬람 세계에 도입된 사실로 보아, 이슬람 회화사에서 투르크 족의 공헌은 지대하다고 할 수 있다.

2-2. 셀주크 투르크[8] 시기 세밀화

9세기 중엽부터 아나톨리아를 지배하기 시작한 투르크 민족들은 중앙아시아에서 습득한 예술과 아나톨리아에서 마주 하게 된 수 천년 역사의 문명들의 산물인 작품들로부터 영감을 받아 예술의 황금기를 이루었고, 세계 예술사에 기여할 고유한 투르크 예술을 발전시켰다.

9세기에 들어와 투르크 인들이 이슬람을 수용한 후 생명체를 그리는 것은 죄악시되어 금기되었기 때문에,[9] 이 시기 이후에는 장식적 특징의 벽화와 모자이크 대신 제책술이 발달하게 되었다. 12세기에 와서는 종교적 목적뿐만이 아니라 종교 외적인 소재로도 세밀화들이 제작되기 시작했다.

위구르 제국이 해체된 후에도 세밀화 제작은 지속되었고, 셀주크 투르크 인들이 발전시킨 첫 이슬람 세밀화들이 제작되기 시작했다. 바그다드, 이집트, 시리아 같은 나라에 살던 투르크인들이 셀주크 제국으로 이주하면서 첫 아랍 세

8) 중앙아시아 초원지대에 흩어져 살다가 6세기경에 건국된 투르크 국가는 이 지역을 중심으로 번영을 누린 서 투르크와 몽골 초원을 중심으로 한 동 투르크로 나뉘어 발전했다. 탈라스 전투 이후 동 투르크의 여러 부족들은 몽골의 지배를 받았고, 중앙아시아에 살던 서 투르크의 여러 부족들은 이슬람 왕조인 아바스 왕조의 지배 하에서 이슬람교를 믿으며 유목과 농경 생활을 했다. 이 서 투르크 부족 중 일부가 서쪽으로 계속 이동을 해 현 터키의 소아시아 지역에 진출하여 셀주크 투르크 제국을 세웠다.

9) 마호메트는 "살아 있는 것(living thing)을 표현하는 예술가는 신의 경쟁자이며, 그러므로 영원한 저주를 받게 되며, 신이든 인간이든 그림으로 재현하는 경우에는 나무나 꽃 그리고 생명이 없는 대상들만 그리도록 하라."라고 하였다. 김희선, "이슬람 예술에 표현된 패턴 특징과 텍스타일 디자인에의 활용", 『한국의상디자인학회지』 제6권 1호, 2004. 3, 16쪽.

밀화도 함께 선보이기 시작했다.[10] 중앙아시아에서 서쪽으로 이주한 이 세밀화가들이 어떤 민족 출신인지는 대부분 알 수 없으며, 투르크 인들이지만 아랍과 이란 이름을 가진 화가들의 숫자도 무시할 수 없을 정도로 많다.

일례로 주석 12의 두 그림에서 볼 수 있는 장식적인 도안을 포함하여 아라베스크, 기하학적 문양, 추상적이며 연속되는 문양 등의 요소는 모두 아랍에 근원을 두고 있다.[11] 13세기 셀주크 시대에서는 세밀화가 매우 중요시되었고, 페르시아와 교류를 하고 있었기 때문에 페르시아 세밀화의 영향을 받았다. 페르시아 세밀화는 주로 아름다운 꽃들로 장식하여 그 화려함이 극에 달했으며, 입체감, 원근법, 농도 등이 무시되고, 여백 없이 화면을 채운 것이 특징이라고 할 수 있다. 셀주크 시대의 작품인 이 그림들은 이러한 페르시아 화법의 사례를 그대로 반영한 것이라 할 수 있다.

셀주크 시기 세밀화의 특징들 중 하나는 이슬람 사상에 적합한 추상적인 스타일이 형성되었고, 인물 대신 상징성이 부각되었으며, 화면은 푸른색과 붉은색으로 채색되었고, 자주 사용되는 모티프들은 지속적으로 모사되었다.

이 시기에 세밀화가 그려진 필사본들 중 아나톨리아에서 제작되었다고 알려진 가장 오래된 사례는 콘야에 살았던 세밀화가인 압뒬 뮈민(Abdül Mümin)이 제작한 『와르카와 귈샤흐, Varka ve Gülşah』 메스네비 2행으로 된 대구 운율시 필사본이다. 사랑 이야기를 소재로 한 이 필사본은 페르시아어로 써 있다. 이야기의 순서에 따라 주로 세로 배열 형태로 되어 있으며 71편의 세밀화가 들어 있다.[12] 현재 이 작품은 이스탄불 소재 톱카프 궁전 박물관에 소장되어 있다.

---

10) http://turkresmi.com/klasorler/minyatur/index.htm.

11) Alexander Speltz, *The Styles of Ornament*, London, Dover Co., 1910. pp.203~207.를 참조하시오.

12) http://turkresmi.com/klasorler/minyatur/index.htm
아래 세밀화들은 톱가프 궁전 박물관에 소장되어 있는 『와르카와 귈샤흐』앨범에 수록된 그림들 중 일부이다.

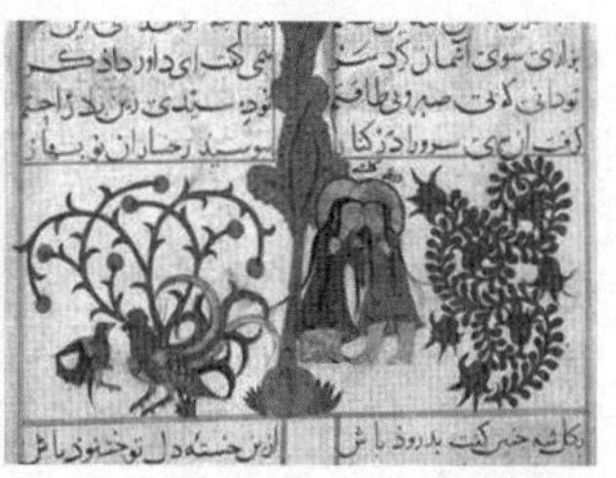

한편, 이 시기 아나톨리아, 특히 콘야에서는 메블라나(1207-1273)[13]와 그 종도들이 예술을 지원하는 분위기가 형성되어 풍부한 회화 세계가 구축되었으며, 특히 메블라나가 다양한 포즈로 서 있는 모습이 그려졌다고 전해지나 이를 뒷받침해주는 현존하는 작품은 없다.

투르크 예술에서 그림의 형태, 선, 색에 관한 기본적인 사례 그리고 인물이 그려진 예술의 첫 작품들은 세밀화 형태로 발전했는데, 특히 셀주크 투르크 시기에 세밀화는 투르크 족의 민족 예술 성격을 갖추었고, 이 시기에 궁중화원(Nakaşhane 나카시하네)이라는 그림 학교가 처음으로 생겼다.

셀주크 투르크 인들이 11세기와 12세기에 이란에서 소아시아, 메소포타미아, 시리아 그리고 아나톨리아로 뻗어나가면서 이슬람 세밀화에 미친 투르크 인들의 영향이 증가되었다. 이 시기에서 현재에 전해 내려오는 가장 오래된 세밀화 작품 사례들은 *셀주크 시기 회화 스타일*이라는 제목 하에 연구가 지속되고 있다(Mahir 2012, 32).

14세기 셀주크 투르크 제국이 몰락한 후 여러 공국으로 분열되었던 시기에 제작된 그 어떤 세밀화도 발견되지 않고 있다. 이 시기는 그야말로 투르크 회화사에서 암흑기라고 할 수 있다.

III. 소설 『내 이름은 빨강』과 오스만제국 세밀화

3-1. 소설 『내 이름은 빨강』

터키 문학사상 최초로 2006년 노벨문학상을 수상한 작가 오르한 파묵의 소설 『내 이름은 빨강』은 그를 세계적인 작가로서의 입지를 확고하게 만들어준 작품일 뿐 만 아니라, 소설이라는 큰 틀 안에서 투르크 족의 전통 회화 예술인 세밀화를 재현하려는 시도를 한 점에서 특이성이 있다고 할 수 있다.

소설 『내 이름은 빨강』은 이스탄불 외곽에 있는 버려진 우물 속에서 시작된다. 우물 바닥에 시체로 누워 있는 사람은 오스만제국의 궁정화원 소속 세밀화

13) 신비주의 수피 교파의 신학자, 철학자, 시인.

금도박공인 엘레강스다. 시체인 그는 자신을 죽인 비열한 살인자를 찾아달라며 애원을 한다. 소설은 이렇듯 미스터리한 살인사건으로 시작된다.

여주인공 셰큐레는 4년째 페르시아와의 전쟁에서 돌아오지 않는 남편을 기다리며 개구쟁이 두 아들과 친정아버지와 살고 있다. 셰큐레의 친척인 카라는 어릴 적부터 그녀를 사랑했지만 끝내 그 사랑을 이룰 수 없게 되어 멀리 떠나버린다. 그가 셰큐레의 아버지 에니시테의 부름을 받고, 12년 만에 다시 고향인 이스탄불로 돌아오지만, 여전히 자신이 셰큐레를 사랑하고 있다는 것을 확인하게 된다. 이후 카라는 하산이라고 하는 그녀의 시동생과 누가 셰큐레를 차지할 것인가라는 삼각관계에 놓이게 된다.

에니시테는 수년 전 베네치아 궁전과 귀족의 저택에서 보았던 초상화에 크게 충격을 받고 유럽의 화풍을 도입한 삽화가 들어간 책을 제작하게 해달라고 술탄에게 간청을 하게 된다. 결국 그는 술탄으로부터 헤지라 천년이 되는 해를 기념하여 술탄과 왕실을 소재로 하여 비밀리에 서양 화풍의 그림을 그리라는 명을 받게 된다.

이 밀서 제작을 위해 궁정화원에서 가장 기예가 뛰어난 세 명의 장인을 선발하여 비밀리에 계획을 실행하게 된다. 이 과정에서 세밀화가들은 에니시테를 통해 서양 미술의 영향을 받게 되고, 그때까지 전통화풍인 세밀화를 그려 왔던 그들 사이에 엄청난 갈등이 빚어진다. 이는 다름 아닌, 원근법을 사용하여 사실적으로 대상을 재현하는 서양 화풍을 따를 것인가, 아니면 페르시아의 옛 대가들처럼 대상을 평면적으로 묘사하는 기법을 따를 것인가에 대한 갈등이었다.

이러한 갈등은 결국 엘레강스의 죽음으로 이어지고, 곧이어 에니시테마저 살해된다. 이에 술탄은 궁전 화원장인 오스만과 에니시테의 조카 카라에게 사흘 안에 살인자를 찾아내라는 명령을 내린다. 화원 소속 세밀화가들 중 올리브, 나비 그리고 황새가 유력한 용의자였다. 오스만과 카라는 죽은 엘레강스의 품에서 나온 말 그림을 보고는, 화풍의 특징을 비교하고 단서를 잡기 위해 위 세 세밀화가들에게 말 그림을 그리라고 한다. 그 와중에 이 둘은 술탄의 보물고에 들어가고, 술탄이 소유한 모든 세밀화를 본 오스만은 스스로 황금바늘로 눈을 찔러 장님이 되고 만다.

온갖 노력 끝에 엘레강스와 에니시테를 죽인 범인인 올리브를 찾았지만, 그가 훔쳐 간 술탄의 초상화는 살인자인 올리브의 초상화로 대치되어 있었다. 올리브의 칼에 맞은 카라는 평생 불구로 살게 되고, 인도로 도망치려 했던 올리브는 하산에 의해 죽임을 당한다.

오스만의 뒤를 이에 황새가 화원장이 되고, 카라는 셰큐레와 사랑을 이루게 되지만, 셰큐레의 아들들에게는 호감을 얻어내지 못한다. 에니시테의 책은 끝내 완성되지 못한 채, 다른 완성되지 못한 그림들처럼 흩어져 여기저기 각기 다른 화집 속에 섞여 버리고 만다.

소설의 배경이 된 16세기 후반은 서양에서는 르네상스 사조가 유럽을 휩쓸고 있던 시기로 중세 유럽 회화는 그 전성기의 명성을 잃은 지 오래였다. 중세 유럽 회화는 신 중심의 세계관을 강조하는 기독교 교리 전달의 보조 수단이었다. 예컨대 문맹자들에게 더 쉽게 교리를 설파하기 위해 사용되었다. 중세 화가들은 그 재능을 신에게 부여 받았다고 여겼기 때문에 작품에 서명이 들어 있지 않다.

이러한 점에서 르네상스 이전의 서양 미술과 이슬람의 세밀화는 공통점이 있다고 할 수 있다. 예컨대 그림의 기능이나 가치가 신을 찬양하고, 신앙심을 고양시킨다는 점에서 그러하며, 화가의 존재는 부각되지 않는다는 점이다. 하지만, 르네상스 이전의 회화에는 통일된 양식이 없던 반면, 세밀화에는 전대의 대가들의 작품을 끊임없이 모사한다는 점에서 그 차별성이 있다고 할 수 있다.

즉, 세밀화는 모든 것을 신의 시선으로 바라보기 때문에 평면적일 수밖에 없었으며, 항상 일정한 동작과 모양, 색채를 가진 세밀화를 그리기 위해 궁정 화원 소속 세밀화가들은 전대의 거장의 그림들을 끊임없이 모사했다. 예컨대 자신이 보는 것을 그리는 것이 아니라, 알고 있는 것을 그리는 것이다. 시선이 가는 곳도 항상 같고, 동작 역시 같다. 작품에 개성이 드러나면 진정 위대한 세밀화가 아니며, 자신만의 스타일을 갖는 그림은 오히려 재물과 탐욕에 눈 먼 자들이 그리는 것이라 여겨졌다.

르네상스시기에 들어와 신중심의 사고는 인간중심의 사고로 전환되고, 이는 예술 방면에도 영향을 미쳐 소설 『내 이름은 빨강』에서는 이를 베네치아 스타일로 부르고 있다. 베네치아는 십자군 원정에 힘입어 동방 무역을 확대하고, 동부지중해 지역에 영토를 확대함으로써 14-15세기 초에 해상무역국가로서 전성기를 맞이했다. 이러한 전성기에 베네치아와 피렌체는 회화와 조각 등의 미술

분야의 중심이 되었고, 동부 지중해 무역을 장악하고 있어 이슬람 세력과의 교류도 빈번했다.

3-2. 『내 이름은 빨강』에 나타난 오스만제국 시기 세밀화

소설 『내 이름은 빨강』의 배경이 되고 있는 16세기 당시 오스만제국의 궁정 화원에서는 어떠한 이야기를 바탕으로 그 이야기에 알맞은 그림을 촘촘하게 그려내는 '세밀화'가 공식적이고도 전통적인 화풍으로 인정받고 있었다. 그 그림들은 마치 신이 인간세계를 바라보듯 높은 곳에서 아래로 내려다보는 '신의 관점'에 입각한 화폭 구성에 따라 대체로 평면적인 특성을 지니고 있었는데, 이를 이끌어간 것은 이슬람 세밀화의 대가 '비흐자드'를 중심으로 하는 '헤러트 파'였다. 한편 같은 시기 아드리아 해 건너편에서는 르네상스가 만개했고, 이는 회화에 있어서도 '원근법'이라는 '인간중심적인 시각'에 입각한 새로운 화풍을 유행시켰다. 그리고 이 유럽의 화풍은 오스만제국에까지 막대한 영향을 미쳐서, 심지어 술탄마저도 그에 매혹되어 유럽의 화풍을 좇았으며, 이해 인해 실제로 유럽의 화가가 이스탄불의 궁중에서 활동하기도 했다(유준 2005, 263-264).

오스만제국 시기 세밀화의 시초는 15세기부터 제작되기 시작했으며, 파티흐 술탄(1432-1481, 오스만제국의 제 7대 술탄) 시기에 이르러 독특한 스타일을 갖게 된다. 또한 이 시기에는 책 속에 술탄들의 초상화가 그려지기 시작했으며, 셀주크 투르크 시기처럼 술탄, 귀족 등의 후원자들은 궁전 근처에 화원을 만들어 세밀화가들이 작업을 할 수 있는 공간을 마련해 주었다.

세밀화는 이 궁중화원(나카시하네)에서 제작되었다. 나카시하네는 궁중의 장인단(匠人團), 엘 이 헤레프에서 가장 중요한 분파였다. 화가들은 수사본에 삽화를 그리거나 채색하는 일만 맡아 했던 것은 아니다. 그들은 책 장정과 예술품에 장식을 그려 넣는 일도 했고 궁전이나 종교 건축물의 천정과 돔을 장식하는 그림도 구상했다. 또한 도자기 제조인이나 직물과 양탄자를 만드는 작업장에도 장식 문양의 밑그림을 제공했다. 나카시하네의 이러한 주도적인 역할 덕분에 이스탄불에서 제작된 수사본이든 이즈니크의 도자기든 부르사의 벨벳이나 비단이든 간에 오스만 예술에서 나타나는 다양한 양식은 유사성을 띠고 있다(비타르 2006, 97-100).

그림 4. 궁중화원 재현 사진[14]

오스만제국의 궁중화원에 대한 설명은 『내 이름은 빨강』에서도 왕왕 등장한다. 이 궁중화원은 궁전 바로 바깥에 위치하고 있었으며, 그 위치는 소설에서 다음과 같이 설명되고 있다.

> "관병식 광장을 가로지르고 소욱체시메 문을 지난 다음, 아야 소피아 사원 맞은편에 있는 화원 건물을 지나쳤다."(파묵I 2009, 43).

이 서술에서 유추해 보면, 궁중화원은 궁전 안이 아니라 궁전 바로 밖에, 아야 소프야 사원 맞은편에 있었다는 것을 알 수 있다. 이는 실제로 메흐메트 2세가 이스탄불을 정복한 후 얼마 지나지 않아 톱카프 궁전 바로 근처에 설립했다는 설을 뒷받침하고 있다.

14) 출처: https://www.google.com.tr/search?q=Osmanli+nakka%C5%9Fhane&sa=X&biw=1371&bih=687&tbm=isch&tbo=u&source=univ&ved=0CCcQ7AlqFQoTCJTqkrbpmMcCFYillAodUSoKig&dpr=1.4#imgrc=6e0LsHT0kwkEoM%3A.

페르시아 화풍을 모방해서 자기들만의 스타일로 해석해 그렸던 오스만제국 세밀화들은 중국과 유럽의 영향을 받아 이 둘을 모방하는 새로운 화풍에 대해 부정적인 견해를 피력한다. 소설에서는 이러한 갈등에 대해 세밀화가들은 다음과 같이 말한다.

"유럽인 예수회 신부들이 가져온 그림들과 몇몇 타락한 중국 화가들의 영향으로 서명과 화풍, 그리고 개성에 대한 동경이 우리 가까이 와 있다는 것을 나는 아주 잘 알고 있다."(파묵I 2009, 117).

"중국인과 서양인들의 영향으로 시작된 새로운 유행을 따라서, 자신만의 개성적인 화풍을 가지고자 하고, 다른 화가들과 구분되는 자신만의 분위기를 만들어 내려 하고 또 그것을 증명하기 위해 이교도들처럼 그림에 서명을 새겨 넣는 행위를 어떻게 여기는지 알아보기 위해(…)"(파묵I 2009, 114).

오스만제국 세밀화가들이 자신들만의 새로운 화풍을 창조하려고 했음에도 불구하고, 중국과 이란 세밀화의 색채, 형태, 화법의 영향을 받은 것은 부인할 수 없는 사실이며, 이러한 다양한 화법의 혼합은 오스만제국 세밀화의 특징이라고 할 수 있다.

오스만제국에서의 세밀화 전성기는 16세기 제국이 영토 확장을 하기 시작하면서 펼쳐졌다. 제국의 영토로 흡수된 국가들의 예술 작품과 예술가들의 가치는 이루 다 말로 형언할 수 없을 정도로 중요하다. 정복한 국가에서 예술작품을 가져오고, 예술가들을 제국의 궁전으로 데리고 왔다. 현재 톱가프 궁전 도서관에 소장되어 있는 유명한 세밀화 앨범은 이러한 방법으로 궁전에 가져온 것으로 사료된다(Tanındı 1996, 19). 특히 셀림 1세 시기(1512-1520)에는 동양에서 데리고 온 예술가들도 오스만제국 궁중화원에 무시할 수 없는 수를 차지했다. 각각 다른 지역에서 각양각색의 화법을 가진 화가들이 이스탄불로 모여 들었기 때문에 오스만제국 세밀화에서는 통일된 양식은 없었고, 서로 영향을 주고받았다고 할 수 있다.

한편, 세밀화의 터키 유입 경로가 오스만제국 당시 약탈과 선물 그리고 다른 지역에서 터키로 이주 해온 세밀화가들에 의해 전파되었음을 소설 속 다음의 서술에서 알 수 있다.

> "(…)그 멋진 책은 우준 하산이 오투룩벨리 전투에서 타계하신 우리의 정복자 메흐멧 술탄에게 패배한 뒤, 장인 세흐 알리가 지한 샤에게 그려준 책과 함께 우리 술탄의 금고로 들어왔다."(파묵II 2009, 143).

오스만제국은 찰드란에서의 피비린내 나는 전투[15] 후에 셀림은 교전도 하지 않고 사파비조의 수도 타브리즈를 포위했다. 그는 귀중한 전리품들을 탈취했는데, 그중에는 화려한 수사본(手寫本)도 포함되어 있었다. 또 예술가와 장인들을 이스탄불로 데려와 황실 작업장에서 일하게 했다. 이로 인해 페르시아의 영향이 오스만제국의 예술, 특히 세밀화 부문에 깊숙이 파고들었다(비타르 2006, 32).

이 찰드란 전투에서 오스만제국이 이스탄불로 가져온 세밀화에 대한 정보는 소설에서 술탄의 보고(寶庫)를 지키는 늙은 난쟁이 제즈미 아아의 말을 통해서도 알 수 있다.

> "어떤 책들 말입니까? 아라비아에서 온 것들 말인가요? 천국에 계신 셀림 1세가 타브리즈에서 가져 온 것들인가요?"(파묵II 2009, 163-164).

한편, 소설에서는 오스만제국의 세밀화를 코란에 비유하며 그것의 불변성에 가치를 두고 있으며, 대상을 평면적으로 묘사하는 투시법을 사용하여 신의 관점에서 세상을 바라보고자 한다는 점을 그 특징으로 묘사하고 있다.

> "세밀화가들과 그림을 사랑하며 세상을 바라보는 사람들의 임무는 알라가 우리에게 준 장엄한 아름다움을 기억하는 것이었다. 각 시대의 세밀화가들 중에

15) 찰드란 전투는 오스만제국 술탄인 셀림 1세가 사파비 통치자인 샤 이스마일과 1514년 8월 23일에 오늘날의 이란 국경 안에 있는 마쿠 시 근처에 있는 찰드란 평원에서 한 전쟁이다. 전쟁은 오스만 군의 완승으로 끝났다. http://tr.wikipedia.org/wiki/%C3%87ald%C4%B1ran_Muharebesi (2015.5.8.일 검색)

서도 가장 위대한 세밀화가들은 인생을 걸고 눈이 멀 때까지 작업을 했다. (…) 현 세대에서 후세대로 가르쳐지고 암기되면서 수 세기 동안 전수되었네. 장인 세밀화가는 스승에게서 배운 것이 원형이라고 믿었기 때문에 그것이 불변한다는 것을 코란의 불변성만큼이나 진심으로 믿었고, 코란을 외우듯 기억 속에 그 세부적인 것들을 각인시켰지."(파묵II 2009, 175-176).

즉, 세밀화가들은 옛 거장들의 스타일, 묘사 방식 등을 그대로 답습하는 것을 미덕이라고 여겼기 때문에, 자신의 스타일을 드러내지 않는 것이 화가로서 이를 수 있는 최고의 경지라고 생각했다. 세밀화가들은 몇 백 년 동안 계속되어 오는 정체 속에서 답습을 거듭했다. 이는 전시대에 비해 쇠퇴했거나 퇴보했다는 의미는 아니지만 결코 발전했다고도 할 수 없으며, 오직 신의 관점에서 그리기 때문에 화가의 개성이 존재하지 않았을 뿐이다.

한편, 세밀화는 한 사람의 화가가 그리는 것이 아니라 공동 작업으로 창작되었다. 화려한 수사본을 제작하기 위해 종이를 준비하는 와라크, 서예가, 화가, 삽화공, 금도박공, 제본공들은 서로 협력하여 일했다. (…) 삽화공들은 화집, 운문집이나 서예집의 여백을 장식했고 때로는 한 장 전체에 그림을 그리기도 했다. 필사본 제작 과정을 예로 들면, 우선 서예가가 먼저 텍스트를 옮기고 글자를 장식적 요소로 전환시킨다. 그다음 채식자(彩飾者)가 책의 표지와 여백을 도금하고 색칠했다. 삽화를 위한 공간이 남아 있는데, 그것은 화가의 몫이었다. 이와 같이 서예가가 빈칸을 남겨 놓고 나중에 화가 혹은 삽화가가 그 빈 칸에 채우는 것이 이슬람 회화에서 통상적인 관행이다(전완경 2010, 12). 소설에서도 살해된 엘레강스는 금박을 입히는 세밀화가였으며, 다른 장인들 역시 자기들만의 전문 분야가 있었다.

또한 세밀화에 사용되는 물감들이 오스만제국에 어떻게 전해졌는지에 대한 경로도 소설에 서술되고 있다.

"몽골과 중국의 장인들로부터 익힌 빨간색의 제조 비법이 호라산, 부하라, 헤라트까지 전해지지 않았더라면 우리가 이스탄불에서 이런 그림을 그리는 것은 전혀 불가능했을 거라는 얘기도 했다."(파묵I 2009, 302)

이렇듯 오스만제국의 세밀화는 다양한 지역에서 전해진 요소들이 결합되어 하나의 화풍을 이루었다고 할 수 있다.

초기에 페르시아의 영향을 받았던 오스만 세밀화는 16세기부터 자신의 특성과 독창성을 표현하기 시작했다. 여러 경향이 뚜렷해져서 한편으로는 16세기의 독특한 고도의 장식적인 경향이 두드러졌고, 또 한편으로는 사실주의와 서술적인 취향이 나타나 초상화와 삽화가 있는 역사적 전기가 발전하는 기원이 되었다(비타르 2006, 99-100).

3-3. 『내 이름은 빨강』에 서술된 오스만제국 세밀화가와 작품들

소설 『내 이름은 빨강』에서는 실존했던 세밀화가들이 다수 등장한다. 물론 이 작품에서 오스만제국 시절 이전의 많은 전설적인 장인들도 등장하지만, 이 지면에서는 소설의 배경이 된 16세기에 활동한 오스만제국의 유명한 세밀화가들에 대해 언급하고자 한다. 작가는 소설에서 실존했던 인물인 『왕서』의 편찬자 로크만 에펜디(왕서 제작자로서 임명 기간: 1569-1595) 화원장 오스만 그리고 벨리잔을 등장시켜 역사적 사실에 바탕을 둔 허구를 창조해낸다.

> "재무대신 하즘 아아, 운율시로 이루어진 왕들의 연대기 『왕서』 편찬자 로크만, 그리고 화원장 오스만의 지휘에 따라 화원의 장인들 중 누가 어떤 책의 장을 작업하고 있는지를 술탄에게 보고하고 (…) 세밀화가 그려지는 책들의 대부분을 집필하던 로크만 에펜디가 거동이 불편해 집에서 나오지 못하게 되고 (…)" (파묵I 2009, 105).

로크만은 쉴레이만 1세, 셀림 3세, 무라트 3세 시기에도 작품 활동을 했으며, 오스만제국의 화원의 세밀화가인 오스만과 함께 작업을 했다. 로크만이 화원장 자리에서 물러나자 그 뒤를 이른 장인이 바로 오스만이었다. 오스만은 터키 세밀화 역사에서 가장 중요한 장인들 중 한 명이며, 그의 작품에는 페르시아 전통에서도 볼 수 있는 화려한 장식적 요소가 많으며, 역사적 사실에 초점을 맞춘 작품들을 제작했다.

아래 세밀화에서는 로크만과 오스만이 함께 있는 모습을 볼 수 있다.

그림 5. 세띤 아흐메드 카라바으, 로크만 에펜디, 세밀화가 오스만 그리고 서기관들(좌로부터), 『셀림 한의 왕서』, 1581[16]

이 시기에 제작된 가장 많이 알려진 작품은 로크만과 오스만의 휘하에 그려진 『축제의 서』이다. 소설에는 이 작품에 대해 다음과 같이 서술되고 있다.

> "우리 세밀화가들은 화원장 오스만의 명령에 따라 술탄을 위한 『축제의 서』를 그리고 있었다."(파묵I 2009, 58).

> "나는 난생처음으로 『축제의 서』에 나오는 전설적인 페이지들을 보게 되어 매우 흥분했다. 모든 직업에 종사하는 사람들, 모든 길드의 회원들, 이스탄불의 모든 사람들이 참가한 가운데 술탄의 아들의 할례 의식이 55일 동안 베풀어졌고, 이 성대한 의식을 기념하기 위한 책을 펴내려고 준비 중이라는 얘기를 나는 페르시아에 있을 때 전해 들었다."(파묵I 2009, 108).

---

16) 그림 자료 출처: https://tr.wikipedia.org/wiki/Nakka%C5%9F_Osman

그림 6. 좌:『축제의 서』 중에서 줄타기 광대의 모습, 화원장 오스만 작. 톱카프 궁전 박물관 nr.1344 소장[17)]

그림 7. 우:『축제의 서』 중에서 케밥 장수, 화원장 오스만작. 톱카프 궁전 박물관 nr.1344 소장[18)]

『축제의 서』는 1582년 술탄 무라트 3세의 아들인 메흐메트 왕자의 52일간(소설에서는 55일 간으로 서술되고 있다) 지속된 할례식 축하 모습을 묘사한 작품이다. 250장의 세밀화를 그려 넣어 그림이 있는 이야기로 만든 이 작품은 1588년에 완성되어 술탄에게 봉헌되었다. 이 작품들을 지휘한 세밀화가는 로크만, 오스만 그리고 그의 휘하에서 작업하는 세밀화가들이었다. 이 작품은 당시의 일상생활의 일부를 보여주고, 다양한 직업군들이 묘사되어 있어 일종의 역사적 자료로서도 중요하고 훌륭한 예술품으로 평가받는다. 소설의 배경이 16세기 후반이라는 사실을 오스만이 소설 속에서 이 작품을 제작하고 있다는 것에서 유

17) 그림 자료 출처: https://www.pinterest.co.kr/pin/277393658272244018/
18) 그림 자료 출처: https://www.pinterest.co.kr/pin/518758450802348787/

추할 수 있다.

위의 그림에서도 볼 수 있듯이, 오스만제국 세밀화의 특징은 인간이 전경에 있으며, 다른 사물들은 후경에 놓인 것으로 인간이 주체가 된 작품이 주류를 이룬다. 동양화가 높고 구름 덮인 산을 부각시키며, 인간을 점처럼 작게 묘사해 자연의 일부로 그린 것과는 구별된다. 뿐만 아니라, 인간을 신과 같은 위치에 두고 인간을 부각시킨 서양화와도 다르다. 즉 터키 세밀화는 동양화와 서양화의 중간에 위치하고 있다고 할 수 있다.

위 그림을 자세히 보면 마치 양탄자와 같은 일면성을 지니고 있으며, 원근법을 무시하며 전체 구도 안에서 아름답고, 강한 색채들을 사용해 극적 효과를 거두면서, 약간은 동화의 세계를 연상시키는 듯하다.

소설에서 등장하는 또 다른 실존 세밀화가는, 살인자로 등장하는 올리브(예명)로, 그는 16세기 중후반에 활동했던 벨리 잔이라는 화가이다. 벨리 잔은 1580년대 초에 타브리즈에서 이스탄불로 왔으며, 1582~1588 년 사이에 오스만제국 궁정화원에서 걸작들을 그리는 예술가 그룹에 속해 있었다. 그는 블랙 펜 스타일의 작품을 창작했으며, 검은 잉크와 붓으로 단일 인물 혹은 그룹 지어 있는 사람들의 모습, 요정 그림, 동물 그림들로 유명했던 화가로 기억된다. 또한 투르크 세밀화의 걸작들 중 하나인 『기예의 서』에 묘사된 인물들, 장식들도 벨리 잔의 작품이라고 추정된다(Tanındı 1997, 47). 소설에서는 벨리 잔에 대해 다음과 같이 서술하고 있다.

> "그의 본명은 벨리 잔이다.(…) 신께서는 그에게 너무 과한 재능을 주셨다. 금박을 입히는 일부터 자로 줄을 긋는 일까지 그는 매우 손쉽게 해낼 뿐만 아니라, 뛰어난 솜씨를 보여 준다. 화원에서 나무와 동물, 그리고 사람의 얼굴을 그리는 데 있어 그를 따를 자는 없다. 내 기억으로 당시 열 살이었던 벨리 잔을 이스탄불로 데려온 그의 아버지는 타브리즈에 있는 사파비 왕의 화원에서 얼굴 그림으로 유명했던 화가 시야부시의 지도를 받은 사람이었다. 올리브는 족보가 몽골까지 거슬러 올라가는 장인 집안 출신답게, 몽골과 중국의 영향을 받은 사마르칸트, 부하라, 헤라트에 정착한 150년 전의 늙은 장인 세밀화가들이 그랬듯이 자신이 마치 중국인인 양 달덩이처럼 둥근 얼굴을 가진 젊은 여인들을 그렸

다. 도제 시절에도, 장인 시절에도, 내성적이고 고집스러운 그가 다른 화풍으로 그리도록 가르칠 수는 없었다. 나는 그가 영혼 깊은 곳에 숨겨진, 몽골과 중국, 헤라트 장인들의 화풍과 모델에서 벗어나기를, 필요하다면 그들을 잊기를 원했다.(…) 그는 아주 예리한 눈을 갖고 있었기 때문에 새로운 그림에 옛 모델, 즉 타마수프 왕의 옛 대가들로부터 배운 것들을 어떻게 조화시켜야 할지를 알고 있었다. 올리브의 손에서 헤라트 그림과 이스탄불 장식은 조화롭게 융합되었다." (파묵II 2009, 97-98).

몽골과 중국의 영향을 받은 벨리 잔은, 마치 자신이 중국인인 냥 달덩이처럼 둥근 얼굴을 한 젊은 여성을 그렸다고 묘사되어 있는데 실제 후대에 남은 그의 그림을 보면 이것이 증명된다.

그림 8. 벨리 잔의 요정 그림, 1580년대, 톱카프 궁전 박물관 소장, H.2162, y. 8b.[19]

19) 그림 자료 출처: http://bilinmeyentarihh.blogspot.kr/p/osmanl-devleti-ve-kanuni-sultan.html

이렇듯 『내 이름은 빨강』은 실존했던 화가들과 작품들이 등장해 사실과 허구를 버무린 팩션의 효과를 내면서, 작가가 소설 집필 전에 오스만제국 세밀화의 역사에 대해 치밀하게 사전 조사와 연구를 한 후 소설에 반영했다고 추측할 수 있는 소지가 다분하다.

3-4. 세밀화 기법과 화풍

소설에 등장하는 세밀화 기법은 전대의 작품들을 그대로 모사하는 것과 유럽에서 유입된 새로운 스타일이 적용되는 과도기의 산물이다. 전대의 세밀화는 셀주크 풍, 페르시아 풍, 중국풍이 서로 뒤섞인 작품들이었다. 예컨대, 미인의 얼굴은 항상 중국 여자처럼 눈꼬리가 올라가게, 입을 작게 그리는 것을 당연하게 여겼고, 실제의 미인이 그렇게 생기지 않았더라도 미녀를 그리라고 하면 항상 그렇게 그렸음을 다음의 서술에서 알 수 있다.

> "옛 거장들은 멋진 그림 속의 아름다운 처녀를 늘 중국인처럼 그리곤 했어요. 그건 동방에서 온 불변의 규칙이지요."(파묵I 2009, 122).

> "올리브는 족보가 몽골까지 거슬러 올라가는 장인 집안 출신답게, 몽골과 중국의 영향을 받은 사마르칸트, 부하라, 헤라트에 정착한 150년 전의 늙은 장인 세밀화가들이 그랬듯이 자신이 마치 중국인인 양 달덩이처럼 둥근 얼굴을 가진 젊은 여인들을 그렸다."(파묵II 2009, 97-98).

소설에서 화원장 오스만은 헤라트에서 페르시아 전국으로 전파되었다고 알려진 중국화풍의 그림이 카즈빈에서도 그려졌다고 말하며, 특히 인물의 어떤 모습은 모두 똑같이 그려졌다고 밝히고 있다.

> "수많은 사람, 남자, 여자가 손가락을 입안에 넣고 있었다. 경악하는 모습을 나타내는 동작으로, 최근 200년간 사마르칸트에서 바그다드까지 모든 화원에서 이 동작이 묘사되었다. 적군을 구석에 몬 영웅 케이휘스레브가 검은 말을 타고 신의 도움으로 아무다리야 강의 급류를 무사히 건너갈 때, 그를 뗏목에 태우

지 않은 악질 뱃사공이 손가락을 입안에 넣고 있다. 오래된 은박이 벗겨져 검게 변한 호수에서 목욕을 하는, 달빛 같은 피부의 쉬린의 아름다움을 보고 휘스레브가 놀라 손가락을 입에 넣고 있다. 내가 더 집중해서 본 것은 반쯤 열린 궁전의 문을 통해, 성탑의 도달할 수 없는 창문 커튼 사이로 보이는 아름다운 하렘 여인들이 입에 넣고 있는 손가락이었다. 페르시아 군대에 패해 왕관을 빼앗긴 테자브가 도망칠 때, 궁전의 하렘 창문에서 미녀 중의 미녀인 에스피누이가 슬픔과 경악으로 손가락을 입에 넣고 그를 바라보고 있다. 그녀는 눈빛으로 '날 적군의 손에 남겨두고 가지 마세요.'라고 애원하고 있다. "나를 능욕했어요."라는 거짓말로 유수프를 감옥에 갇히게 한 줄레이하는 당황 했다기보다는 사악함과 욕정의 표시로 자신의 손가락을 아름다운 입에 넣고 있다. 그리고 어느 가잘의 한 구절에 묘사되어 있는, 행복하지만 슬픈 연인들이 천국 같은 정원에서 사랑과 포도주의 힘으로 넋을 잃고 있을 때, 마음씨 나쁜 하녀는 질투심 많은 손가락을 빨간 입속에 넣고 그들을 훔쳐보고 있다."(파묵II 2009, 226-227).

이렇듯 역대의 세밀화가들은 과거의 작품들을 보며 똑같이 그리는 것을 정석으로 간주했고, 그래야만 장인의 대열에 끼는 것이라고 여겼다.

오스만제국 대부분의 세밀화가들이 색다른 주제를 택해 자신들의 창작력을 표현하지 못하고, 반복되는 주제를 사용했지만, 그 주제에 대한 새로운 표현법, 구성법에 몰두하여 색, 선, 형태들을 발견하여 그 나름의 화법 양식을 발달시켰다.

터키 세밀화에는 페르시아적 요소, 중국적 요소, 서양화적 요소 등 다른 지역의 요소들을 받아들여 그들 나름으로 조화시켜 하나의 뚜렷한 예술성을 가지고 있다. 예컨대 페르시아의 장식적이고, 신비적인 요소가 터키에서는 침체되어 현실적으로 옷 모양이나 화면의 적은 부분에 나타나고, 중국적 요소는 선과 형태에서 많은 영향을 받긴 하나, 선의 개성을 결국 받아들이지 않고 동작 표현의 다양성만 받아들인다. 서양화의 영향은 후대의 회화에 사실주의 바탕을 두게 하고, 원근법을 받아들이게 한다. 그러나 이 모든 것이 터키 민족의 고유성 속에서 이루어져 그 나름의 완전한 예술 작품을 만들어 세계 회화사에 아름다움의 한 장을 이루었다(정미숙 1977, 175-176).

오스만제국 시기에는 서양의 원근법을 받아들이고, 아랍, 페르시아 그리고 셀주크 시대부터 내려온 터키 고유의 미적요소들이 결합된다. 이러한 토대 위에서 오스만제국 세밀화가들은 축제화, 초상화 그리고 역사 기록화 등을 그려 전성기를 맞지만, 강력한 서양화의 유입으로 세밀화는 쇠퇴하고[20] 만다.

하지만 소설에서 언급된 오스만제국 당시 제작된 많은 세밀화 작품들, 예컨대, 할례식 장면, 축제의 장면, 술탄 즉위식 장면 등은 일종의 기록화로서 커다란 가치가 있다는 것은 아무도 부인할 수 없다. 이 작품들은 당시의 사회사, 문화사 및 역사 연구 분야에 길을 밝혀주는 역할을 하는 동시에, 근·현대 터키 회화사에도 영향을 미쳐 많은 화가들에게 영감의 원천이 되고 있다.

IV. 나가며

중앙아시아에서 발원한 투르크 족은 이 지역 고유의 회화와 아나톨리아에 정착한 이후 이 지역 회화를 혼합하여 그들만의 독특한 미적 요소를 창출했다. 본고에서는 투르크인들의 중앙아시아 및 셀주크 투르크 시기 세밀화, 오스만제국 시기 투르크 세밀화로 구분하여 간략하게 다룬 후, 세밀화 쇠퇴기를 소재로 다룬 소설 『내 이름은 빨강』에 나타난 세밀화의 특징을 다루었다.

이슬람 예술에서 세밀화는 독립적인 예술 양식이라기보다는 텍스트에 대한 부연 설명을 해주는 요소로 사용되었다. 세밀화는 화집으로 모아지기도 했고, 물감, 금박, 은박 기술을 사용하여 그렸으며, 빛, 그림자 그리고 부피감을 반영하지 않는 작은 크기의 그림이다. 이슬람 세밀화에는 마니교의 영향도 볼 수 있으며, 마니교도들이었던 위구르 인들의 세밀화들은 후대 셀주크 시대 세밀화의 전신이라고 할 수 있다.

셀주크 시기에는 세밀화가 아나톨리아에 확산되면서 첫 투르크-이슬람 세밀화 스타일이 탄생했다. 오스만제국 세밀화의 대부분은 역사적 사건, 궁전의 의식 혹은 전쟁과 관련된 소재가 주류를 차지하고 있다. 세밀화가들은 자신들이

20) 장차 유럽 화풍이 오스만제국에 유입되어 서서히 전통적인 세밀화 화풍이 사라지게 될 것이라는 것을 다음의 소설 지문에서도 알 수 있다. "술탄의 화원에서는 이제 유럽 화풍의 그림이 그려질 것이며 평생을 바친 우리의 화풍과 책은 천천히 잊힐 것이다." 오르한 파묵, 『내 이름은 빨강 2』, 300쪽.

사건을 목격했거나 혹은 어떤 경로를 통해 그 사건을 알게 되었는지 여부와는 상관없이 사실적인 묘사에 치중했다.

소설 『내 이름은 빨강』은 16세기 후반 오스만제국의 수도 이스탄불을 배경으로, 베네치아 화풍의 유입으로 인한 궁정화원 소속 세밀화가들의 갈등과 고뇌가 주요 소재로 다뤄지고 있다. 오르한 파묵은 동·서양 세계의 충돌을 다루는데 있어 이슬람 세계의 대표적인 미술인 '세밀화'라는 소재를 선택하고 있으며, 세밀화와 대치되는 회화에 베네치아 화풍으로 대표되는 '초상화'를 전면에 내세운다. 이슬람 사상을 바탕으로 하는 신 중심적인 세밀화와 인간 중심의 원근법 그리고 초상화로 대변되는 서양화의 충돌은 보수와 진보, 동양적인 것과 서양적인 것, 전통과 새로운 것, 신의 영역과 인간의 영역이라는 광범위한 담론으로 확장된다.

『내 이름은 빨강』에서는 세밀화의 오스만제국 유입 과정, 세밀화의 역사, 세밀화 제작 과정, 유명한 세밀화가, 세밀화 작품들, 세밀화 기법, 화풍 등 세밀화에 대한 전반적인 지식이 묘사되고 있다. 어쩌면 지루할 수도 있는 이런 세밀화에 대한 지식들은 흥미진진한 살인자 색출 과정에서 소설적 미학 속에 자연스럽게 녹아, 마치 한편의 세밀화를 보는 듯한 서술 기법으로 완성된다. 이러한 의미에서 오르한 파묵은 이 작품을 통해 16세기 세밀화를 현대적 소설 기법으로 완벽하게 복원해 내는데 성공했다는 찬사를 받게 된다.

이상으로 살펴본 바, 투르크 족은 중앙아시아를 거쳐 아나톨리아에 정착할 때까지 이들이 접한 다양한 민족의 미적 요소들을 결합시켜 투르크 민족 특유의 미술 영역을 확보했고, 이로서 이슬람 미술사에서 세계성을 지닌 세밀화를 창조했다고 할 수 있다.

<참고문헌>

김희선(2004). "이슬람 예술에 표현된 패턴 특징과 텍스타일 디자인에의 활용", 『한국 의상디자인 학회지』 제6권 1호.

오르한 파묵(2009). 『내 이름은 빨강1, 『내 이름은 빨강2』(이난아 옮김), 민음사.

유준(2005). "소설은 얼마나 매력적일 수 있는가?" 『세계의 문학』, 민음사, 봄 115호.

이난아(2010). "문학적 상상력을 통한 회화의 재현-오르한 파묵의 소설 『내 이름은 빨강』을 중심으로", 『중동문제연구』제9권 2호.

전완경(2010). 『이슬람 예술』, 살림지식총서 382.

정수일(2002). 『이슬람 문명』, 창작과 비평사.

정수일 편저(2013). 『실크로드 사전』, 창작과 비평사.

정미숙(1977). 『이슬람 시대 터키의 세밀화 연구,』 이화여자대학교 대학원 순수미술학과 석사학위 논문.

테레스 비타르(2006), 『술레이만, 오스만의 화려한 황제』(변지현 옮김), 시공사.

Alexander Speltz(1910). The Styles of Ornament, London, Dover Co. Banu, Mahir(2005). Türkiye Diyanet Vakfı İslam Ansiklopedisi, cilt 30.

______(2012). Osmanlı Minyatür Sanatı, Kabalcı Yayıncılık.

Tanındı, Zeren(1996). Türk Minyatür Sanatı, Türkiye İş Bankası Kütür Yayınları.

Öney, Gönül(1992). Anadolu Selçuklu Mimari Süslemesi ve El sanatları, Türkiye İş Bankası Kütür Yayınları.

ÖZBAY, Betül(2014), HUASTUANIFT, Manihaist Uygurların Tövbe Duası, Türk Dil Kurumu Yayınları, Ankara.

Shahmari, Saeideh(2014), Osmanlı ve İran Minyatürlerinde Figür Anlayışının Etnografik Açıdan İncelenmesi, Yüksek Lisans Tezi.

Tansuğ, Seze(1992)r, Resim Sanatının Tarihi, Remzi Kitapevi.

<인터넷 자료>

Yrd. Doç. Dr. Metin YERLİ, "Uygur Türklerinin İnanç Sistemlerinin Resim Sanatlarına Etkileri", http://akademiye.org/tr/?p=329 검색일자: 2017월 6월 14일.

http://www.tarihsayfasi.com/uygurlar-kimdir/default.asp 검색일자: 2017일 5월 15일.

http://tr.wikipedia.org/wiki/%C3%87ald%C4%B1ran_Muharebesi 검색일자: 2017년 5월 8일.

http://turkresmi.com/klasorler/minyatur/index.htm 검색일자: 2017년 3월 17일.

https://www.youtube.com/watch?v=oOPS3qDmiSc 검색일자: 2017년 6월 23일.

https://www.google.com.tr/search?q=Osmanli+nakka%C5%9Fhane&sa=X&biw=1371&bih=687&tbm=isch&tbo=u&source=univ&ved=0CCcQ7AlqFQoTCJTqkrbpmMcCFYillAodUSoKig&dpr=1.4#imgrc=6e0LsHT0kwkEoM%3A 검색일자: 2017년 7월 10일.

https://www.pinterest.co.kr/pin/277393658272244018/ 검색일자: 2017년 4월 14일.

https://www.pinterest.co.kr/pin/518758450802348787/ 검색일자: 2017년 5월 18일.

https://tr.wikipedia.org/wiki/Nakka%C5%9F_Osman 검색일자: 2017년 4월 19일.

http://bilinmeyentarihh.blogspot.kr/p/osmanl-devleti-ve-kanuni-sultan.html 검색일자: 2017년 6월 14일.

04
문학공간의 박물관 콘텐츠 확장 사례
- 오르한 파묵의 『순수 박물관』을 중심으로 -

I. 서론

터키문학 사상 최초로 2006년 노벨 문학상을 수상한 오르한 파묵(Orhan Pamuk, 1952~)은 문학이 21세기 문화성장 시대에 문화콘텐츠로 거듭나기 위해서 어떠한 기여를 할 수 있는지에 관한 사례에 전범이 되는 작품들을 선보였다. 예컨대 『내 이름은 빨강』 출간 후에는 세밀화 드로잉에 대한 관심이 증폭했으며, 현재 터키 타라프(Taraf) 신문의 연재 칼럼[1]에서는 한 장의 사진을 놓고 상상력을 동원하여 글쓰기를 하는 등, 사진 예술 콘텐츠와 문학의 접목도 시도하고 있다.

문화콘텐츠의 파급력은 다른 제반의 분야처럼, 문학 작품의 생산과 소비의 관계망을 새롭게 하고, 문학의 개념과 범주를 확장시키고 있다. 예전의 활자

1) http://www.taraf.com.tr/webmasters/?konu=yazarlar&yazar_id=290 (검색: 2013. 6. 15).

에 의해 생산되던 작품에서 영상으로, 멀티미디어를 활용한 새로운 작품으로 문학 환경이 바뀌고 있다. 이 뿐 만 아니라 문학 공간 역시 다양한 문화콘텐츠로 재생산되어 학습 현장이나 문학을 체험하는 장으로 활용되기도 한다(이난아 2012, 214).

소설 『순수 박물관』(2008년)은 오르한 파묵이 노벨문학상 수상 이후 처음으로 발표한 소설로, 자신의 인생을 지배한 연인에 대한 기억의 보관 장소로 '박물관'을 세우는 남자의 이야기이다. 다른 말로하면, 『순수 박물관』은 순수하고 열정적인 사랑에 대한 기억과 그 사랑을 영원히 기억하고자 그녀에 관한 물건들을 모아 박물관을 세우고, 그 박물관에 전시된 물건들을 통해 그녀를 영원히 기억하고자 하는 이야기이자, 오르한 파묵이 실제로 소설의 공간이 된 장소에 세운 박물관의 이름이기도 하다. 박물관은 케말이 자신이 경험한 사랑에 대한 증거이자, 기록이자, 불멸의 상징임에 다름 아니다(이난아, 2012, 224). 이 작품 역시 박물관 콘텐츠로 확장되어 허구를 생생하게 체험할 수 있는 공간으로 재탄생했다.

한편, 오르한 파묵이 기획한 소설과 동명의 <순수 박물관>은 런던 디자인 박물관 선정 2013 '올해의 디자인상' 건축 분야 후보에 올랐다. 전 세계에서 새롭고, 특이한 선구적인 디자인들이 참가한 이 상은 디자인계의 오스카상이라고 불리며, 2012년에 디자인된 건물과 물건들이 후보에 오른 작품들 중 <순수 박물관>도 포함되어 있다. <순수 박물관>은 전 세계적으로 새로운 박물관 이해라는 측면에서 커다란 관심을 불러일으키고 있으며, 소설과 합치되어 만든 첫 박물관이라는 특징을 가지고 있다. 현재까지 다녀간 관람객 수만 해도 3만 명에 이른다.[2)]

소설 『순수 박물관』을 읽고 무언가 느끼거나 감명을 받은 독자들은 언젠가 동명의 박물관을 직접 방문하려는 계획을 세울 것이고, 이러한 매력적인 문학공간은 그 지역을 대표하는 관광 아이콘이 될 수 있다. 이렇듯 문학의 배경이 되는 공간을 박물관 콘텐츠로 확장하는 시도는 문학 자체나 이를 바탕으로 한 전시 콘텐츠가 가질 수 있는 매력을 무궁무진하게 새롭고, 넓게 확장시킬 수 있다.

---

2) http://www.sabah.com.tr/kultur_sanat/edebiyat/2013/01/15/masumiyet-muzesi-odule-aday (검색: 2013. 2. 7).

이글에서는 『순수 박물관』이 시간의 공간화 혹은 평면의 입체화를 이룬 소설임을 염두에 두고, 텍스트에 서술되고 있는 오브제들이 실제 박물관에 어떻게 전시되어 있는지, 즉, 텍스트와 전시 콘텐츠를 접목하여 비교 분석하고자 한다. 예컨대 이 연구는 문화콘텐츠의 개념이 매우 광범위하고 지속적으로 확장되는 작금의 상황에서 문학 공간이 어떻게 다른 장르의 콘텐츠와 결합하여 변환되고, 상생할 수 있는지에 대한 구체적인 사례를 <순수 박물관>을 통해 밝히려는 의도임에 다름 아니다.

II. 『순수 박물관』에서 <순수 박물관>으로

소설 『순수 박물관』은 오르한 파묵이 노벨문학상 수상 이후 처음 발표한 소설이자, 파묵이 기획하고 개관한 동명의 박물관 이름이기도 하다. 소설은 한 여자(퓌순)에 대한 한 남자(케말)의 집착적인 사랑 이야기임과 동시에 다른 한 편으로는 케말이 퓌순을 사랑하고 기억하면서 열정적으로 수집한 오브제들에 관한 이야기인 셈이다. 소설 속에서 케말의 퓌순에 대한 소중한 기억들은 하나하나의 수집품들로 대변되며, 수집품을 전시할 박물관을 세우고자 하는 욕망은 시간을 초월하여 퓌순을 영원히 기억하고자 하는 그의 사랑을 의미한다. 즉, 수많은 오브제들과 그 오브제에 담긴 이야기들이 이 소설의 주요 내용인 바, 소설 자체가 박물관 전시 콘텐츠화 과정을 다루고 있는 셈이다.

주지하듯 세계 문학사에서 오랜 세월 동안 한 여성만을 사랑하며 기다린 남자들을 다룬 소설들이 있다. 일례로 『위대한 개츠비』, 『콜레라 시대의 사랑』등을 들 수 있는데, 이러한 작품들은 영화화되어 많은 독자들의 사랑도 한 몸에 받고 있다. 위 작품들과 『순수 박물관』의 차별성은, 이 작품이 허구를 창작함과 동시에 그 허구를 실제로 존재케 했다는 데 있다.

한편, 허구의 문학 공간이 문학 박물관으로 확장된 사례는 세계의 곳곳에서 경험할 수 있다. 일례로 일본의 <어린 왕자 박물관>, 영국의 <셜록 홈즈 박물관>, 박경리의 소설 『토지』의 배경인 하동 평사리의 <평사리 문학관>등을 예로 들 수 있을 것이다. <어린 왕자 박물관>은 『어린 왕자』와 작가 생텍쥐페리를 테마로 하여 작가가 어린 시절을 보낸 생모리스 성과 파리의 거리를 재현한 재현 박물관이다. <셜록 홈즈 박물관>은 영국 런던에 위치해 있으며, 아서 코난 도일이 창조한 인물인 셜록 홈즈가 살았던 베이커가 221B 번지에 만들어진 문학공간이다. 이 박물관에는 소설 속에서 그가 사용하던 안경, 돋보기, 파이프, 모자, 바이올린, 책 등의 소품들이 전시되어 있다. 이러한 전시물들은 작중인물인 셜록 홈즈가 실제 살았던 인물이라는 착각을 불러일으키지만 그는 어디까지나 허구의 인물이다. <평사리 문학관>[3]은 경상남도 하동군 평사리에 소설 『토지』의 주 무대인 최 참판 댁 가옥을 비롯하여 하동 및 지리산 문학에 대한 이해를 돕고자 건립되었다. 이곳은 한민족의 대서사시인 작품을 드라마화한 <토지>의 촬영지였으며, <토지>에 등장하는 사람들의 집, 마을 그리고 밭이 재현되어 있어 당시의 모습을 상상하며 거닐 수 있는 문학공간이다(이난아 2012, 215).

『순수 박물관』의 가장 특별한 점은 소설을 읽는 것 자체로 끝나는 것이 아니라, <순수 박물관> 건립을 통해 다시 한 번 소설로 발을 들여 놓게 만든다는 점이다. 독자들은 소설이 결말로 향하면서 허구 자체는 끝나지만, 이것이 끝이 아니라 박물관이라는 새로운 실제와 자연스럽게 연결되고, 박물관 자체가 스토리의 연장처럼 느껴지는 것을 경험할 수 있다. 이러한 경험은 독자들로 하여금 작가가 소설 속에서 서술한 전시 콘텐츠를 실제로 눈앞에서 바라보도록 하는 효과를 내고 있다. 소설은 허구라는 공식은 인정하지만, 소설 속의 사실적이고 구체적인 묘사와 구성으로 인해 박물관의 실제 여부에 대해 의심을 하게 되고, 그 의심이 실재한다는 사실에 다시 한 번 신선한 충격을 받게 된다.

파묵은 『풍경의 조각들, Manzaradan Parçalar』(2010)이라는 에세이의 '『순수 박물관』의 영감의 원천들'이라는 챕터에서 어떻게 오브제들을 수집했으며, 이것들을 전시할 박물관 건립 생각을 어떻게 하게 되었는지에 대해 자세하게 설명하고 있다.

"그 거리에서 보았던 것들, 예를 들면 빵가게 진열장에 있는 신선한 빵과 시미

---

3) 국내에서 건립 운영되고 있는 전국 문학관 현황에 관하여, 박덕규, 『문학공간과 글로컬리즘』, 서정시학, 2011, 22-24쪽 참조, 또한 웹사이트에 구축된 해외 문학공간으로 미국, 일본, 러시아 등의 사례를 연구한, 김수복 편저, 『한국문학공간과 문화콘텐츠』, 청동거울, 2005, 89-92쪽 참조하시오.. 또한 문학관을 활용한 문학 활성화 방안에 관하여, 유은지, <문학관을 활용한 문학 진흥 방안 연구>, 단국대학교 석사학위 논문, 2007를 참조하시오.

> 트,[4] 약국 진열장에서 보았던 인간의 내장 기관들을 보여주는 오래된 진통제 포스터 혹은 피클 가게의 진열장에 세심하게 진열된 커다란 유리 병 안에 들어 있는 다양한 피클들의 색깔은 내게 바라보고 싶은 즐거움을 불러일으키곤 했다. 그 모습들을 소유하고 싶고, 그것들을 어떤 틀 속에 넣어 바라보고 싶고, 그것들을 절대 잃고 싶지 않았다. 추쿠르주마 골목에 있는 소박한 벼룩시장, 오래된 테이블에서 재떨이까지, 수저 포크에서 어린 시절 가지고 놀았던 국산 장난감까지 많은 잡동사니들을 파는 가게들, 오래된 잡지, 책, 지도 그리고 사진들을 파는 장소들도 내가 보았던 것들을 어떤 틀 안에 넣고 영원히 보관하고 싶은 바람을 부추기고 있었다. 이 가게들에서 작은 물건들을 사고, 그것들로 하우스 박물관을 세울 생각을 그 즈음 하게 되었다. 박물관으로 만들 매물로 나온 오래된 집을 사기 위해, 이 거리에서 한 때 오랫동안 거닐었다"(Pamuk 2010, 409).

또한, "이후에 박물관으로 변모시킬 집을 구입하자, 내 안에 있던 작은 수집가가 용기를 내었다. 하지만 내게 수집가의 영혼이 없다는 것을 알고 있었다. 어떤 진열장에서 보았던 소금 통, 담배 파이프, 오래된 택시에서 나온 택시미터기 혹은 화장수병을 수집하기 위해서가 아니라, 이 물건들을 내가 쓸 소설의 일부로 만들 생각으로 구입하곤 했었다. 때로는 전혀 생각에도 없었던 물건을, 오로지 그것을 어떤 진열장에서 보고 흥분했기 때문에 구입해서 집으로 가져 오기도 했다. 세상은 나의 소설과 박물관에 넣을 물건들로 들끓고 있었다. 하지만 나의 흥분은 어느 수집가, 시리즈를 모으는 사람의 흥분이 아니라, 이 물건을 어떤 소설과 어떤 박물관의 일부로 만들려고 계획을 세우고 이 상상으로 머리가 어찔해진 사람의 흥분이었다. 그 물건들을, 내 삶에 있는 많은 것들처럼, 어떤 이야기, 어떤 책의 일부가 될 수 있을 거라는 생각에 사랑했던 것이다. 때로는 물건을 내 앞에 놓고, 마치 '사실주의 대가' 포즈를 취하는 플로베르처럼 내 이야기의 일부로 설명하곤 했다. 하지만 주로 이 물건들에 대해 한 번 언급만 하고는, 사실로 착각하게 하는 소설의 끌림에 휩싸이지 않기 위해 내 자신을 억제하곤 했다. 때로는 익히 알고 있는 물건들을 이야기 안에 넣기도 했다. 아버지의

---

4) 겉에 깨를 뿌린 고리 모양의 빵.

옛 넥타이를 케말의 아버지에게 주고, 어머니의 뜨개질바늘을 퓌순의 어머니에게 주는 것 같은 일들을 이렇게 실현시켰다. 왜냐하면 나는 나의 등장인물들이 나의 삶과 가족에서 나온 물건들을 사용하는 것이 좋았기 때문이다. 마치 소설에서 부유한 가족이 사용한 물건들, 헌옷들을 가난한 먼 친척들에게 주는 것처럼 나도 나의 삶에서 알고 있고, 내게 인상을 남긴 오래된 물건들을 찾아 소설의 등장인물들에게 주었다. 때로 어린 시절 내게 인상을 남긴 어떤 물건, 예를 들면 이모가 식탁에서 오랜 세월 동안 사용했던 노란 물병을 기억해냈고, 그 물건을 내 박물관 수집품으로 진열하지 않고 소설에서 등장인물의 식탁에 놓았다."(Pamuk 2010, 410)라는 언급으로 박물관에 전시될 오브제들을 소설 속에서 어떻게 연결시켜 서술하고 있는지를 설파하고 있다.

파묵은, 『순수 박물관』집필 의도에 대해, "나는 박물관과 소설을 동시에 생각하면서, 상상 속 이야기에 나오는 '실제' 물건들을 박물관에 전시하고, 이 물건들에 관한 소설을 쓰고 싶었다."(Pamuk 2010, 15)라고 밝히고 있다. 그는 이러한 생각을 개진시키면서, 새로운 스타일의 소설 집필에 돌입했던 것이다. 파묵의 이러한 박물관 설립 의도는 소설 속 주인공이자 서술자인 케말의 입을 통해, "나의 수집품들도 어떤 이야기의 틀 안에 모아 설명할 수 있을 것이고, 모든 사람들이 낭비했다고 생각하는 나의 삶을 퓌순이 남겨 놓은 것들과 나의 이야기들과 함께 누군가에게 교훈이 될 수 있는 박물관에 전시해 설명할 수 있을 거라고 상상하며 행복해 한다."(오르한 파묵b 2010, 352)라는 말로 암시된다.

소설 『순수 박물관』이 읽는 행위를 넘어 과거를 눈앞에 복원함과 동시에 박물관에 전시되는 물건들을 일일이 세세하게 설명한 '카탈로그 소설'이라고 명명할 수 있는 새로운 문학 장르 개척에 공헌한 바, 실제로 2012년에 『물건들의 순수, Şeylerin Masumiyeti』[5]라는 책이 발간되었다. 이 작품은 한 마디로 박물관에 전시되어 있는 오브제들을 소설의 전개 과정에 따라 스토리텔링화한 전시물 카탈로그라고 할 수 있다.

파묵은 『물건들의 순수』에서, "처음에 구상한 것은 케스킨 가족과 퓌순의 물건들에 관한 백과사전적인 가족 소설 그리고 애정 소설이었습니다. (…) 오늘날

---

5) http://www.idefix.com/Kitap/Seylerin-Masumiyeti/Sanat-Tasarim/Diger-Sanatlar/urunno=0000000398436 검색일자: 2017년 9월 4일.

박물관에 진시되고 있는 케스킨 가족의 물건들, 예를 들면 ‘깨끗한 작업’ 상표 벌레 모기살충제 펌프를 이스탄불에 있는 고물상에서 사 모으기 시작했습니다. 새로운 물건을 발견하면(예를 들면 모과 강판), 소설에 쓸 실제적이며, 기이한 세부사항을 발견했다고 기뻐했을 뿐 만 아니라, 서서히 증가하는 이 수집품들이 언젠가는 건립될 박물관에 잘 어울릴 거라고 상상하곤 했습니다. 이렇게 해서 박물관에 전시될 물건들에 대해 일일이 쓴 메모 형태의 소설을 구상할 수 있다는 생각이 떠올랐던 것이지요. 1990년대 말, 이 소설은 풍부한 세부사항들이 메모된 박물관 카탈로그 행태였습니다. 마치 메모가 된 박물관 카탈로그처럼, 먼저 어떤 물건을 관람객들에게 설명하는 것처럼 독자에게 소개하고, 나중에는 이 물건이 주인공에게 불러일으킨 기억으로 이동되는 것이었습니다.”(Pamuk 2012, 17)라고 밝히면서, 『순수 박물관』이 박물관 카탈로그 형식의 새로운 소설이라는 점을 환기시킨 바 있다.

소설 속 오브제들의 카탈로그
『물건들의 순수』 표지

한편, 『순수 박물관』이 박물관의 전시물 카탈로그로 사용할 수 있도록 구성된 작품이라고 할 수 있는 근거로, “그날 밤 나는 박물관에 있는 물건들의 이야기를 하나하나 자세하게 설명해 줄 카탈로그가 있어야겠다는 생각을 했다. 물론 퓌순을 향한 나의 사랑과 그녀에 대한 사모가 포함되어야 할 것이다. 달빛 아래, 물건들 하나하나는 빈 공간의 일부인 냥 그림자 속에 잠겨 있었고, 아리스토텔레스의 나뉠 수 없는 분자처럼, 나뉠 수 없는 어떤 순간을 가리키고 있었다. 아리스토텔레스가 순간들로 이루어진 선이 시간이라고 했던 것처럼, 물건들이 모여 선을 이루면 하나의 이야기가 될 것임을 깨달았다. 그러니 작가라면 내 박물관의 카탈로그를 한편의 소설처럼 쓸 수 있을 것이다.”(오르한 파묵 b 2010, 374-375)라는 소설 속 서술을 들 수 있다.

다른 문학 공간들은 주로 작가의 생가, 작품의 내용 등 주로 작가 중심의 공간들이지만, <순수 박물관>은 소설에 등장하는 오브제들을 그대로 생생하게 전시하고 있다는 점 즉, 오브제 전시 중심의 박물관이라는 점에서 그 변별성이 있다고 할 수 있다. 다른 표현을 빌자면 시각의 공간화 혹은 평면의 입체화를 이룬 소설이라고 할 수 있다. 파묵은 오브제를 구상하고 전시하기 위해, 오브제들을 통해 소설에서의 구성과 박물관 전시를 구현하는 형식을 채택하고 있다. 일례로 소설에서, "그날 퓌순의 가방에서 끝내 나오지 않았지만 정성스럽게 접어 놓은 그녀의 꽃무늬 손수건을 여기에 전시한다.", "퓌순이 입었던 하얀 팬티, 어린이용 하얀 양말, 지저분한 운동화를, 우리의 그 슬픈 침묵의 순간들을 나타내는 뜻에서 그 어떤 해석도 하지 않고 여기에 전시한다." 등의 구절들이 왕왕 있으며, 이러한 구성 형식은 실제 박물관으로 구현하고 있다는 것을 보여주는 일체감을 형성하고 있다(이난아 2012, 215-216).

이렇듯, 소설은 주인공 케말이 설립한 <순수 박물관>의 수집품들을 일일이 설명하는 형식으로, 독자들로 하여금 마치 많은 세월이 흐른 후 케말이 자신의 과거의 사랑을 들려주는 동시에, 현재 자신이 건립한 박물관의 수집품들을 설명해주는 듯 한 느낌을 들게 만든다. 예컨대 이 소설은 집착적인 사랑 이야기임과 동시에 작가가 전시를 염두에 두고 박물관 카탈로그로 사용할 수 있도록 구성된 작품이라는 점에서 그 의의가 있다.

위에서 언급한 내용을 정리하면 오르한 파묵이 개관한 <순수 박물관>은 다음과 같은 몇 가지 특징이 있다. 첫째, <순수박물관>은 허구(소설)를 실제화(박물관)한 곳이다. 둘째, <순수 박물관>은 소설과 동시에 기획한 전시 공간이다. 셋째, 순수박물관은 작가가 직접 공간기획을 진행한 작가의 또 다른 창작물이다. 넷째, 허구를 실제로 느끼게 하기 위해 사실적인 콘텐츠로 구성된 공간이다.

이렇듯 파묵은 소설이라는 허구를 교묘하게 박물관으로 둔갑시키고 있고, 독자들은 한 남자의 사랑에 대한 긴 토로를 읽어가면서, 어느 순간 그 사랑에 대한 모든 기록이 전시된 박물관을 관람하는 관람객이 되고 만다. 케말은 자신이 퓌순과의 사랑에서 느꼈던 환희, 고통, 상흔까지도 박물관에 진열한다. 퓌순의 향기가 묻거나 그녀를 떠올리게 하는 물건, 그녀와 관련된 모든 흔적들은 그녀를 향한 그의 사랑의 증거나, 구체적인 형상들이다. 파묵은 박물관에 진열된 물건들을 통해 평생 동안 사랑했던 한 여자의 흔적들을 '읽는' 『순수 박물관』에서 '보는' <순수 박물관>으로 재탄생시켜 독자들에게 선보이고 있다.

III. <순수 박물관>의 전시 콘텐츠

『순수 박물관』은 소설 속 오브제들을 통해 소설 구성과 박물관 전시를 구현하는 형식을 띄고 있음을 위에서 밝힌 바 있다. 2012년 4월 전 세계 언론이 모인 자리에서 개관한 이스탄불 소재 <순수 박물관>은 4층으로 구성되어 있다. 박물관으로 탈바꿈한 이 건물은, 1897년에 건축된 4층으로 된 목조 건물로, 파묵이 소설 구상 단계, 그러니까 1999년에 구입했다. 박물관에는 1950년~2000년 사이의 일상생활을 설명하는 다양한 물건들, 사진, 의상, 영상 들이 전시되어 있다. 물론 이 오브제들은 거의 모두 소설에 언급되는 것들이다. 이러한 의미에서 기자회견에서 파묵은 '공간보다는 오브제들이 더 부각'되었으면 한다는 바람을 피력했다.

<순수 박물관>은 소설의 각 장에 등장하는 오브제들이 하나의 상자 안에 들어 있는 형태로 정렬된 공간이다. 입구로 들어가자마자 바로 오른쪽에는 퓌순이 피운 담배꽁초 4,213개가 벽면 가득히 연도별, 날짜별로 전시되고, 바로 옆 벽면에는 담배를 피우는 퓌순의 다양한 감정을 상상할 수 있는 그녀의 손이 영상물로 만들어져 상영되고 있다. 왼쪽 계단으로 내려가게 되어있는 지하층은 박물관 상점으로, 퓌순의 귀걸이이자 박물관의 로고인 나비모양의 귀걸이, 오브제 그림엽서, 각국어로 번역된 파묵의 작품들 등 다양한 제품들이 판매되고 있다. 이 지하층은 박물관 안에서 지하로 내려가게 되어 있지만, 일단 내려가면 그곳이 이 건물의 정원이었음을 알 수 있게 윗부분이 모두 유리로 되어 있어 하늘을 볼 수 있는 특이한 구조로 되어 있다.[6]

박물관의 전시 콘셉트는 각층마다 소설의 전개 과정에 따라 각 챕터들에 나왔던 오브제들이 전시된 형태로 기획되어 있다. 이 오브제들은 실제 여주인공 퓌순이 만졌거나 사용한 물건들 혹은 그녀와의 추억이 깃든 물건들이다. 예컨대 <순수 박물관> 은 현재 속에 존재하지만 과거의 시간을 물건을 통해서 간직하고 있는 공간이라 할 수 있다. 책의 맨 앞부분에 <순수 박물관>을 찾아가는 위치가 표시되어 있는 지도가 들어가 있으며, 소설 종반부에 삽입되어 있는 입

6) 이난아, 『오르한 파묵, 변방에서 중심으로』, 민음사, 2013, 196~197쪽 참조.

장권은 박물관의 실존 여부를 알려주면서 독자들에게 소설의 허구성을 잊게 해준다. 이러한 장치들을 통해 파묵은 허구의 산물인 소설과 실재 세계의 박물관을 연결시키며 이 둘 사이의 경계를 무너뜨리고 있다.

소설의 각 장에 등장하는 오브제들이 상자 속에 배치된 전시 콘셉트[7]

호기심으로, 단순한 관람객으로 <순수 박물관>을 방문할 수 있겠지만, 소설 작품을 온전히 이해한 독자들은 모든 전시 콘텐츠에 더 깊이 몰입을 할 수 있을 것이다. 일례로 소설 속 낭만주의 역사가 마리오 프라츠의 집에 대한 이야기에서, "위대한 작가의 멋진 수집품 이야기와 방과 물건들에 대해 소설처럼 설명해 놓은 책을 꼭 읽어야 한다."(오르한 파묵 b 2010, 376-377)라는 부분이 있듯이, 케말의 전시관 <순수 박물관>은 책을 읽은 사람이 더 깊이 공감하고 이해할 수 있는 전시관이다.

한편 파묵은, "케말이 퓌순을 위해 세우고자 했던 박물관을, 제가 추쿠르주

7) 필자 촬영.

마에 세웠습니다. 이러한 결정을 한 후 저는 지금부터 9년 전에 추쿠르주마에 있는 한 건물을 샀습니다. 그런 후 그 건물을 박물관 공간으로 바꾸었지요. 그런 후 제 자신이 케말이라고 느끼며 물건들을 모으기 시작했습니다. 그리고 가끔 소설에서 이 물건들에 대해 설명했지요."(Pamuk 2010, 442)라고 말하며 소설 집필과 박물관 건립 작업이 동시에 이루어졌음을 피력한 바 있다.

그렇다면 이제 소설 속에서 오브제들이 어떻게 서술되어 있고, 실제 박물관에서는 어떻게 진열되어 있는지를 살펴보자. 『순수 박물관』이 '시각의 공간화 혹은 평면의 입체화'를 이룬 소설임을 감안하여, 이 부분에서는 텍스트에 서술되고 있는 오브제들이 실제 박물관에 어떻게 전시되어 있는지를 텍스트와 전시 콘텐츠를 병렬 비교하여 제시하고자 한다. 박물관에 수많은 오브제들이 소설 챕터의 순서대로 전시되어 있지만, 이 글에서는 지면 관계상 몇 가지 사례만을 들고자 한다.

일례로, 『순수 박물관』제 1권 17장 「이제 내 인생은 당신과 결부되어 있어」에서는 박물관의 상징이 되는 오브제가 등장한다.

> "오랫동안 사랑을 나누던 중에, 우리 둘 다 황홀경에 빠져 숨을 헐떡일 때, 땀에 젖은 그녀의 어깨에 키스를 하고, 그녀를 뒤에서 가볍게 안아 그녀의 안으로 들어간 후, 목과 왼쪽 귀를 깨물었을 때, 그러니까 내 인생의 가장 행복한 순간에는 어떻게 생긴 것인지 그 모양에 전혀 주의하지 않았던 귀걸이가 퓌순의 아름다운 귀에서 푸른색 시트 위로 떨어졌다"(오르한 파묵a 2010, 126).

소설의 첫 문장, 즉 "그때가 내 인생에서 가장 행복한 순간이었다는 것을 몰랐다."라고 서술했던 부분을 이후 자세하게 묘사한 장면이다. 케말과 퓌순이 처음 사랑을 나누는 장면으로, 케말은 이 순간부터 자신도 모르게 퓌순의 물건을 수집하게 된다. 나비 모양의 이 귀걸이는 그녀와의 첫 관계의 기억을 영원히 간직한다는 의미이며, 박물관의 로고이자 입장표에 찍는 도장의 모티프가 될 정도로 소설에서 중요한 오브제이다.

순수 박물관좌로고(좌)와 소설 속에 삽입되어 있는 입장권[8]에 찍는 도장(우)[9]

8) "우리 책을 읽는 사람들은 무료로 박물관에 입장할 수 있게 하겠습니다. 그러니 책에 입장표를 넣는 것이 좋겠습니다.", 오르한 파묵, 『순수 박물관 2』, 민음사, 2010, 386쪽.
9) 필자 촬영. 이후 등장하는 모든 사진들은 필자가 촬영한 것임을 밝힌다.

또한 『순수 박물관』 제 1권 2장 「샹젤리제 부티크」에서는 다음과 같은 묘사가 있다.

> "그녀는 진열장 쪽으로 걸어갔다. 단번에 왼발에 신고 있던 굽 높은 노란색 신발을 벗고, 정성스레 빨간색 매니큐어를 바른 맨발로 진열장 바닥을 밟고는 마네킹으로 몸을 뻗쳤다. 나는 먼저 그녀가 벗어 놓은 신발을 보았고, 그다음에는 길고 아름다운 다리를 보았다. 5월도 되지 않았지만 벌써부터 햇빛에 그을려 있었다"(오르한 파묵a 2010, 20).

이 장면은 케말이 약혼녀에게 선물로 줄 제니 콜롱 가방을 사러 들어 간 샹젤리제 부티크에서, 그곳에서 일하는 먼 친척 퓌순을 처음 만나던 순간을 묘사한 부분이다. 케말은 퓌순을 보고 한 눈에 반하게 되며, 위에 전시된 노란 색 신발을 시작으로 그녀의 몸 전체를 살펴보는 부분이다. 특히 노란 신발은 케말이 그녀를 처음 봤을 때 신고 있던 신발이라는 점에서 중요한 오브제라고 할 수 있다.

『순수 박물관』 제 2권 68장 「담배꽁초 4213개」에는 박물관의 가장 거대한 전시물이 될 담배꽁초에 대한 언급이 나온다.

> "케스킨 씨네 집 식탁에 앉아 있던 팔 년 동안, 나는 퓌순이 피운 4213개의 담배꽁초를 가져와서 모았다. 한쪽 끝이 퓌순의 장미꽃 같은 입술에 닿고, 입속으로 들어가고, 입술에 닿아 젖고 입술에 바른 립스틱 때문에 붉은색으로 멋지게 물들어 있는 이 담배꽁초 하나하나는, 깊은 슬픔과 행복한 순간의 추억을 간직하고 있는 아주 특별하고 은밀한 물건들이다"(오르한 파묵b 2010, 199).

퓌순이 피운 4213개의 담배꽁초 전시물은 <순수 박물관>에 들어가자마자 바로 오른쪽 벽 한 면 전체를 차지하고 있는 박물관에서 단연 눈에 띄는 오브제이다. 오브제들 맨 위에는 퓌순이 피우고 끈 담배공초의 연도와 날짜들이 적혀있다. 박물관에 전시된 수많은 오브제들 중 이 담배꽁초는 케말의 퓌순에 대한 관심, 그녀의 행동을 하나라도 놓치고 싶어 하지 않는 마음, 그녀의 모든 표정까지도 기억하고자 하는 그의 집착적인 사랑을 그대로 보여주고 있는 전시물이라

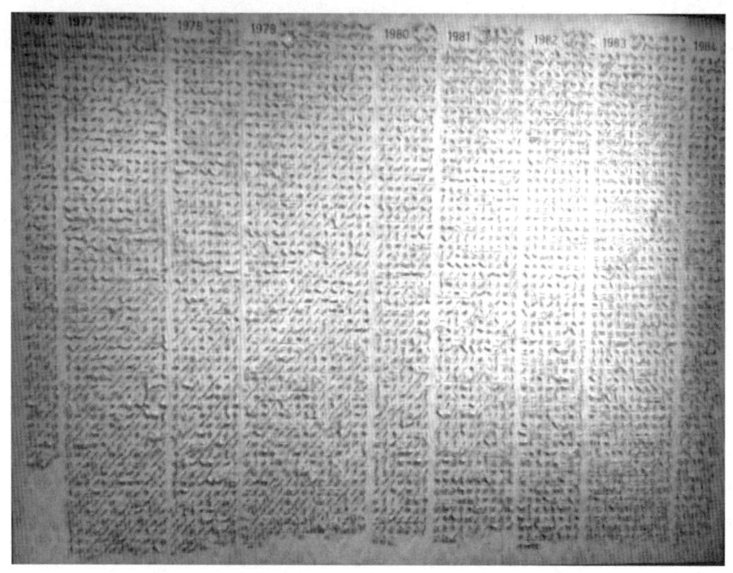

고 할 수 있다.

한편 『순수 박물관』 제 1권 31장 「그녀를 떠올리게 하는 거리들」에서는 퓌순이 사라진 후 그녀를 생각나게 하는 거리들로 들어가지 않기 위해 안간힘을 쓰는 케말의 심정이 그대로 드러나고 있다.

> "여기에, 그 시절 안간힘을 써서 떠올리고 파악하려고 했던 새 니샨타쉬 지도를 전시한다. 붉은색으로 칠해진 장소와 거리로는 절대 들어가지 않기로 했다. 왈리코나으와 테쉬비키예 대로가 교차하는 곳 근처에 있는 샹젤리제 부티크, 멜하메트 아파트가 있는 테쉬비키예 대로, 경찰서와 알라딘 가게의 모퉁이는 이 지도에 있는 것처럼 내 머릿속에서도 붉은색이었다. 당시는 압디 이펙치 대로가 아니라 엠락 대로였던 길, 나중에 이름이 '제랄 살리크 길'로 바뀌어 니샨타쉬 사람들이 '경찰서 길'이라고 했던 그 길, 퓌순네 가족이 살고있는 쿠유루 보스탄 길, 그리고 이 붉은 길들로 통하는 옆길에 가는 것도 금지했다. 주황색으로 표시한 곳들에는, 아주 필요한 경우에만, 만약 술을 마셨을 때나 일 분을 절대 넘지 않는 지름길이라면 뛰어서, 곧 벗어날 수 있다는 전제하에 들어갈 수 있었다. 우리 집과 테쉬비키예 사원은 주의하지 않는다면 사랑의 고통에 휩쓸릴 주황색 옆길에 있었다. 노란색 길에도 주의해야 했다. 매일 그녀와 만나기 위

해 사드사트에서 나와 멜하메트 아파트로 걸어갔던 길은, 퓌순이 샹젤리제 부티크에서 나와 집으로 갈 때 갔던 길(나는 그 길을 항상 상상했다.)처럼 고통을 증가시킬 위험한 기억과 덫으로 가득 차 있었다"(오르한 파묵a 2010, 270).

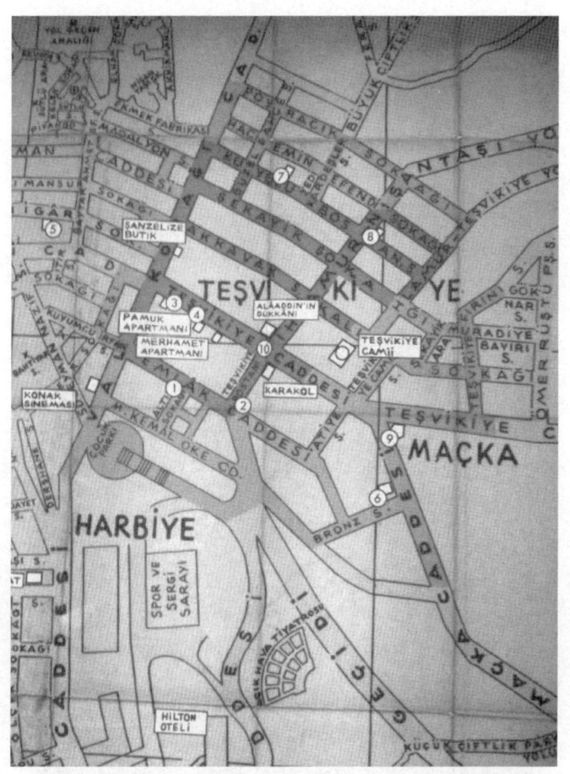

퓌순을 연상시키는 모든 장소와 길들을 표시해 놓은 위 지도는 케말과 퓌순의 사랑과 추억들을 집약적으로 느낄 수 있는 오브제이다. 케말은 이 지도에 빨강, 주황, 노란색으로 표시를 하여, 이 길들을 덫으로 가득 찬 출입 금지 지역으로 지정하면서, 그들의 어린 시절의 만남에서부터 멜하메트 아파트에서 사랑을 나누었던 시절을 떠올리며 괴로워한다.

또한 『순수 박물관』제 1권 37장 「빈 집」장에는 다음과 같은 묘사가 있다.

"나는 퓌순의 방에 있는 그녀의 향기, 한구석에 드리워진 그녀의 그림자, 그녀를 퓌순이게 하고 그녀가 모든 삶을 보낸 이 집의 구조, 벽과 너덜너덜 벗겨진

벽지를 사랑을 다해 내 기억에 새겼다. 벽지의 가장자리를 크게 찢어 가져왔고, 퀴순이 썼을 거라고 생각했던 작은 방의 문손잡이도 그녀가 그 손잡이를 십팔 년 동안 만졌을 거라고 생각하며 주머니에 넣었다. 목욕탕에 있는 저수통 쇠사슬 끝에 달려 있는 도자기 손잡이는 내가 만지자 떨어져 나오는 바람에 내 손에 남게 되었다. 구석에 내던져진 종이들과 쓰레기 속에서, 퀴순의 망가진 인형의 팔과, 커다란 유리구슬, 그녀의 것이 확실한 머리핀을 찾아내 주머니에 넣었다" (오르한 파묵a 2010, 303).

케말은, 퀴순이 사라진 후 그녀에 대한 그리움을 견디다 못해 그녀가 살던 집을 찾아가게 된다. 하지만 이미 퀴순은 이사를 간 후였고, 빈 집에서 그녀의 체취가 남아 있는 물건들을 수집해 오는 장면을 묘사하고 있다. 케말은 퀴순과 만나지는 못했지만 그녀와 관련된 물건들로 조금이나마 위로를 느끼게 된다.

"그녀가 어머니의 서랍에서 찾아낸 오래된 손거울을 마이크처럼 들고는 유명한 가수(그리고 진행자)인 하칸 세린칸를 흉내 내던 일, 그녀가 어렸을 때 재봉사인 어머니를 따라 우리 집에 오면 나의 어머니가 내 장난감 앙카라 특급 기차를 가지고 놀라고 주었던 일, 나의 또 다른 장남감인 우주 권총을 가지고 함께 놀면서 방아쇠를 당기고 어수선한 방 한구석으로 사라진 프로펠러를 함께 찾으며 웃던 일을, 그 물건들을 손으로 만져 보면서 떠올렸고 위로를 얻었다. 지극히 행복했음에도 불구하고, 가끔 우리의 마음을 우울하고 어둡게 하는 슬픔의 구름이 침묵을 몰고 오면, 퓌순은 내가 여기에 전시한 설탕 통을 들고 나를 바라보며 문득 '시벨 씨를 만나기 전에 나를 알았더라면 하고 바란 적 있어?'라고 물었던 것을 기억해 냈다"(오르한 파묵a 2010, 256).

이 인용 부분은 『순수 박물관』제 1권 28장 「물건들이 주는 위로」에서 나오는 묘사이다. 이 서술에 해당하는 전시 콘텐츠는 다음과 같다.

소설 속 묘사가 박물관에 전시된 또 다른 사례를 들면 아래와 같다.

"나는 개조가 끝난 박물관으로 수집품들을 옮겼다. 퓌순과 사랑을 나누었던 멜하메트 아파트의 침대 프레임, 곰팡내 나는 매트리스, 푸른색 시트는 지붕 층으로 올렸다"(오르한 파묵b 2010, 371-372).

박물관의 맨 위층인 지붕 층에는 케말이 장차 자신이 세울 박물관에 영감을 얻기 위해, 세계의 수많은 박물관을 둘러보러 다닐 때 들고 갔던 여행가방, 퓌순과의 어린 시절 추억이 담긴 세발자전거, 케말이 입었던 푸른색 줄무늬 파자마가 침대 프레임에 걸쳐진 모습도 전시되고 있다.

위에서 언급한 오브제들 이외에 작품 전체에 걸쳐 퓌순의 향기가 담긴 오브제들이 일일이 열거되고, 이 오브제들은 박물관에 고스란히 전시되어 있다. 예컨대, 영화표, 영화 포스터, 다양한 사진들, 약 상자, 연필, 도자기 골무, 소금 통, 케스킨 씨네 집 텔레비전 위에 놓였던 도자기 개 인형, 깨진 도자기 심장, 라크 병과 잔, 성냥갑, 과일 사이다 멜템 병, 이스탄불 풍경 사진, 아버지가 사랑한 애인의 사진과 진주 귀걸이, 식당 메뉴판, 회사 로고가 찍힌 봉투, 배우나 유명인의 사진, 도시의 일상적인 삶에 관한 사진들, 수많은 손목시계들.... 파묵은 소설에서 <순수 박물관>에 전시된 전시품들은 그 물건에 얽힌 사연과 그것들의 확보 과정을 세세히 묘사하는 방식을 취하고 있다.

위에서 예를 든 것처럼, 각각의 의미를 가진 <순수 박물관>의 오브제들은, 독자들이 <순수 박물관>을 찾는 동기가 되어줄 것이고, 소설을 읽으며 특별히 감명 깊었거나, 기억에 남았던 오브제들을 현실 공간에서 보며 『순수 박물관』을 읽었을 때 느꼈던 감정과 생각을 다시 떠올리게 해주는 역할을 한다.

한편, <순수 박물관>에는 케말이 사랑한 퓌순과 관련된 물건 이외에도 이스탄불 사람들의 과거를 알 수 있는 민속학적 자료 역시 전시되어 있고, 소설에 등장하는 오브제들을 실재하는 <순수 박물관> 에 전시된 자료들과 계속해서 연결해 묘사함으로써 소설과 실재하는 박물관 사이의 연관성을 더욱 높이고 있다.

IV. 결론

오르한 파묵은 현재까지 자신의 많은 작품에서 장르 파괴 시도를 하고 있으며, 특히 소설 『순수 박물관』에서는 세계문학사상 최초로 '허구'가 '실재'로 변모하는, 즉 소설을 현실 속으로 끌어 낸 박물관 콘텐츠를 통해 문학의 확장 가능성을 보여주고 있다. 『순수 박물관』은 짧은 기간 동안 사랑을 나눈 한 여자를 평생 동안 그리워하면서, 그녀와 관련된 추억들 이 간직된 물건들을 모으고, 종국에는 그 물건들을 전시할 박물관을 만든다는 남자의 이야기가 그 내용이다.

주인공 케말은 감정이나 사람이 아니라, 사랑하는 대상에게 속해 있던 모든 물건을 통해 자신의 사랑을 증명하고, 그것을 영원히 남기려는 시도를 했던 것이다. 이는 마치 존재하지 않는 허구의 대상을 존재한 대상으로 추억하고 기념함으로써, 그리고 그 존재가 있었다는 증거들을 모두 수집하여 박물관으로 세움으로써, 예술적 상상력이 얼마든지 현실로 창조될 수 있으며, 나아가 불멸로 이끌 수 있다는 것을 증명하고자 하는 신념과 의지일 수 있다(이난아 2013, 170).

『순수 박물관』이 이전에 발표된 작품들과 변별되는 점은 소설과 같은 이름의 '순수 박물관'의 실제 건립이라 할 수 있다. 케말은 자신이 일평생 사랑했던 퓌순을 영원히 기억하기 위해 그녀가 살았던 집을 그대로 복원하여 소설과 동명의 박물관을 세계의 독자들에게 공개한다. 케말이 이미 이 세상을 떠난 사랑하는 여인을 영원히 가슴에 간직하는 방식은 다름 아니라 그녀를 기억하는 박물관을 짓는 것으로 실현된다. 소설 『순수 박물관』은 케말이 오르한 파묵에게 '순수 박물관'에 전시될 물건들에 얽힌 사연들을 소설 형식으로 써 달라고 부탁한 작품이며, 소설은 이렇게 탄생하게 되었다(이난아 2012, 209).

과거의 시간을 간직하고 있는 박물관은 추억을 회상하기 좋아하고, 기억을 잃고 싶지 않은 사람들의 본능에 부합하는 장소이다. 소설 『순수 박물관』의 경우, 당대 터키 사회를 반영하면서, 그 시대 속에서 살았던 두 젊은이의 사랑이야기가 담긴 박물관으로 거듭난다. 그들의 사랑은 박물관에 전시되고, 시간은 당시에 멈춰 있다.

기존의 문학박물관들과 <순수 박물관>의 변별성은 파묵이 작품을 집필하면서 박물관으로 변모시킬 건물을 구입했다는 점이다. 더불어 박물관 구조나 전시물 배치 역시 작가가 직접 기획한 것이다. 이와 같은 기획은 소설 서사방식에 영향을 미치면서, 케말이 박물관의 전시품과 그에 얽힌 사연들을 설명하면서 전개되고 있다. 즉, 파묵은 박물관과 수집품을 소재로 소설을 집필했고, 소설에 묘사된 대로 박물관을 건립했던 것이다.

파묵은 소설 속 이야기를 집요하게 독자의 주의를 끌기 위해 박물관에 전시된 물건들과 연결하여 서술하고 있는데, 이는 독자들이 소설을 들고 박물관을 돌아다니는 느낌을 주는 효과를 내고 있다. 예컨대, 『순수 박물관』은 소설이자 박물관의 카탈로그라는 이중의 역할을 수행하고 있으면서도, 한편으로는 소설을 쓰는 동시에 박물관을 세운 것인지, 소설을 다 쓴 후에 박물관을 세운 것인지에 대한 모호한 의문을 품게 만들기도 한다.

이처럼 『순수 박물관』은 소설의 허구 공간을 넘어서 실재하는 공간으로 탈바꿈하여 독자들이 직접적으로 체험할 수 있는 현실 공간으로 거듭남으로써 두 연인의 추억은 박물관에 영원히 존재하게 되었고, 이들의 사랑 역시 박물관 전시물을 통해 독자들에게 영원히 기억될 것이다.

<참고문헌>

가브리엘 가르시아 마르케스, 『콜레라 시대의 사랑』(송병선 옮김), 민음사, 2004.

박덕규, 『문학공간과 글로컬리즘』, 서정시학, 2011.

스콧 피츠제럴드, 『위대한 개츠비』(김욱동 옮김), 민음사, 2003.

김수복, 「한국문학 공간과 문화콘텐츠」, 청동거울, 2005.

오르한 파묵, 『순수 박물관 1』, 『순수 박물관 2』(이난아 옮김), 민음사, 2010.

유은지, <문학관을 활용한 문학 진흥 방안 연구>, 단국대학교 석사학위 논문, 2007.

Pamuk, Orhan, Manzaradan Parçalar, İletişim, 2010.

______, Saf ve Düşünceli Romancı, İletişim, 2011.

______, Şeylerin Masumiyeti, İletişim, 2012.

이난아, "문학 공간의 문화콘텐츠화", 중동연구 31권 2호. 2012.

______, 『오르한 파묵, 변방에서 중심으로』, 민음사, 2013.

인네넷 사이트

http://www.sabah.com.tr/kultur_sanat/edebiyat/2013/01/15/masumiyet-muzesi-odule-aday 검색일자: 2013년 2월 7일.

http://www.idefix.com/Kitap/Seylerin-Masumiyeti/Sanat-Tasarim/Diger-Sanatlar/urunno=0000000398436 검색일자: 2017년 9월 4일.

05
문학교육의 활성화 방안
-『이스탄불, 도시 그리고 추억』의 문학 공간 답사 콘텐츠를 중심으로 -

I. 서론

현 시대에 들어 와 문학교육은 단순히 문학에 대한 지식을 전수 혹은 전달하는 데 한계를 절감하고, 학습자들을 더 적극적으로 문학 수업에 동참 시킬 수 있을지에 대한 논의가 활발하게 진행되고 있다. 그 이유는 이제 문학이 변화하는 시대에 발맞춰, 텍스트를 중심으로 강의하고, 학습하는 고전적인 교육의 틀에서 벗어나, 생동적으로 체험하는 향유와 재생산의 대상으로 확장되어야 한다는 사실을 절감하기 때문이다.

대중문화의 대두와 함께 고도로 발전한 전자영상 매체가 지금까지 활자매체의 총아로 군림해온 문학을 밀어내고 그 자리에 이미지의 제국을 건설하기에 이르렀다. 하지만 객관적인 현상이나 사실에 기초를 두고 있는 과학이나 역사보다 주관적 직관과 감성을 중시하는 문학이 오히려 우월하다고 주장해 온 것은 바로 문학이 지닌 상상력이라 할 수 있다. 더구나 문학은 독자로 하여금 자기

반성과 내면 성찰의 계기를 마련해 주기도 한다. 문학 작품을 통해 정신과 내적 대화를 나누는 행위야말로 광활한 인간의 정신세계를 탐색하는 지적 모험이며 내적 탐구이다(이난아 2012, 208).

이렇듯 급속도로 변하는 정보화, 다매체 그리고 문화 산업의 시대에 발맞춰 대학교육 현장의 문학 교육 분야에서도 다양한 변화와 시도가 이루어지고 있다. 종래에 수동적으로 텍스트를 분석하는 데 기반한 문학 교육이 디지털 시대를 살아가고 있는 학생들을 문학으로 끌어당기기에는 역부족이기 때문이다.

이러한 디지털 시대에 가장 많이 적용되는 문학 교육 프로그램은 문학 텍스트에 묘사된 공간을 주로 기행하는 문학답사라고 할 수 있다. 답사는 단순히 주변의 풍광과 여흥을 즐기는 관광이 아니다. 기행이 대상 현장에 방문해 그 지역을 배우고 느끼는 학습이라면, 답사는 기행보다 더 적극적인 '학습의지'가 담겨져 있다고 할 수 있다. 문학의 역동성과 현장성을 강조하여 문학을 '개인적인 독서체험에서 집단적인 활동체험으로 변화'시키고 '문학작품을 문화산업'에 적용시키려는 일련의 작업도 이러한 인식에서 출발하고 있다(김명준 2005, 33).

주지하는 바, 문학공간은 문학작품에서 사건이 진행되고, 등장인물들이 활동하는 무대 혹은 현장을 의미한다. 독자들은 문학 작품을 읽으며 머릿속에서 작품을 재현시키는데, 문학 공간은 이러한 재현 과정에서 작품 전체의 배경과 분위기를 형성하여 작가와 독자 간의 공감대 형성에 기여한다. 이러한 과정을 거쳐야만 비로소 독자들은 문학 작품 속 인물, 성격, 감정, 사건 그리고 분위기 등을 더욱 효과적으로 이해하고 받아들일 수 있다.

문학 작품에서의 공간은 단순한 배경 차원이 아니라 여러 가지 형태로 표현되고 다양한 의미를 지니는 것이며, 특히 작품의 '총체적 이해'나 '구조적 이해'라는 맥락에서 중요한 단서를 제공하는 것으로 인식되고 있다(김종건 2004, 19).

이 글에서는 이러한 총체적 이해 차원에서 오르한 파묵(Orhan Pamuk, 1952~)이라는 작가를 탄생시킨 실제 배경이며, 오르한 파묵의 작품 세계의 근간을 이루는 이스탄불의 문학 공간을 교육 현장에 접목시키는 시도를 할 것이다. 이러한 시도를 하는 데 있어, 자전적이며 회고록 성격을 띤 에세이 『이스탄불, 도시 그리고 추억』을 연구 텍스트로 삼아 문학 답사 콘텐츠를 제시하고자 한다. 이 작품은 자전적 회고록이라는 특성 상, 작가의 실제 삶이 서술되기 때문에, 허구인 소설보다는 문학공간으로 등장하는 장소나 지역들이 실제 존재한다는 장점이 있어 문학답사로서 최적의 텍스트라고 할 수 있다.

이스탄불에서 나고 자란 파묵은 세계적으로 '터키 작가'라기보다는 '이스탄불 작가'로 더 잘 알려져 있으며, 작가 스스로도 "나는 이스탄불 소설가입니다."[1]라고 말하며 자신의 문학적, 공간적 배경이 자신을 키운 도시 이스탄불임을 밝혔다.

오르한 파묵의 모든 작품을 이해하는 데 있어 가장 중요한 키워드는 다름 아닌 도시 '이스탄불'이다. 이스탄불에서 태어나고 자랐으며 현재까지 이 도시에서 살고 있는 파묵 역시 자신에게 있어 이스탄불은 떼려야 뗄 수 없는 관계임을, "사람들은 상대방에게서 무엇인가를 알려고 할 때 항상 '기원'을 묻곤 한다. 내게 있어 이는 별로 중요하지 않다. 남들이 내게 나의 삶을 얘기하라고 한다면, 나는 40년 전에 이스탄불에서 태어났습니다, 라고 말하지 않을 것이다. 나는 이스탄불에서 살며 여기서 글을 쓰고 있습니다, 라고 말할 것이다. 더 자세히 말한다면, 나는 책상 앞에 앉아서 글을 쓰고, 이스탄불 거리를 걷습니다. (…)도시의 거리에서 걷고, 도시의 삶을 호흡하고 글을 쓰는 것. 이것이 나의 낙관적인 사고입니다."(Pamuk 199, 295)라는 말로 시사하고 있다.

우리는 작품 속 배경이 되는 장소를 체험함으로써 문학작품에 대한 이해의 폭이 넓어지고, 작가의 확장된 삶의 공간이라고 할 수 있는 문학 속 공간을 해석하면서 새로운 체험을 할 수 있고, 이는 사고의 확장으로 이어진다. 이러한 문학답사는 작가와 독자와의 공감 및 소통을 가져와 감정의 공유를 경험할 수 있다는 점에서 작금의 문학 교육이 지향할 바람직한 방향이라고 할 수 있다.

II. 자전적 에세이 『이스탄불, 도시 그리고 추억』

터키는 동양과 서양을 연결하는 지형적 특징으로 대륙과 문명과 역사를 잇는 중요한 길목이며, 네 개의 바다 - 에게 해, 지중해, 마르마라 해, 흑해 - 로 둘

1) Orhan Pamuk(1999). *Öteki Renkler*, İletişim Yayınları, İstanbul, p.295.

러싸여 있는 자연환경 때문에 동·서양 문화의 다리 역할을 하고 있다.

터키를 대표하는 이스탄불은 아시아 대륙과 유럽 대륙 사이 즉, 두 개의 대륙에 속해 있는 세계 유일의 도시이며, 그 도시의 중심을 지나고 있는 보스포루스 해협은 흑해, 마르마라 해 그리고 골든 혼 만(灣)으로 이어져 있다. 이러한 이유와 더불어 인류 역사상 길이 남을 문명을 이룩한 여러 제국들의 수도라는 역사적 배경, 그리고 기독교와 이슬람의 종교적인 성지라는 과거의 영광을 여전히 간직하고 있다.

역사에 관해 약간이라도 관심이 있는 사람이라면 누구나 알고 있듯 이스탄불은 동로마 제국과 오스만 투르크 제국의 수도였던 도시다. 이 때문에 이스탄불에는 과거의 찬란하고 영화로웠던 유산이 도시 전체에 산재해 있으며, 대제국의 수도였던 영예와 더불어 시간이 축적한 고풍스러움과 그 숨결이 고스란히 숨 쉬고 있다. 이 때문에 역사학자 토인비는 이스탄불을 일컬어 '인류 문명이 살아 있는 거대한 옥외 박물관'이라고 언급했을 것이다.

이 글에서 우리가 답사하고자 하는 이스탄불은 이러한 파란만장했던 역사의 현장 혹은 동·서양 문화의 교차로로서의 장소가 아닌 오르한 파묵의 텍스트에 나타난 문학 작품의 공간이다. 파묵은 이스탄불을 화려한 제국의 중심으로 묘사하지 않고, 폐허의 정서가 감도는 음울한 분위기로 묘사하고 있는데, 그건 어쩌면 세계의 중심이었던 이스탄불의 몰락이 부여한 비애의 감정이 이입되었기 때문이라고 해석할 수 있다.

오르한 파묵이라는 작가로서의 정체성은 자연스레 이스탄불과 동일시된다. 문학과 도시의 상관관계는 오르한 파묵과 이스탄불이라는 관계를 넘어 세계 유수의 여러 작품에서도 쉽게 찾아볼 수 있다. 이를테면, 우리는 제임스 조이스라는 작가의 작품을 통해 자연스럽게 그 작품의 토대가 된 도시 더블린을 떠올리며, 카프카에게는 프라하, 랭보에게는 파리를 연상하며 그 작품의 존재 의미를, 등장인물과 시간의 존재 의미를 가능하게 만든 공간, 즉 도시라는 존재와 자연스럽게 맞닥트린다. 도시는 문학이라는 예술에서 단순히 공간적 배경을 담당하는 역할을 넘어 작가나 등장인물이 경험하게 되는 특별한 문학적 체험을

가능케 하는 영감의 공간으로서의 역할을 담당한다(이난아 2008, 203).[2)]

이스탄불이라는 도시는 한 마디로 파묵이라는 작가의 정체성이자 내적 감수성 형성에 지대한 영향을 미쳤다. 『이스탄불, 도시 그리고 추억』은 단순한 도시 관광 가이드북이나 작가 개인의 사적인 기록을 나열한 자서전[3)]이나 회상록 차원을 뛰어 넘는 도시와 개인사를 병렬하여 다룬 작품이다. 이러한 특징에 대해 파묵은 이 작품에서 다음과 같이 서술하고 있다.

> "(…) 우리 작은 가족이 여기 저기 균열과 파열로 부스러지며 가난해져 붕괴되고 있을 때, 할머니 집을 방문할 때마다 내 마음 속에는 어떤 슬픔이 일었다. 오스만제국의 몰락이 이스탄불에 부여한 의기소침과 상실감 그리고 비애감이 또 다른 구실로 약간은 뒤늦게, 결국 우리 가족에게도 찾아왔던 것이다"(파묵 2008, 35).

이렇듯 이 작품은 단순히 이스탄불을 개인적 기억이나 추억이라기보다는 역사적 흐름과 가족사를 맞물려 서술하고 있다는 점에서 특별하다고 할 수 있다. 한 개인의 역사가 축적되어 역사가 된다는 것을 증명하기라도 하듯.

『이스탄불, 도시 그리고 추억』은 오르한 파묵이라는 작가의 1인칭 시점에서 자신의 과거(유년기와 청소년기)가 이스탄불 변천사와 함께 다루어지고 있다. 즉, 한 편으로 작가로서의 성장과정, 가족사, 개인사 등이 다루어지고 있는 반면, 다른 한편으로는 이스탄불이라는 도시의 정체성을 자신이 어떻게 체화했는지에 대한 기록적인 측면이 있다.

---

2) 한국 문단의 경우를 보면, 작가들이 자신들의 작품의 공간적 배경으로 서울의 일정한 장소를 택하고 있지만, 이 작품들은 대부분 서울이라는 도시 그 자체가 텍스트의 주인공이 아니며, 단지 사건이 일어나는 장소만이 묘사되고 있다. 이밖에도 박태원의 소설에 등장하는 종로나 황석영 소설의 삼포, 김승옥의 무진, 이순원의 수색 등 여러 공간적 배경을 일례로 들 수 있겠으나, 등장인물과 도시라는 배경 그리고 이야기가 하나로 완전히 맞물려진 작품을 찾기는 힘들다. 이난아(2008). "도시와 문학: 오르한 파묵의 『이스탄불-도시 그리고 추억』을 중심으로", 『외국문학연구』 제32호, 209~210쪽.

3) 르죈느가 규정한 자서전에 대한 정의는, "개인의 삶, 특히 자신의 성격의 스토리에 초점을 두고서 누군가 자신의 존재로부터 만들어내는 산문으로 된 회고록 이야기는" 곧 자서전의 형식이자, 작가, 서술자 그리고 주인공이 동일한 인물임을 말한다. 최경도(2008). "전기, 자서전, 소설: 자기표현 양식의 변화", 『외국문학연구』제30호, 한국외국어대학교 외국문학연구소, 124쪽.

이러한 의미에서 파묵이 "콘래드, 나보코프, 나이폴처럼 언어, 국민, 문화, 나라, 대륙, 더욱이 문명을 성공적으로 바꾸면서 글을 쓴 작가들이 있다. 그들이 창조적 정체성을 유배 혹은 이주에서 얻었던 것처럼, 내가 항상 같은 집, 거리, 풍경 그리고 도시에 매여 사는 것이 나를 나타낸다는 것을 알고 있다. 이스탄불에 대한 이 예속감은, 도시의 운명도 사람의 성격이 된다는 의미이다."(파묵 2008, 19-20)라고 서술한 바 있듯이, 이스탄불은 그의 작가적 정체성의 근간이라고 할 수 있다.

『이스탄불, 도시 그리고 추억』이 자전적 회고록이라는 성격상 개인의 삶이 부각되고 있으며, 파묵의 실제 체험에 기초를 두고 있어 주관적이라는 점은 부인할 수 없지만, 파묵은 다양한 자료들을 제시하면서 객관적 사실들을 묘사하려는 노력도 기울이고 있다. 즉, 무척 내밀한 경험과 감성적인 사적인 기록과 함께 특히 외부인들 예컨대 네르발, 고티에, 플로베르 등의 이스탄불에 관한 글, 멜링의 회화를 통해 이스탄불을 객관적으로 접근하고자 했던 것이다.

이 작품에서 파묵은 현재의 이스탄불이라는 도시를 '비애' 혹은 '몰락'이라는 단어로 요약한다.

> "한편 이 죽은 문화, 몰락한 제국의 비애는 사방에 흩어져 있었다. 이는 내게 서구화와 현대화 바람보다는 몰락한 제국이 남긴 슬픔을 안겨 주었고, 가슴 아픈 기억들로 가득 찬 물건들로부터 벗어나려고 허둥거리는 느낌을 주었다. 갑자기 죽은 아름다운 애인이 남겨 놓은 파멸적인 추억에서 벗어나기 위해 옷, 장신구, 물건, 사진들을 다급하게 버리는 것처럼. 그 자리에 강하고 새로운 것, 서구적 혹은 토착적인 현대적 세계를 건설하지 못했기 때문에 이 모든 노력은 더더욱 과거를 지우는 셈이 되었다. 저택들은 불타고 허물어졌으며, 문화는 단순화되고 불완전해졌고, 집 안은 존재하지 않는 어떤 문화의 박물관처럼 정렬되었다. 오랜 세월이 흐른 후, 서서히 나의 내면에 영향을 미친 이 모든 이상함과 슬픔을 나는 답답함과 침울함으로 어린 시절에 경험하게 되었다"(파묵 2008, 51-52).

파묵이 이스탄불을 몰락의 이미지, 비애의 이미지로 느꼈던 것은 찬란했던 오스만 투르크 제국 시절 삼 대륙을 호령했던 힘과 화려함은 사라지고, 무기력감, 패배감, 가난이 그 자리를 대신하고 있기 때문이다. 하지만 이스탄불 도시 전체에 대해 느꼈던 이 부정적인 인식들은 오히려 그에게 작가로서의 창작의 근원이 되어 세계적인 작가로 발돋음 하는 데 자양분이 되었다는 것은 특이할 만하다. 또한 이러한 부정적인 이미지는 역으로 그가 이스탄불을 얼마나 사랑하는 지에 대한 반증이기도 하다.

『이스탄불, 도시 그리고 추억』에서는 이스탄불이라는 공간 자체가 이야기로 확장되고 있다. 이 작품이 자전적 회고록이지만 작가인 오르한 파묵이 주인공이 아니라 이스탄불 자체가 주인공이 되는 구성이라는 의미이다.

파묵은 이 작품에서 서양인 관찰자들이나 관광객들이 이스탄불을 과장하여 이국적으로 만든 '관광지로서의 이스탄불' 이미지를 부각시키는 것이 그 의도가 아니었기 때문에, 이 글에서는 작품에 텍스트에 묻어나는 파묵 고유의 감성을 문학 공간 답사 콘텐츠에 반영할 계획이다. 즉, 이스탄불이라는 도시의 다양한 공간이 세계적인 작가가 된 한 인물의 영혼에 어떠한 영향을 미쳤는지에 대해, 작품에 서술된 공간을 중심으로 데이터베이스를 구축하여 문학교육 현장에 연계하면, 학습자들은 작가의 경험이 이스탄불이라는 문학공간에 어떻게 투영되어 있는지를 이해할 수 있을 것이다. 이러한 과정을 거치면 노벨문학상 수상자의 작품은 난해할 것이라는 선입견이 경감되고, 오르한 파묵의 작품에 더 쉽게 다가갈 수 있을 것이다. 이 작품에 나오는 모든 장소를 답사하기에는 그 범위가 너무 넓기 때문에, 오르한 파묵의 문학 세계에 많은 영향을 끼쳤다고 사료되는 주요 공간들을 선정했음을 밝힌다.

III. 『이스탄불, 도시 그리고 추억』의 답사 공간

한 작가가 창출한 파급력이란 때로 상상을 초월하기도 한다. 『이스탄불-도시 그리고 추억』을 읽은 독자들은 파묵이 서술한 이스탄불을 보기 위해 이스탄불 여행을 감행하는 경우도 있다. 일례로 터키의 한 유력 일간지인 <휘리예트 Hürriyet>에는 "스웨덴에서 이스탄불로의 오르한 파묵 여행"이라는 머리기사에서 "오르한 파묵이 노벨문학상을 수상한 이후 터키 특히 이스탄불에 대한 스웨덴 사람들의 관심이 증가되었다.(…) 특히 파묵의 『이스탄불-도시 그리고 추억』이 번역 출판된 후 스웨덴 사람들의 터키 방문이 급증했다."[4]라는 기사가 실려 있다. 이는 한 작가의 작품이 지역 관광 자원 활성화에 지대한 영향을 미치고 있다는 반증이기도 한다.

문학기행 혹은 문학 답사의 유형은 크게 '문학창작의 영감을 얻기 위한 작가의 여행', '독자가 책을 통해 수행하는 가상의 여행', '작가나 작품과 관련된 특정 지역을 여행하면서 작가와 작품에 대한 이해를 높이는 것을 목적으로 하는 여행'(손정훈 2010, 657-658) 등으로 크게 분류된다. 이 글은 세 번째 유형 즉, '작가나 작품과 관련된 특정 지역을 여행하면서 작가와 작품에 대한 이해를 높이는 것을 목적으로 하는 여행'에 해당되며, 작품의 배경이 된 공간을 찾아 가는 여행 범주에 들어간다고 할 수 있다.

허버트는 답사자들이 문학 기행 혹은 문학 답사를 하는 이유로, "첫째, 관광객들은 작가의 삶과 관련된 장소들(예를 들면 출생지, 혹은 집필 장소)을 방문함으로써 향수를 느끼거나 경의를 표할 수 있기 때문이다. 둘째 관광객들이 문학기행지에 관심을 가지게 되는 것은 그곳이 어떤 소설의 배경이 되었기 때문이다. 셋째, 관광객들은 특정한 작가나 이야기보다 색다르고 깊이 있는 감정을 경험하기 위하여 관광지를 찾는다. 마지막으로 관광객들은 작품 자체보다 작가가 자신의 삶에서 어떤 극적인 사건을 경험한 곳을 둘러보고 싶기 때문에 특정한 장소를 방문한다."(이진형 2004, 108-109)와 같은 것들을 들면서 이를 통해 독후 감상을 직접 체험할 수 있는 행위라는 점을 강조한다.

이와 더불어 역사 이래로 터키가 겪고 있는 동양과 서양 문명의 조화 혹은 충돌을 특히 이스탄불 이라는 도시의 현장에서 직접 경험함으로써, 파묵이 자신의 작품들에서 끊임없이 천착했던 정체성 문제에 대해 생각할 수 있는 계기도 될 것이다. 또한 이 책은 자전적 에세이라는 작품의 특성상 구체적인 지명이 언급되어 있어, 작가의 경험 공간을 실제 답사할 수 있다는 장점도 있다.

『이스탄불-도시 그리고 추억』에는 파묵이 이 작품에서 묘사한 공간들, 예컨대 파묵의 성장한 니샨타쉬 구역과 파묵 아파트(『제브데트 씨와 아들들』, 『검은 책』,

4) http://arama.hurriyet.com.tr/arsivnews.aspx?id=8501782, 2008년 3월 20일자.

『순수 박물관』 등 파묵의 거의 모든 작품의 배경이 된 공간), 영화와 드라마의 배경이 된 보스포루스 해협, 베이올루와 탁심 광장, 목조 가옥들, 비잔틴 유적들과 이스탄불 변두리 마을 뿐 만 아니라 세계적인 관광명소이자 역사적 공간들인 성소피아 박물관, 톱카프 궁전, 술탄 아흐메트 사원 등 많은 장소들이 등장한다. 이 작품에서 묘사되는 문학공간을 다 다루기에는 그 범위가 너무 넓어 지면상 작품에 묘사되는 구체적 공간인 '작가의 경험 공간'을 중심으로 다룰 것이며, '역사적 공간'은 다른 지면에서 다룰 것임을 밝힌다.

3-1. 보스포루스

보스포루스 답사는 자연탐방과 결합된 문학 공간 루트라고 할 수 있다. 이 자연환경과 작가 그리고 작품을 연결시켜 이해한다면 작품에 대한 접근이 훨씬 더 용이해질 것이다.

보스포루스 해는 지중해와 흑해를 이어주고, 유럽대륙과 아시아 대륙을 가로지르는 해협이다. 이 해협에 1973년에 '보스포루스 대교', 1988년에 '파티흐 술탄 메르메트 교'가 건설되면서 두 대륙은 연결되어 왕래하기 시작했다.

이 보스포루스 공간은 파묵의 많은 작품에 등장하는 빼놓을 수 없는 문학 공간이다. 일례로 소설 『순수 박물관』에서는 주인공 케말이 약혼녀와 함께 도피의 장소로 보스포루스에 있는 별장에서 머무는 장면이 나올 뿐 만 아니라, 케말이 사랑했던 여자인 퓌순과 데이트를 즐겼던 장소이기도 하다. 이 소설의 한 쳅터에 "보스포루스의 밤, 후주르 식당"이 있을 만큼 이스탄불과 파묵을 상징하는 중요한 공간이다.

오르한 파묵은 보스포루스가 자신에게 얼마나 큰 의미가 있다는 것을 작품 곳곳에서 묘사하고 있으며, 이 작품의 가장 중요한 키워드 중 하나인 문학 공간이다. 작품 내에서 보스포루스를 전면에 내세운 챕터로, "제 6장: 보스포루스 탐험", "제 7장: 멜링의 보스포루스 풍경", "제22장: 보스포루스를 지나가는 배들, 화재, 가난, 이사 그리고 다른 큰 재앙들", "제30장: 보스포루스 위에 떠 있는 배에서 나는 연기" 등이 있을 만큼 이 공간은 파묵의 삶에 미친 영향이 지대하다.

보스포루스는 그가 어린 시절부터 바라보며 자랐던 공간이다. 파묵은 보스포루스를 지나가는 배들이 굴뚝으로 뿜어내는 연기가 도시로 퍼지는 모습을, 학교로 가는 버스 안에서 보스포루스의 물이 아침 햇살에 반짝거리며 색을 바꾸는 모습을 좋아했다.

파묵은 보스포루스는 이스탄불의 혼이며 힘의 원천이라고 말하며, 이 작품 전체에 깔려 있는 '비애', '멜랑콜리' 이미지와는 완전히 다른 공간으로 서술하고 있다.

> "도시가 패배, 파괴, 좌절, 침울, 빈곤으로 은밀히 썩고 있는 반면, 보스포루스는 삶에 대한 애착, 흥분, 행복감으로 내 머릿속에서 깊이 합치되었다. 이스탄불의 혼과 힘은 보스포루스에서 비롯된다"(파묵 2008, 75).

> "보스포루스에서 노니는 즐거움이란, 거대하고, 역사적이고, 방치된 도시 속에 살면서 깊고, 힘차고, 변화무쌍한 바다의 자유와 힘을 당신의 마음속에서 느끼는 것이다. 보스포루스의 급류에서 빠르게 전진하는 여행객은 복잡한 도시의 더러움, 연기, 소음의 한가운데서 바다의 힘이 자신에게 전이되고, 그 모든 군중, 역사, 건물 속에서 여전히 홀로 자유로울 수 있다는 것을 느낀다"(파묵 2008, 79).

『이스탄불-도시 그리고 추억』에서 이스탄불이 전반적으로 상실의 이미지, 멜랑콜리의 이미지로 그려지고 있는 반면, 보스포루스를 서술하는 지면에서는 활력이 넘치며, 변화무쌍하며, 긍정적인 에너지 그리고 자유의 에너지가 분출하고 있다.

> "어린 시절 모두 함께 자동차를 타고 갔을 때도 느꼈던 보스포루스의 즐거움 중 하나는 이곳에서, 오스만제국의 문명과 문화가 서구의 영향 아래 들어가긴 했지만, 자신의 고유함과 힘을 잃지 않은 매우 번창한 시기의 유적들을 보는 것이었다. 페인트칠이 벗겨진 해안가 저택의 멋진 철문, 여전히 건재 하는 이끼가 낀 두껍고 높은 벽, 아직 불에 타지 않은 창문 덧문, 목공 기술, 혹은 해안 저택

보스포루스 해안 저택들, 사진출처: 필자

> 들 뒤에 있는 높은 언덕까지 펼쳐져 있으며 유다 나무, 소나무, 100년 된 플라타너스로 뒤덮인 어둠 속 정원들을 보고는 시대를 마감하고 남긴 휘황찬란한 문명의 흔적들을 감지하곤 했다"(파묵 2008, 80-81).

이렇듯 보스포루스에서 과거의 영광스런 역사의 흔적들을 슬픈 회상을 하며 보는 것도 피할 수 없지만, 해안 저택 등 예로부터 부유한 사람들의 아름답고 고풍스러운 여름 별장 등의 역사적 건물들을 보는 것도 빼 놓을 수 없는 즐거움이다. 파묵은 보스포루스의 밝고 긍정적인 모습만을 보여주는 것이 아니라, 보스포루스 해안 주택들을 통해 이미 지나가버린 화려한 제국의 역사를, 한탄만 하지 않고 함께 품는다. 이는 배를 타고 파리의 센 강을 둘러보면서 아름다운 유적지와 함께 파리지엔의 삶에 에너지와 기쁨을 그곳에서 느끼는 것과 동일한 것일 수 있다.

> "하지만 보스포루스는 내게 여전히 어린 시절의 보스포루스와 같다. 그러니까 내게 보스포루스는 사람을 건강하게 하고, 회복시키고, 도시와 삶을 건재하

게 만드는 무한한 어떤 선(善)과 긍정의 원천이다. 나는 때로 이렇게 생각한다. '삶이 그렇게 최악일 수는 없어. 여전히 보스포루스로 산책 나갈 수 있으니까.'" (파묵 2008, 91).

파묵에 의하면 보스포루스는 치유와 위로의 공간이자, 선과 긍정의 원천이다. 대도시에 살면서 갖가지 부정적인 경험을 하게 되지만, 보스포루스를 바라보거나 산책을 하면 팍팍한 일상생활을 잊고 새로운 활력소를 찾는다는 것이다. 이러한 면에서 자유와 일탈, 더 나아가 도피의 공간이기도 하다.

오르한 파묵은 보스포루스의 멋진 해안 저택 등은 과거의 영광을 떠올리게 하지만, 이곳은 이스탄불 사람들에게 있어 유일한 행복의 근원이라고 말한다. 결국 보스포루스는 작가가 이스탄불에 대해 느끼는 비애와 멜랑콜리의 감정을 해소시켜주는 유일하고 특별한 장소라고 할 수있다. 보스포루스 크루즈 여행을 하면서 해안에 늘어서 있는 여름 별장 들을 감상하면서, 오르한 파묵처럼 그곳을 지나가는 배를 세어보고, 배의 이름과 종류를 살펴보는 것도 좋은 경험이 될 것이다.

3-2. 탁심 광장과 베이올루 지역

이스탄불은 크게 구시가지와 신시가지로 나눌 수 있는데, 이중 신시가지의 가장 번화한 지역은 탁심 광장에서 이스틱랄 거리를 통해 갈라타사라이 고등학교가 있는 곳까지 이어지는 베이올루 지역이다.

"공화국 이후에는 이스틱랄 대로라고 불릴 그랑 루 드 페라는 1843년에도 지금과 거의 비슷했다. 네르발은 메블레비하네를 지나가면서 이 대로를 파리에 비유한다. 유행하는 옷들, 세탁소들, 금은방들, 깨끗한 진열장들, 사탕 가게들, 영국과 프랑스 호텔들, 찻집들, 대사관들. 시인이 프랑스 병원(오늘날의 프랑스 문화원)이라고 했던 곳을 지나면 그 장소는 놀랍고, 충격적이며, 두려운 형태로 끝나고 만다. 왜냐하면 오늘날 탁심 광장이라고 부르는, 어린 시절 이후 내가 그 근처에서 살았던 나의 세계의 중심인 가장 넓은 광장을, 네르발은 마차와 쾨프테, 수박이나 생선을 파는 사람들이 시간을 보내는 공터로 설명하고 있기 때문이다”(파묵 2008, 203).

파묵은 서양 작가의 인상을 빌어 옛 모습을 간직한 베이올루를 설명하면서, 이 길의 끝에 있는 탁심에 이른다. 이 탁심 광장에서 출발하여 이스틱랄 거리를 순회하는 붉은색 노면전차를 타면 창밖을 통해 베이올루 거리를 감상할 수 있다.

이스탄불 신시가지 중심가인 탁심 광장과 베이올루 지도[5]

“내 어린 시절의 즐거움들 중 하나는 어머니와 베이올루로 쇼핑을 나가는 것, 그리스 사람들이 경영하는 상점에 출입하는 것이었다”(파묵 2008, 238).

이 베이올루 거리는 상점, 영화관, 백화점, 호텔 등이 밀집되어 있는 번화가이며, 젊은이들이 데이트를 즐기고 가족들이 주말 나들이를 나오는 곳이다. 어린

5) 사진 출처: 오르한 파묵(2008). 『이스탄불, 도시 그리고 추억』, 13쪽.

시절 파묵은 어머니와 함께 베이올루로 쇼핑가는 것을 즐겼지만, 사춘기 고민 많았던 시절 이 공간은 일종의 도피처로 등장한다.

탁심 광장에서 베이올루를 관통하는 노면 전차[6]

"어머니와 싸운 뒤 현관문을 닫고 나가 밤의 어둠 속에 잠긴 베이올루 뒷골목을 반은 술에 취한 사람처럼, 반은 미친 사람처럼, 모든 사람과 모든 것을 혐오한다고 생각하면서, 담배를 피우면서 걷자 오랫동안 걷고 싶은 바람이 내 마음 속에서 서서히 타올랐다"(파묵 2008, 489).

6) http://www.uyguntatiller.com/istanbulda-gorulmesi-gereken-onemli-yerler/ 검색일자: 2017년 8월 12일.

"베이올루 거리, 그 거리의 어두운 구석이, 도망치고 싶은 욕구와 죄책감과 함께 내 머릿속에서 네온사인처럼 꺼지고 다시 켜졌다. 가끔 화가 나고 극도로 예민한 순간에 그랬듯이. 내가 좋아하는 그 반쯤 어둡고 매력적이며, 더럽고, 사악한 도시의 거리에 있는 내가 도피할 두 번째 세계는 이미 내 머릿속에 자리 잡고 있었다"(파묵 2008, 501).

파묵이 방황의 장소로 베이올루를 택한 이유는 무엇이었을까? 그 곳은 환락, 소음, 무질서의 공간이기도 하지만 장래에 대해 고민하는 청소년이 그 고민을 잠시 잊고, 무작정 배회하기에 적합한 장소일 것이다.

3-3. 이스탄불 변두리 마을

인문지리 환경 역시 작품 이해에 많은 도움이 된다. 이스탄불이 세계적인 관광 도시이지만, 뉴욕의 할렘가가 그러하듯이, 이곳에도 역시 가난한 변두리 마을이 곳곳에 있다.

이 작품에서 이스탄불은 비애, 몰락, 멜랑콜리 같은 이미지 이외에도 변두리, 변방의 이미지로 묘사되고 있다. 이스탄불은 유럽 최동단 변두리에 위치하고 있지만, 파묵에 의하면 이는 단순히 지리적인 의미가 아니라 문화적인 변방이라는 의미도 포함되어 있다.

"이스탄불 사람들이 가난한 변리 마을에서 느끼는 아름다움은, 폐허 상태인 도시 성벽이나, 어린 시절에서 그랬던 것처럼 루멜리 히사르 혹은 아나돌루 히사르의 성벽과 탑들 위에 풀, 잡초, 담쟁이덩굴, 나무들이 자랄 때 드러난다. 이 아름다움은 가난한 변두리 마을에 있는 부서진 분수, 페인트칠이 벗겨지고 반쯤 허물어진 오래된 저택, 100년 된 가스 공장의 폐허, 오래되어 검게 변한 목조 건물의 벽, 담쟁이덩굴과 플라타너스 나무들이 특별히 결합했을 때 우연히 드러난다"(파묵 2008, 350).

파묵은 변두리 마을의 폐허를 즐기려면 그 도시의 이방인이 되어야 한다고 밝힌다. 이방인의 눈으로 보아야 그 아름다움을 만끽할 수 있다는 의미이다.

비잔틴 유적: 발렌시아 수도교[7]

폐허가 된 성벽[8]

파묵은 반세기 이상을 이스탄불의 부유층이 거주하는 지역에서 살았지만, 이스탄불의 뒷골목들을 배회하며, 몽상하며, 그 모습들을 스케치하면서 청년기를 보냈다. 이러한 이유로 파묵의 작품에서는 이스탄불 중·하류층이 살고 있는 지역에 대한 묘사가 생생하게 그려지고 있다. 파묵이 청년기에 이러한 지역을 거닐던 시절이 없었다면, 독자들은 파묵 특유의 우울함과 비애가 서린 작품들을 만나지 못했을 것이다.

> "폐허가 되었지만 여전히 도시의 살아 있는 부분이자 동네의 삶과 비슷한 것을, 룸 마을인 사마트야나, '도시의 게토'라고 했던 유대인 마을 발라트에서 보았다. (…) 산책을 하는 내내 거리와 집과 나무 사이에서 비잔틴의 유적인 벽과 거대한 수도교의 일부를 볼 때마다 (…)"(파묵 2008, 317).

파묵은 과거에 이 도시를 방문해서 긴 산책을 즐긴 고티에의 경험을 장황하게 나열하면서 그가 이스탄불은 비애의 도시라고 했던 것에 행복을 느낀다. 그는 과거 이스탄불을 묘사했던 작가나 이방인 작가의 글을 통해 자신의 삶을 보

7) 사진출처: 오르한 파묵, *이스탄불-도시 그리고 추억*, 민음사, 2008, 349쪽.
8) 사진출처: 오르한 파묵, *이스탄불-도시 그리고 추억*, 민음사, 2008, 318쪽.

닌 이스탄불이 그에게 준 감정이 비애라는 것을 독자들에게 설명하고자 했다.

> "폐허와 비애, 그리고 한 때 소유했던 것을 잃었기 때문에 내가 이스탄불을 사랑한다는 것을 서서히 알게 되었다. 다른 물건들을 얻고, 나를 행복하게 하는 폐허를 보기 위해 나는 그곳에서 멀어져 다른 곳을 향해 걸어갔다"(파묵 2008, 482).

이렇듯 파묵은 역사와 폐허가 삶과 맞물려 있는 이스탄불의 풍경을 보며 아이러니하게도 행복을 느끼게 된 작가이며, 이러한 풍경이 그의 창작활동의 밑거름이 되었다는 것은 의심할 여지가 없다.

이런 가난한 변두리 마을이나 폐허들은 답사지로 부적당 할 수 있지만, 장차 세계적인 문인으로 거듭 날 작가가 청소년기에 이곳을 배회하며 느꼈던 바를 체험할 수 있다는 점에서 유의미한 문학답사 공간이라고 할 수 있다. 특히 파묵이 자주 들렀던 유럽화된 거리인 탁심 광장이나 베이올루 지역 같은 번화가를 답사한 후 이 지역들로 간다면, 서구화를 갈망했던 터키 사회 속에서 혼란스러웠던 파묵의 영혼을 들여다 볼 수 있는 기회를 갖게 될 것이다. 더불어 작품 전반에 스며있는 이스탄불 고유의 비애와 멜랑콜리 감정도 역시 체험할 수도 있을 것이다.

3-4. 니샨타쉬와 파묵 아파트[9]

오르한 파묵이 태어나고 자란 곳은 이스탄불의 유럽지구에 위치한 니샨타쉬 지역이다. 이 지역은 부유층과 유명인들이 많이 살고 있으며, 샤넬, 루이비통 등의 명품 상점들이 줄지어 있는 거리로도 유명하다. 예컨대 터키 중상류층의 사치스럽고 호화로운 삶을 대변해 주는 공간이라는 의미이다.

이 지역은 파묵의 많은 작품에 나오는 공간적 동일성의 사례이다. 소설 『새로운 인생』, 『순수 박물관』, 『눈』 등 파묵 작품의 남자주인공들은 모두 이 니샨타

9) "(…) 나는 내 인생의 45년을 이곳 니샨타쉬에서 보냈다. 테쉬비키예 대로에 친할머니가 거주하는 집이 있었다. 나의 가족은 그 집 바로 옆에 땅을 사서 집 그러니까 파묵 아파트를 지었다." Orhan Pamuk, *Manzaradan Parçalar*, İletişim Yayınları, İstanbul, 2010, p.148.

쉬 출신들이다. 이 등장인물들은 어떤 의미에서 보면 파묵의 페르소나와 같은 존재들이다.

이 지역에 바로 '파묵 아파트'가 위치하고 있다. 파묵의 말에 따르면, '파묵 아파트'는 어머니가 그를 품에 안고 처음 세상을 보여주고, 처음 사진을 찍었던 곳이며, 어린 시절과 청소년 시기 그리고 장년기를 보냈던 작가의 생활공간이다.

> "나는 내가 태어난 날부터 시작하여 내가 살았던 집, 거리 그리고 마을을 한 번도 떠난 적이 없다. 오십 년 후에(가끔 이스탄불의 다른 곳에서 살기도 했지만) 다시 파묵 아파트에, 어머니가 나를 품에 안고 처음 세상을 보여 주고, 처음 사진을 찍었던 곳에 내가 살고 있다는 것은, 이스탄불의 다른 곳에 있는 다른 오르한에 대한 생각과 이것에서 비롯된 위안과 관련이 있다는 것을 알고 있다"(파묵 2008, 19).

파묵이 반세기 동안 이스탄불의 '파묵 아파트'에 거주한 것은 도시에 대한 그의 예속감을 대변해준다. 우리에게 어디론가 떠나고 싶지만 종국에는 항상 이 '예속감'을 느끼는 곳으로 회귀하고자 하는 본능이 있듯이, 파묵 아파트는 오르한 파묵에게 있어 어머니의 품과 같은 공간이라고 할 수 있다.

> "내가 항상 같은 집, 거리, 풍경 그리고 도시에 매여 사는 것이 나를 나타낸다는 것을 알고 있다. 이스탄불에 대한 나의 이 예속감은, 도시의 운명도 사람의 성격이 된다는 의미이다"(파묵 2008, 20).

모든 예술작품, 특히 문학작품은 작가의 삶과 밀접한 관계가 있다. 이스탄불에서 나고 성장했으며 여전히 그곳에 살고 있는 파묵의 작품 속에서도 이스탄불에서의 그의 삶이 반영되고 있다. 작가의 체험과 정신이 주로 그의 작품에 기술되어 있다는 전기역사주의 이론을 적용한다면, 파묵의 문단 데뷔작인『제브데트 씨와 아들들』에 나오는 가족과 아파트 생활은 결국 파묵 자신의 가족을 모델로 삼은 것이라 할 수 있다. 이 파묵 아파트의 각 층에서 다른 친척들과 함께 사는 주인공의 삶은『검은 책』에서도 집중적으로 묘사된 주요한 공간이다.

파묵 아파트 전경 및 파묵 아파트 현판[10]

'파묵 아파트'는 작가의 전기적 환경이 그의 작품들 속에 어떻게 녹아 있는지를 이해할 수 있는 대표적인 문학 공간이라 할 수 있다.

"우리 가족, 그러니까 어머니, 아버지, 형, 할머니, 삼촌들, 고모들, 숙모들은 5층짜리 아파트의 각 층에서 살았다. 내가 태어나기 일 년 전까지 오스만제국의 대가족들처럼 모두 함께 석조 대저택 안에서 다른 방과 다른 구역에서 살다가, 그 건물을 사립 초등학교에 임대하고, 1951년에 바로 옆에 있는 토지에 지금 우리가 4층에 살고 있는 '현대적인' 아파트를 지어 당시의 유행에 따라 자랑스럽게 현관 출입구에 '파묵 아파트'라고 써 놓았다"(파묵 2008, 24).

10) 사진 출처: 필자 촬영.

작가는 이 '파묵 아파트'에서 살면서 전통과 서구화 문명의 충돌, 친척들 간의 재산 분배 갈등, 부모님의 불화 등을 고스란히 경험하게 된다. 대가족이 파묵 아파트라는 한 공간의 각기 다른 층에 기거하다보니 당연히 파묵의 유년 시절에 커다란 영향을 미칠 수밖에 없다. 또한 파묵의 다른 작품들에서 아파트 주변의 다른 문학 공간들, 예컨대 아파트 맞은편에 있는 『검은 책』에 한 챕터로 설정된 알라떤의 가게, 경찰서, 『순수 박물관』에서 등장인물들의 장례식이 치러지는 테쉬비키예 사원 등이 묘사되어 있는데, 이러한 공간들 역시 답사지로서 빠질 수 없는 장소들이다.

한 작품을 이해한다는 것은 그 작품을 낳은 작가를 이해하는 것이다. 작가의 탄생지이자 소설의 주요 공간이 된 '파묵 아파트'는 현재도 아파트 이름과 함께 과거 모습 그대로 보존되어 있고, 사람들이 거주하고 있어 답사지로서 빼어 놓을 수 없는 생생한 현장이자, 오르한 파묵의 생애의 한 요소를 체험 및 관찰할 수 있는 중요한 답사 거점이다.

IV. 결론

현대인들은 어느 시대보다 더 막대한 양의 유혹적이며 다양한 콘텐츠들을 스마트 폰, 인터넷 등의 매체를 통해 빠르고 생생하게 접하고 있다. 이러한 콘텐츠 홍수 속에서 차분하게 집중하여 상상 속에서 향유해야 하는 문학은 이미지와 빠른 속도에 익숙해진 사람들을 유인하는 데 역부족일 수밖에 없다.

문학이 점점 더 설 자리를 잃어가고 있는 시대에 이에 대한 돌파구를 찾아 학습자들에게 그 방향을 제시해 주어야 한다. 이에 대한 대안으로 문학의 가장 커다란 장점인 상상력을 뒷받침해주는 실체화된 이미지를 제시해 주는 것이 하나의 방편일 수도 있다. 독자들은 문학작품을 읽으며 나름대로 해석하고 내면화하면서 상상력을 펼치게 된다. 만약 독자가 실재하는 이미지를 바탕으로 더 구체적인 상상을 펼칠 수 있다면 작품에 더욱 흥미를 느끼고, 끝없이 자신을 확장해 나갈 수 있을 것이다. 이러한 면에서 실제 적용 가능한 콘텐츠로 문학답사를 활용할 수 있다. 책 속의 배경이 되는 공간, 작가의 고향, 작가가 집필하는 공간

등을 직접 방문하여 학습하는 문학 답사를 통해, 자신이 읽은 작품 속의 공간을 더욱 더 사실적으로 그려보고, 작중인물들이 느꼈던 감정, 행동 그리고 시대상들을 더 잘 이해할 수 있게 될 것이다.

문학 공간이 작가의 생애와 체험의 한 요소라는 것은 부인할 수 없는 사실이다. 이스탄불은 오르한 파묵의 작품 세계에 지극히 중요한 영향을 미친 도시이자, 파묵의 대부분의 작품의 배경이 된 도시이기 때문에, 문학답사를 통해 작가와 작품을 효과적으로 이해할 수 있는 장소이다. 특히 파묵이 허구의 산물인 소설 속에서 변형시켜 창조했던 공간과는 달리, 『이스탄불, 도시 그리고 추억』은 자전적인 작품 특성 상 실제 공간이 반영되었기 때문에 문학답사를 통해 작품 속 공간들을 생생하게 체험할 수 있는 장점이 있다.

이 글에서는 『이스탄불, 도시 그리고 추억』에 묘사된 대표적인 문학 공간을 선별하여 다루어 보면서, 오르한 파묵의 작품 세계에 대한 이해도와 친밀도를 높일 수 있는 기회를 마련하고자 했다. 본론에서 제시된 이스탄불의 다양한 문학공간은 단순이 소설에 등장하는 공간을 넘어서 작가가 태어나서 현재까지 생활하고 있는 공간이며, 다양한 작품의 배경이다. 따라서 작품 속에 묘사되고 있는 이스탄불 곳곳을 답사하는 것은, 작가 그리고 이스탄불의 과거와 현재를 이해할 수 있는 방법 중 하나라고 할 수 있다.

학생 대상 프로그램에서는 작가의 전기적 요소, 지역의 역사적 요소, 문학적 요소, 지리적 요소, 문화유산 관련 요소 등을 적절히 배치하여 학생들이 작가와 해당 지역의 인문지리적 특성을 함께 이해하도록 하는 것이 선행되어야 한다(순정훈 2010, 666). 이에 이 글에서는 위에 해당되는 요소들을 대상 작품에서 추출해 적용 제시해보았다. 더 바람직한 것은 교육 과정에서 지식이 심화되고 확장시키기 위해 강의자와 수강자가 함께 답사 계획을 세우고, 실행하고, 평가하는 등의 활동을 하는 것이다.

하지만 이 연구의 대상이 된 지역인 이스탄불은 국내가 아닌 해외이므로 여러 가지 여건 상 수강생들의 답사가 실현되기 힘들 경우를 감안하여, 실제 답사를 하지 않고도 유사한 효과를 얻을 수 있는 교보재 개발이 요구된다. 입체적인 문학 교육 콘텐츠 모델을 마련하여 인문학 영역에 다양한 교육 콘텐츠 모델을 제시하고 적극적으로 활용해야만 평면적인 문학 교육 콘텐츠의 한계를 극복할 수 있다. 이를 토대로 문학과 공간이 결합된 문학 공간 자원과 문화산업의 상호 결합을 유도함으로써 포괄적인 의미의 문화산업 발전에도 기여할 수 있기 때문이다. 이러한 연구 결과가 도출되어야 문학 공간 연구의 학문적·교육적 성과가 축적되고, 이를 기반으로 21세기 문화의 새로운 패러다임을 정립하는 데도 기여하게 될 것이다.

<참고문헌>

김명준(2005). "문학공간에 대한 분석적 기술방법", 『한국문학공간과 문학콘텐 츠』, 청동거울, 33.

김종건(2004). 『<구인회> 소설의 공간설정과 작가의식』, 새미, 19.

손정훈(2010). "프랑스의 문학기행루트", 『프랑스문화예술연구』, 657-658.

오르한 파묵(2008). 『이스탄불, 도시 그리고 추억』, 민음사, 51-52.

오르한 파묵(2010). 『순수 박물관 1,2』, 민음사.

오르한 파묵(2014). 『검은 책 1,2』, 민음사.

이난아(2008). "도시와 문학: 오르한 파묵의 『이스탄불-도시 그리고 추억』을 중심 으로", 『외국문학연구』제32호, 203; 209-210.

이난아(2012). "문학공간의 문화콘텐츠화-허구에서 실제로 :오르한 파묵의 『순수 박물관』을 중심으로, 『중동연구』제31권 2호.

이진형(2004). "문학 기행객의 사회 인구학적 특성과 참여 동기에 따른 마케팅적 함의", 『관광학연구』제28권 3호., 한국관광학회, 108-109.

최경도(2008). "전기, 자서전, 소설: 자기표현 양식의 변화", 『외국문학연구』제30호, 한국외국어대학교 외국문학연구소, 124.

Pamuk, Orhan(1999). *Öteki Renkler*, İletişim Yayınları, İstanbul, 295.

Pamuk, Orhan(2010). *Manzaradan Parçalar*, İletişim Yayınları, İstanbul, 148.

인터넷 사이트

http://www.uyguntatiller.com/istanbulda-gorulmesi-gereken-onemli-yerler/ 검색일자: 2017년 8월 12일.

06
한국전쟁을 다룬 터키 영화
-「북극성」과 「한국의 터키 총검」의 형식적, 내용적 특징을 중심으로 -

I. 서론

한국전쟁[1)]은 한민족사에 있어 그 결과가 남북한 분단으로 고착된 가장 아픈 기억이자, 여전히 휴전 상태 체제가 유지되면서 다방면으로 인적 및 물적 피해가 계속되고 있는 비극이라 할 수 있다. 하지만 전쟁의 파괴성이 갖는 위력은 국토의 폐허화나 물질적, 경제적 손실보다는 사회 구성원의 정신적 황폐화를 초래한다는 점에서 더욱 치명적이다. 우리는 여전히 한국전쟁으로 인한 심리적 혹은 정신적 피해를 입고 있으며, 이러한 피해 의식은 사회의 다방면에 걸쳐 부정적인 영향을 미치고 있다.

---

1) 이 용어는 그동안 '6·25', '6·25동란', '6·25사변', '한국전쟁', '조국해방전쟁' 등으로 혼용되어 왔으나, 본고에서는 현재 사회과학계에서 통용되고 있는 '한국전쟁'이라는 용어를 사용하고자 한다. 따라서 한국전쟁기란 한국전쟁이 발발한 1950년 6월 25일부터 휴전이 성립된 1953년 7월 27일까지의 기간을 의미한다. 신영덕, 「한국전쟁기 종군작가와 소설」, 『6·25 한국전쟁과 한국 문학-6·25 한국전쟁 50주년 기념-』, 육군사관학교 화랑대 연구소, 2000, 7쪽.

한국전쟁 발발에 기인한 유엔군의 참전은 한국과 교류가 적거나 없었던 다른 나라들과의 관계와 교류의 시초가 되었다. 특히나 터키군의 한국전 참전은[2] 양국 간의 우호 관계와 더불어 양국 국민들이 서로 친밀감과 호의를 갖게 된 이유 중 가장 커다란 요인이라 할 수 있다. 터키는 1948년 대한민국 정부가 수립된 후 1957년에 한국을 합법정부로 인정하고, 같은 해 터키에 한국 상주 공관을 개설했다. 이는 한국과 터키 양국이 한국 전쟁 이후 얼마나 가깝게 되었는가를 단적으로 말해준다.[3] 이러한 요인으로 터키는 정서적으로 우리와는 오랜 혈맹 관계이며, 전통적으로 우호 관계를 맺고 있는 국가라는 이미지를 갖게 되었다.

사실 터키 사람들에게 한국이란 바로 한국전에 참전했던 터키 군이 보고 전해준 나라를 의미한다. 그래서 터키 사람들은 한국을 '피로 맺어진 형제'라는 뜻을 가진 칸카르데쉬(Kankardeş)라고 부른다. 한국을 형제국이라 보는 터키 사람들은 한국과 한국 사람을 진정 좋아하는 마음을 기본적으로 갖고 있다고 해도 지나친 말이 아니다. 이런 연유로 터키 사회의 각 분야에서는 한국 전쟁과 인연이 맺어진 소위 친한파 인사들이 많은 편이다.[4]

터키는 한국전쟁에 전투부대를 파견한 세계 16개국[5] 중 하나이다. 터키는 자국의 한국전쟁 참전에 관하여 "한국전쟁은 유엔이 세계의 자유를 위해 행동을 개시 했다는 점에 그 중요성이 있다. 터키 역시 유엔 조약에 따라 미국 다음으로 한국에 군대를 파견할 것을 발표한 두 번째 나라로 자유와 민주의 횃불을 당

2) 한국전쟁 당시 아드난 멘데레스(Adnan Menderes) 터키 수상은 유엔 안보리의 한국전 지원 요청을 즉각 수락하고, 6월 29일 전투병력 파병을 통보했다. 한국전의 긴박성을 감안해 1950년 7월 18일 군 수뇌부를 포함한 긴급 국무회의를 소집한 터키정부는 1개 여단 병력을 파병하기로 결정했다. 정부의 이러한 조치는 7월 25일 국회에서 승인되었다. 백상기, 『터키 사람들과 반세기』, 삶과꿈, 2007, 30쪽.

3) 터키는 1948년 대한민국 정부가 수립되자 미국, 타이완(1948년), 영국, 프랑스, 필리핀(1949년), 스페인(1950년), 독일(1955년), 이탈리아 베트남(1956년)에 이어 1957년에 열 번째로 한국을 한반도의 유일한 합법 정부로 인정함으로써, 발 빠르게 우리와 우호관계를 맺었다. 우리나라가 터키에 상주 공관을 개설한 것은 1957년 6월 17일인데, 대사관을 기준으로 하면 우리나라는 미국(1949년 3월 25일), 대만(1949년 7월) 다음에 세 번째로 터키에 대사관을 개설하였다. 우리나라가 프랑스에 1949년 7월 6일, 영국에 1950년 2월 17일, 우리나라 외교사상 일곱 번째로 상주 공관을 개설한 것이다. 이희철, 『터키, 신화와 성서의 무대, 이슬람이 숨 쉬는 땅』, 리수, 2002, 269쪽.

4) 같은 책, 267쪽.

5) 한국전쟁에 전투부대를 파견한 국가는 캐나다, 미국, 콜롬비아, 네덜란드, 룩셈부르크, 영국, 벨기에, 프랑스, 그리스, 터키, 이디오피아, 남아프리카공화국, 태국, 필리핀, 호주, 뉴질랜드 등 16개국이며, 의료지원 및 시설 파견국은 덴마크, 이탈리아, 노르웨이, 스웨덴, 인도 등이다.

기는 데 중요한 역할을 했다. 터키군은 상징적인 의미가 아닌 진정 우수한 전력으로 한국전쟁에 참전하였으며, 다른 국가 군인들과 함께 같은 목적과 목표를 위해 적에 대항하였으며, 모든 난관에도 불구하고 용감하고 헌신적으로 전투에 임했다. 터키군은 모든 임무를 성공적으로 수행하여 세계적으로 알려진 터키군의 명성을 다시 한 번 증명하였다"[6]라고 밝히고 있다. 이렇듯 터키의 한국전쟁 참전은 자국의 군사적 자존심을 다시 한 번 확인한 중요한 계기가 되었으며, 이에 대해 커다란 자긍심을 가지고 있다.

터키의 국부 아타투르크는[7] "투르크 세계의 가장 커다란 적은 공산주의라는 것을 잊지 말아야 한다. 무조건 무찔러야 한다.", "국내 평화, 세계 평화"를 강조했고, 한국전 참전 당시 터키 총리였던 아드난 멘데레스(Adnan Menderes, 1899~1961)는 "국가들의 자주 독립과 존재는 자신들의 국경 안에서만 보호되는 것은 아니다."[8]라는 말을 한 바, 터키 정부는 터키 국부와 정치가들이 말한 이러한 이데올로기를 한국전을 통해 실현하게 되었다.

터키의 한국전쟁 참전은 당시 터키 사회 전반에 걸쳐 커다란 반응을 불러 일으켰다. 당시의 언론을 살펴보면 한국전쟁에 관한 기사가 시시각각 보도되었으며,[9] 특히 신문을 통해 한국전쟁을 소재로 한 문학 작품들이 소개되고,[10] 영화들도 선보이게 된다.

이 글에서는 현재까지 사료를 찾아 낸 한국전쟁 관련 터키 영화 11편을 소개하고, 이 작품들 중 「한국의 터키 총검, Kore'de Türk Süngüsü」(1951년 작)과 「북극성 Şimal Yıldızı」(1954년 작)의 서사 및 특징 그리고 사료 가치적 측면인 기록영상 요소에 포커스를 맞춰 다룰 것이다. 터키 제작 한국전쟁영화 11편 중 위

6) T.C. Genelkurmay Başkanlığı, *Kore Savaşı Şehitlerinin Bibliyografileri*, Ankara Genelkurmay Basımevi, Ankara, 1992, p.1.

7) "터키의 아버지"라고 불리는 아타투르크의 원래 이름은 무스타파 케말(1881~1938)이다. 국부라는 뜻의 '아타투르크'는 1934년에 국회가 그에게 부여한 성이다. 그는 터키 국민의 정신적 지주로 1923년 터키 공화국을 선포하면서 초대 대통령이 되었고, 종래의 이슬람 전통을 크게 탈피한 서구식 근대화 개혁 작업을 급진적으로 추진한 인물이다. 아타투르크에 관한 더 자세한 내용은, 김대성, 『터키 들여다보기』, 한국외국어대학교 출판부, 2006, 48~49쪽 참조.

8) Mustafa Deral, Kore'ye Niçin Gidiyoruz?, Bakış Matbaası, İstanbul, 1950, p.3~4.

9) 터키의 한국참전과 관련된 여론에 관하여, 서재만, "한국동란 발발과 토이기의 외교정책", 국제정치논총, 제15호, 한국국제정치학회, 1975, 124쪽을 참조하시오.

10) 한국전쟁을 소재로 한 세계문학작품들에 관하여, 신영덕, 『한국전쟁과 세계문학』, 국학자료원, 2005; 송병선, 『라틴 아메리카 문학과 한국전쟁』, 서강대학교출판부, 2009를 참고하시오.

두 작품을 선정한 이유는 필자가 현재까지 영화자료를 확보하여 볼 수 있었던 5편의 작품 중 형식적인 면에서 기록영상 삽입, 내용적인 면에서 터키군의 용맹성 및 애국심 고취라는 주제 의식을 공통분모로 도출해 낼 수 있었기 때문이다.

국내에서 처음으로 소개되는 터키 제작 한국전쟁 영화는 지속적으로 관심을 갖고 체계적으로 연구해야 할 중요한 과제이며, 한국전쟁사 연구와 한국영화학계에 적지 않은 반향을 불러일으킬 것으로 사료된다. 특히 영화에 나오는 한국전쟁에 대한 기록영화는 한국 전쟁 당시의 상황을 파악 및 연구할 수 있는 귀중한 사료라고 할 수 있다.

터키 제작 한국전쟁 관련 영화가 추가적으로 발굴된 경우 추후 보완하여 연구할 계획이며, 향후 연구과제에서는 "한국전쟁 주제 한·터 반공영화 비교 연구", "터키인의 시각에서 본 한국전쟁-터키 제작 한국전쟁 영화를 중심으로-", "터키 한국전쟁 영화에 나타난 한국, 한국인 이미지", "터키 제작 한국전쟁영화에 나타난 전쟁 후유증" 등의 주제도 다룰 것임을 밝힌다.

II. 한국전쟁을 소재로 한 터키 영화

한국전쟁에 관한 터키영화는 터키 자국의 우월성과 애국심을 전쟁영화를 통해 국민들에게 설파하려는 선전의 요소가 다분하며, 한국의 참상을 알리고, 공산주의에 대적한다는 터키 참전의 당위성을 피력하고자 하는 목적으로 제작된 작품들이 눈에 많이 띈다.

상술한 바, 한국전쟁에 관한 터키 영화의 내용은 터키군의 용감성, 반공정신, 애국심에 관한 것들이 주류를 차지하는데 어쩌면 이는 당연한 것인지도 모른다. 그 이유는, 터키 민족이 역사에 등장한 이래 그 용맹성으로 이름을 떨친 민족이었으며, 오스만제국 설립 과정 그리고 제국 유지에 관한 연구 자료를 보면 그들이 전쟁에서 용맹하게 싸우는 민족으로 묘사되고 있기 때문이다.

실제로도 한국전쟁에 참전하는 터키 군인들에게, '한국에 왜 가느냐'는 질문을 했을 때, 병사 메흐멧 데미르(Mehmet Demir)가, "그곳에 있는 적에게 터키인이 누구인지 보여 주겠습니다", 말라트야 출신의 한 병사가, "한국의 불길을 끄러갑

니나. 왜냐하면 그 불길이 어느 날 이쪽으로도 올 수 있기 때문입니다.", 병사 무스타파 아르슬란(Mustafa Arslan)이 "공산주의자들이 거기 있습니다. 우리는 그 돼지들이 어디 있든지 간에 그 머리를 짓이겨야 합니다."[11] 등의 용맹성과 애국심을 드러내는 답변을 한 것을 보아도 이러한 사실이 증명된다.

국내적으로 볼 때 터키군의 한국전 참전은 터키 사람들에게 자유 수호를 위해 공산주의자들과 대항하여 승리를 이끌었다는 민족적인 자긍(自矜)을 가져다 주었으며, 대외적으로는 터키군의 군우리(평양 북쪽 80km)와 금양장리(수원 동쪽 20km) 전투에서 신화적인 전승을 거둠으로써 서방국가들이 터키를 북대서양조약기구(NATO) 회원국으로 받아들인 점 또한 당시 소련의 위협을 두고 집단 방위를 보장받았다는 점에서 그 중요성을 갖는다.[12]

터키 여단은 1953년 휴전까지 3차에 걸쳐 매년 약 5천 명씩 교체되어 한국전에 약 1만 5천 명이 투입되었다. 휴전 후에도 1960년까지 여단 병력은 매년 교체 파병되어 총 인원은 10년 걸쳐 약 5만 6천 명에 이르렀다. 터키 여단은 한국전에서 724명의 전사자를 냈다. 그중 장교가 37명, 하산관이 25명, 사병이 662명이었다. 462명의 전사자는 부산 유엔 묘지에 안치되었으며, 나머지 262명은 실종자들이다. 부상자는 2.439명이었으며, 포로 229명은 휴전 후 전원 송환되었다.[13]

이렇듯 터키 군이 한국 전쟁 발발부터 1960년까지 한국에 주둔했기 때문에, 50년대에서 60년대까지 걸쳐 터키의 주요 이슈 중 하나였던 한국전쟁은 터키 사회 다방면에 걸쳐 영향을 미쳤고, 영화 방면에서도 소재가 되어 11편이라는 적지 않은 작품이 제작되었다. 현재까지 그 자료를 찾을 수 있었던 한국전쟁을 소재로 한 터키 영화 목록을 연대순으로 살펴보면 아래와 같다.

---

11) Mustafa Deral, Kore'ye Niçin Gidiyoruz?, Bakış Matbaası, İstanbul, 1950, p.9~10.
12) 이희철, 『터키, 신화와 성서의 무대, 이슬람이 숨 쉬는 땅』, 리수, 2002, 267쪽.
13) 백상기, 『터키 사람들과 반세기』, 삶과 꿈, 2007, 42쪽.

영화 제목	제작년도	감독	내용
한국의 터키 영웅들 (Kore'de Türk Kahramanları)	1951	세이프 하와에리 Seyfi Havaeri	어느 지원 장교의 용감한 활약상
한국전 참전용사들 (Kore Gazileri)	1951	세이프 하와에리 Seyfi Havaeri	한국전쟁에서 전상자로 귀국한 참전용사들이 서로에게 들려주는 용감한 활약상
한국에서 왔습니다. (Kore'den Geliyorum)	1951	누룰라흐 틸겐 Nurullah Tilgen	임무 상 투혼하는 세 명의 신문기자 이야기
한국의 터키 총검 ('Kore'de Türk Süngüsü)	1951	외다트 외르피 벤귀 Vedat Örfi Bengü	터키군의 한국전쟁에서의 용맹성을 들으면서, 차낙칼레 전쟁에 관한 과거를 회상하는 어느 두 노인의 이야기.
불굴의 용사 (Dokunulmaz Bu Aslana)	1952	외다트 외르피 벤귀 Vedat Örfi Bengü	연인이 한국전쟁에서 전사한 사실을 들은 후 정신분열을 겪는 어느 불운한 처녀 이야기.
귀국 (Yurda Dönüş)	1952	네딤 오트얌 Nedim Otyam	한국전에 참전한 젊은이와 고국에 두고 온 애인 이야기.
북극성 (Şimal Yıldızı)	1954	아트프 일마즈 Atıf Yılmaz	한국전쟁에서 중위 케말의 사랑과 그의 지휘하에 적군 탐색에 나선 터키군의 용맹성에 관한 이야기.
슬픔에 찬 신부 (Ağlayan Gelin)	1957	오르한 엘마스 Orhan Elmas	한국전쟁에서 터키에 귀국하자, 고향에 두고 온 애인이 형과 결혼한 것을 알고, 이스탄불에서 유부녀와 불륜을 저지르는 어느 젊은 남자 이야기.
낙엽 (Sonbahar Yaprakları)	1961	네자트 사이담 Nejat Saydam	임신한 전화국 교환원 여자가 애인이 한국전쟁에서 전사했다는 소식을 들은 후, 아들과 함께 힘들게 살아가는 이야기.
에조 신부 (Ezo Gelin)	1968	오르한 엘마스 Orhan Elmas	한국전쟁에 참전한 남편의 전사 소식과 함께 펼쳐지는 어느 여인의 비극적 삶을 그린 이야기.
포로 (Esir)	1983	라흐미 카파다르 Rahmi Kafadar	한국전 당시 북한에 포로로 잡힌 터키군을 구하기 위해 북한으로 파견된 터키 코만도 이야기.

자료출처: http://www.bibilgi.com/Kore-Sava%C5%9F%C4%B1

위의 표에서도 알 수 있듯이, 총 11편 중 6편 즉, 「한국의 터키 영웅들」, 「한국 참전용사들」, 「한국에서 왔습니다」, 「한국의 터키총검」, 「북극성」 그리고 「포로」 등은 한국전쟁에서 터키군의 용감한 활약상을 다룬 작품들이며, 「불굴의 용사」, 「귀국」, 「슬픔에 찬 신부」, 「낙엽」 그리고 「에조 신부」, 「불굴의 용사」는 한국전쟁 참전군인과 그 아내, 약혼녀 혹은 애인과의 사랑 이야기가 소재이다. 한편, 위 영화들 중, 일례로 「불굴의 용사」같은 영화는 한국전쟁에서 전사했다는 연인의 소식을 들은 후 정신분열을 일으키는 여성의 이야기를 중점적으로 다루고 있고, 「에조 신부」는 한국전에 참전한 남편의 전사 소식과 함께(남편이 포로로 잡혔다가 살아 돌아오기는 하지만) 여주인공의 비극적인 삶이 본격적으로 펼쳐지고 있어, 한국전쟁이 여인들의 삶에 치명적인 영향을 미치는 요소로 설정되어 있다.

한국전쟁을 소재로 한 터키영화들이 작품성 면에서 성공하지 못한 반면, 「에조 신부」는 1970년에 개최된 제 2회 아다나 영화제에서 '우수상'(En Başarılı İkinci Film), 주인공인 유명한 터키 여배우 파트마 기릭(Fatma Girik)은 '최우수 여배우상'[14]을 수상하며 작품성을 인정받았다는 점에서 다른 영화들과는 변별된다.

한편, 이 작품들이 한국전쟁을 배경으로 하고 있고, 사건들은 한국에서 진행되는 것으로 설정된 것들이 있지만, 촬영지는 한국이 아닌 터키이다. 그 이유는 당시 터키의 사정으로 미루어 보건데 촬영을 하기 위해 해외로 영화 제작팀을 보내기에는 재정적인 부담이 따랐기 때문일 것으로 사료된다.

이 영화들의 절반 이상이 터키군의 한국전 참전에 대한 국민들의 지지를 얻고, 애국심을 고취시키기 위해 전략적으로 제작된 것이기 때문에, 필연적으로 터키군의 용맹성이 영화 소재로 많이 등장할 수밖에 없었다. 이는 전쟁영화에서 정치성이 배재될 수 없다는 불문율로 해석할 수 있을 것이다.

전쟁을 소재로 영화를 만들면 '국가관 확립, 애국심 고취'라는 부수적인 효과를 거둘 수 있다. 전투에는 당연히 적군이 등장하지 않을 수 없으며, 네 편 내편 갈라서 적이 쓰러지고 아군이 승리하는 광경을 보여줌으로써 관객에게 대리만족의 카다르시스를 준다. (…) 따라서 전쟁영화는 자국민의 일치감 확립이라는 선전의 목적에 더 없이 좋은 방법이다. 그래서 국가나 체제를 막론하고 대부분의 전쟁영화는 이 같은 맥락에서 벗어나지 않는다.[15] 한국전쟁을 소재로 한 터

14) http://www.sinematurk.com/film_odul/3252/Ezo-gelin
15) 김익상, 『영화, 이렇게 보면 두 배로 재밌다』, 들녘, 1993, 147쪽.

키 영화들도 주인공들과 다른 등장인물의 대화를 통해 이러한 이데올로기를 설파하고 있으며, 대부분 이 틀에서 벗어나지 않는다.

할리우드의 전쟁 영화를 비롯한 다른 전쟁 영화에서 아군의 용감한 활약상과 사랑 테마가 종종 다루어지듯, 한국전 소재 터키영화에도 이러한 공식이 적용되고 있으며, 한국전에 참전한 군인과 그를 기다리는 여인 간의 애틋한 사랑 이야기를 그린 멜로 영화도 (일례로 「귀국」 등) 눈에 띈다.

III. 「한국의 터키 총검」과 「북극성」의 서사와 형식적, 내용적 특징

기록영화는 주지하다시피 사실을 기록하는 논픽션 영화이다. 주로 인간과 자연과의 투쟁을 다루는 경우가 많고, 제2차 세계 대전 이후에는 정치적 목적으로 사용되기도 했다.

위에서 언급한 한국전 소재의 터키영화들 일부의 도입부, 중간 그리고 결말부에서는 한국전 관련 기록영화들이 사용되고 있는데, 이는 당시의 상황을 파악할 수 있다는 점에서 사료 가치가 있다. 이 영화들에 삽입된 한국전 기록영화가 유엔군과 공유한 자료일 가능성이 다분하지만, 터키가 자체 제작한 영상일 가능성도 배제할 수 없기 때문에 향후 이에 대한 확인 작업도 병행되어야 할 것이다.

한국 역시 한국전쟁에 관한 기록영화들을 제작했다. 극영화를 만들던 감독들이 기록영화에 투신하게 된 것도 6·25 전쟁의 특별한 모습일 것이다. 촬영기사들 또한 종군기자가 되어 전선의 기록을 담당했다. 물론 군의 후원으로 가능한 일이었다. 「서부전선」, 「오랑캐의 발자취」, 「육군포병학교」, 「정의의 진격」 1부 등 1951년에 개봉한 기록영화 4편은 이러한 결과물들이다.[16)]

이 글에서 다룰 「한국의 터키 총검」과 「북극성」은 내러티브 면에서 완성도가 낮다고 할 수 있다. 그 이유는 이 영화들의 제작 목적이 예술성보다는 터키 관객들에게 한국전에서의 터키군의 용맹성과 애국심을 반영하는 이데올로기에

16) 정종화, 「한국영화 성장기의 토대에 대한 연구 :동란기 한국영화 제작을 중심으로」, 중앙대 석사 학위 논문, 2002, 22쪽. 동란기 정부 영화 제작 내역과 제작 경향은 같은 논문 26~38쪽을 참조하시오.

치중했기 때문이다.

이데올로기는 보통 개인, 집단, 계급 또는 문화의 사회적인 필요와 열망을 반영하는 사고의 본체로 정의된다. 이 용어는 일반적으로 정치 그리고 당의 강령과 연관이 있지만, 또한 어떤 인간의 모험적 사업 -영화 만들기를 포함해서-에도 함축되어 부여된 일단의 가치를 뜻할 수 있다. 사실상 모든 영화는 감독의 옳고 그른 것에 대한 감각에 기반하여, 우리에게 각 역할의 모델, 이상적인 행동방식, 부정적인 특질 그리고 감추어진 도덕성을 보여준다. 간단히 말해서, 모든 영화는 편향적이다. 흡인력 있는 특정한 인물, 제도, 행위 그리고 모티브에 특권을 부여하고, 반대하는 것들은 강등시켜 버리는 특유한 이데올로기적 관점을 가지고 있는 것이다.[17] 이 지면에서는 당시 터키의 이데올로기가 반영된 「한국의 터키 총검」과 「북극성」에서 서사와 함께 형식적 특징인 기록영화 요소와 내용적 특징인 터키군의 용맹성 및 애국심 고취를 중심으로 다루고자 한다.

3-1. 「한국의 터키 총검」

「한국의 터키 총검」은 "태어날 때부터 영광의 전설을 만들고, 영웅의 모범을 이어오고 있는 민족의 영광스런 역사의 한 페이지이다"라는 터키 민족의 위대성을 피력하는 헌사로 시작되며, 한국전에 참전한 터키 군을 영웅시하는 선전영화의 성격을 띠고 있다.

감독인 외다트 외르피 벤귀(Vedat Örfi Bengü, 1900~1953)는 제작자, 시나리오 작가, 배우, 영화감독 등을 동시에 겸했던 영화인으로, 「한국의 터키 총검」과 「불굴의 용사」등 한국전쟁 관련 영화를 두 편 제작했다. 특히 그는 터키 영화사상 최초로 해외에서 영화제작을 한 감독으로, 1923년에 프랑스로 가 다양한 영화 촬영에 참여했으며, 이후 이집트에서 영화사를 설립했다. 생전에 프랑스에서 9편, 이집트에서 12편, 터키에서 9편의 영화를 제작했다.[18]

영화 초반부에는 한국전쟁의 전개 상황이 언론에 보도되는 영상물이 나오고, 이어서 한국전쟁 당시 유엔군의 활동을 촬영한 기록영화가 나온다. 태극기를 흔들며 유엔군의 탱크를 환영하는 한국인들, 폐허가 된 시가지, 포화 속에서

17) 루이스 자네티, 『영화의 이해-이론과 실제』(김진해 옮김), 현암사, 2006, 406쪽.
18) http://www.biyografi.net/kisiayrinti.asp?kisiid=174 참조.

Güvenlik Konseyi
Amerika Kore'ye silâh göndermeğe başladı
Bütçede ta
milyon lira
Kore'de harp başladı
Komünist Kore ordusu güney Kore toprağına girip ilerlemeğe başladı

그림 1.'한국에서 전쟁이 시작되다'(신문기사)

Komünist Kore Orduları cenup Kore'ye hücum etti
Vaziyet bütün dünyada çok ciddi olarak tavsif ediliyor
Memleket iktisadiyatı çok
bir vaziyete düştü

그림 2.'공산주의 한국군, 남한을 공격하다'(신문기사)

그림 3. 유엔군 탱크를 환영하는 한국인들

그림 4. 유엔군 탱크를 환영하는 한국인들

그림 5. 포화 속에서 사투를 벌이는 아군

그림 6. 적군을 향해 사격하는 아군

그림 7. 포로로 잡혀가는 한국 양민

사투를 하는 유엔군, 한복을 입은 채 포로로 잡혀가는 한국인들 등등.

이러한 장면들이 영상으로 소개되면서 전쟁의 참상과 비인도적인 측면에 대한 언급들이 내레이션으로 깔린다. 이후, 한국전에 참전하기 위해 가족친지들과 헤어져 머나 먼 땅으로 기차를 타고, 항구가 있는 이즈미르로 향하는 터키 군인들에 대한 긴 기록영화가 나오고, 세계 평화를 위해 터키가 참전한다는 등의 대의가 담긴 언급들이 계속 나온다.

한국으로 향하는 터키참전군들과 이들을 배웅하러 나온 가족친지들은 마치 축제 분위기처럼 웃는 모습으로 서로 이별을 한다. 이는 공산주의에 대항하는 한국전에 참전한다는 자부심으로 인한 기쁨임에 다름 아니다. 이 기쁨은 부산으로 향하는 배가 정박되어 있는 이스켄데룬(İskenderun) 항구 앞에서 악기를 연주하며 노래를 부르고, 북을 치며 춤을 추는 장면에서도 역력히 드러난다.

이 기록영화는 19분 동안 지속된다. 본격적으로 영화가 시작되고 10분 정도 터키군인들이 한국전에서 용감하게 싸우는 전투 신들이 나오며, 이후 이스탄불에 있는 어떤 사원이 카메라에 잡힌다. 사원에서 만난 두 노인 중 한 명은 한국전에 아들을 보냈다는 것으로 자부심을 갖고 있고, 그러지 못한 노인은 무척 안타까워한다. 옆에 있던 어린 손자가 자신도 전쟁에 나가고 싶다고 말하자, "너도 크면 참전할 수 있단다. 지금 형들이 의무를 다하며 숭고한 우리의 이름을 전 세계에 알리기 위해 승리의 길을 가고 있단다."라는 말을 한다. 이러한 내용의 대화들은 영화 전반에 걸쳐 자주 나오는데, 등장인물 모두는 국가에 대한 철저한 애국심과 충성심으로 무장하고 있다. 이후 두 노인의 대화는 터키의 한국전 참전을 옹호하고, 세계 평화를 위해 터키가 타당한 결정을 했다는 유의 말들로 이어진다.

터키의 한국전 참전에 대한 대의는, 터키 한국전 종군 제 1차 여단장인 타흐신 야즈즈(Tahsin Yazıcı)가 쓴 『나의 한국 제1터키여단 회고록, Kore Birinci Türk Tugayında Hatıralarım』에서도 드러난다. 한 미국인 기자가 터키를 방문해 한국전 참전 군인들에게, "한국에 가는 것이 좋습니까?"라는 질문을 했을 때, 한 병사가, "세계 평화 그리고 우리의 먼 조국의 국경을 사악한 의도를 가진 적들에 대항해 지키기 위해 가기 때문에 좋습니다. 단지 좋은 것뿐 만 아니라 커다란 긍지를 느낍니다."[19]라고 대답하는 것을 통해서도 알 수 있다. 이렇듯 세계평화를 수호하고자 한국전에 참전한다는 터키의 이상은 비단 정부 차원에서 뿐만이 아니라, 영화에 나오는 일반인과 병사들의 발언에서도 역력히 드러난다.

두 노인은 사원에서 나오면서 한국전쟁에서 아들을 잃고 슬퍼하는 여인과 마주치게 되자 그녀에게, "아드님은 전사한 것으로 끝난 것이 아니요. 천당에 가는 권리를 얻었지요. 그를 위해 아주 행복한 일이랍니다."라는 말로 그녀를 위로한다. 이에 여인도, "영광스런 조국을 위해 숭고하게 전사한 아들을 둔 어머니로서 저 역시 자랑스럽지만, 그래도 슬퍼하는 저를 책망하지는 말아주세요."라고 대답하며 눈물짓는다. 조국을 위해 목숨을 바친 아들에 대한 자랑스러운 마음과 함께 자식을 먼저 보낸 어머니의 슬픔이 대비되며 극적인 효과를 자아내고 있다.

이후 많은 터키 남성들이 앉아서 시간을 보내는 찻집의 라디오에서 한국전에서 용맹을 떨치는 터키 군에 대한 방송이 흘러나온다. 다른 사람들과 함께 이 방송을 듣던 두 노인은 자유와 인류를 위해 싸우며, 세계 평화를 위해 전설적인 영웅이 된 터키 군을 자랑스러워하는 동시에 자신들이 참전하지 못한 것을 안타까워하면서, 과거 터키 군이 용감하게 싸웠던 갈리폴리 전투(1915)[20]에 대한 이야기를 나누기 시작한다. 이 두 노인의 대화는 터키군의 용맹성, 자신들은 비록 늙었지만 떨리는 손으로도 참전할 수 있을 정도로 피가 들끓고 있다는 등의 애국심으로 무장한 얘기들로 점철된다.

잠시 후 영화는 다시 한국전쟁에 참전한 터키군인들의 이야기로 돌아간다. 터키 군들은 적군들을 죽이며 초소를 점령한다. 여기에서 적군들이 하는 말은 일

---

19) Tahsin Yazıcı, *Kore Birinci Türk Tugayında Hatıralarım*, Ülkü Basımevi, İstanbul, 1963, p.69.
20) 갈리폴리는 다르다넬스 해협을 바라보는 터키 영토 안에 있는 항구로, 전략적으로 매우 중요한 위치에 있었다. 세계대전의 발발로 영국과 터키가 교전국(交戰國)이 되자, 영국은 지중해의 지배권을 확립하기 위해서 갈리폴리의 제압이 필요하게 되었다. 그리하여 1915년 2월 19일과 25일, 3월 25일에 걸쳐 영국·프랑스의 연합함대가 다르다넬스 해협의 터키 연안의 방비시설을 포격하였으나, 포대(砲臺)로부터의 맹렬한 반격과 기뢰(機雷) 등으로 3척의 전함이 격침되고, 3척은 대파되었다. 연합군은 영국의 I.해밀턴 장군 지휘하에 4월 25일 갈리폴리 주변의 각지에 상륙하였으나, 독일의 L.산다스 장군이 지휘하는 터키군의 선전(善戰)으로 실패하고 말았다. 이 전투로 연합군 전사상자(戰死傷者)가 무려 25만 2000명에 이르렀으며, 터키군 사상자도 25만 1000명이나 되었다. 이 작전의 실패 이후 제2차 세계대전에 이르기까지, 상륙작전은 상륙군에 불리하고, 극히 어렵다는 정설이 생겼다. http://100.naver.com/100.nhn?docid=3736

본어와 비슷한 국적불명의 언어이지만 그것은 중요하지 않다.[21] 용감하게 적군들을 소탕하는 터키군의 용맹성을 다시 한 번 스크린에서 보여주는 것이 이 영화의 목적이기 때문이다. 적군의 초소를 점령한 터키 지휘관은 병사들에게 평양 근처를 정찰한 후 보고하라는 명령을 내린다. 정찰하다 발각된 병사들은 적군에게 포로로 잡혀 끌려가는 도중 계략을 써, 그들을 소탕하고 탈출한다.

다음 장면은 터키 전투기 조종사들이 적진으로 포탄을 투하하기 위해 출정하는 모습으로 바뀐다. 이들 역시 포탄을 투하하고, 적군의 조종자를 사격하고, 적기를 추락시키는 등 맹활약을 한다. 화면은 다시 지상군의 활약상으로 바뀌며, 이들 역시 승리를 거둔다. 영화의 마지막 결말 부분 역시 터키군의 용맹성을 보여주는 기록영화로 끝난다. 이 영화는 러닝타임이 62분이지만, 기록영상이 영화의 삼분지 일을 차지한다는 점에서 기록영화 요소가 강하다고 할 수 있다.

「한국의 터키 총검」에서 살펴본 것처럼, 한국전쟁을 소재로 한 터키영화들은 전쟁 영화의 성격상 반전(反戰)적인 성격이 강하며, 터키 군들의 용맹성을 다루고 있는 작품들이 대부분이다. 주로 도입부의 기록영화와 등장인물들을 통해 터키가 한국전쟁에 참여하게 된 역사적인 배경이 언급되며, 한국전쟁 당시의 터키군의 상황과 터키군의 용맹성, 한국 그리고 한국인에 관한 이들의 관점들이 반영되고 있다.

3-2. 「북극성」

세계 전쟁 영화에서 아군의 용감한 활약상과 군인들의 사랑 이야기가 주류를 이루듯 「북극성」도 이 틀을 벗어나지 않는다. 「북극성」은 터키군의 용맹성과 사랑 이야기 중심의 극영화를 병행시킨 영화라고 할 수 있다.

「북극성」의 감독 아트프 일마즈(Atıf Yılmaz, 1925~2006)는 터키 영화사에 지대한 공헌을 한 영화인이다. 그가 양성한 감독들 중에는 1982년 칸 영화제 황금

21) 한국전쟁을 배경으로, 전쟁고아를 수송기로 피신시킨 헤스 대령의 영웅적인 실화를 바탕으로 제작한 할리우드 영화 「전송가, Battle Hymn」(1956년 작)에도 한국여성 역할로 인도 여배우 안나 카쉬파이가 등장하여 국적 불명의 언어로 말을 하는 장면이 나온다. 한국전쟁이 일어났던 당시만 해도 한국은 거의 국제사회에 알려지지 않았기 때문에 한국문화나 한국어에 대해 무지할 수밖에 없어 이러한 상황이 발생했을 것이다. 할리우드에서 제작한 한국전쟁 소재 영화 「야전병원」에서도 한국인들이 월남 사람 복장을 하고 있는 등, 유명 감독조차 한국문화, 지리, 기후에 대해 무지한 것을 볼 수 있다.

종려상을 받은 「욜 Yol」[22] 영화의 감독 일마즈 귀네이(Yılmaz Güney, 1937~1984), 할리트 레피이(Halit Refiğ, 1934~2009),[23] 툰츠 바샤란(Tunç Başaran, 1938~) 등이 있다. 아트프 일마즈는 영화평론가로 영화계에 입문했다가, 「유혈의 비명, Kanlı Feryat>(1951)으로 영화감독으로 데뷔했다. 터키의 가장 권위 있는 영화제인 '안탈야 황금오렌지 영화제, Antalya Altın Portakal Film Festivali'의 다양한 부문에서 수많은 상을 받았으며, 해외에서는 「겹사돈, Berdel」으로 1991년 '발렌시아 영화제Valencia Film Festivali' 대상을 받았다.[24]

「북극성」은 당시 터키의 최고 배우였던 아이한 으쉭(Ayhan Işık, 1929~1979)이 주인공으로 출연했다는 점에서 흥행 목적도 겨냥했음을 추측할 수 있다. 「북극성」이라는 영화 제목은 한국전 당시 터키 여단이 미국 제 1군단 제 25사단(Lighting Div.) 소속의 여단 표시인 북극성(North Star)[25]에서 유래한다.

이야기는 한국전에 참전한 중위 케말이 부하들과 함께 적군 탐색에 나서, 과거 만주에서 한국으로 이주해 한 농장에 사는 터키인 할아버지와 그의 손녀(일드즈) 손자가 살고 있는 한 가족의 집으로 가게 되는 것으로 시작된다. 케말은 부하들과 함께 그 집의 지하 창고에 몸을 숨기고, 그곳을 본부로 삼아 적군들을 소탕한다. 케말과 사랑에 빠진 손녀는, 전쟁 중에 죽은 할아버지와 남동생을 뒤로 하고 케말과 함께 터키로 떠나며 이야기는 끝이 난다. 「북극성」의 도입부는 "유엔의 이상을 위해 한국에서 전사하여 영원불멸의 위상을 얻고, 그들의 무덤에 수많은 승리의 그림자가 드리워진 숭고한 전사자들에게 바친다."라는 헌사와 함께 한국전쟁 발발에 관한 터키 신문 자료와 기록영화로 시작된다.

영화는 일제 치하에서 독립한 한국의 근대사와 함께 당시 서울의 흑백 영상

---

22) 「욜, Yol」영화에 관하여, 이난아, 「여성의 속박된 육체에 관한 이야기, 욜」, 『영화 속의 동서양 문화』, 집문당, 2002, 95~117쪽을 참조하시오.

23) 하리트 레피이 감독은 한국전에 참전하여 찍은 기록영화로 영화계에 첫 발을 내딛었다는 점에서, 연구할 가치가 있는 영화인이다. "제가 한국에 영어를 하는 지원병으로 갔고, 이는 제게 아주 행운이었습니다. 당시 한국은 휴전 상태였고, 우리는 전투를 하지 않았지만 그렇다고 평화가 있는 것도 아니었습니다. 저는 한국에서 영어를 안다는 장점 때문에 연락 장교로 임무를 맡았고, 미군 내에 있는 상점에서 8mm 카메라와, 몽타주 테이블, 영사기를 샀습니다.(저는 한국에서) 터키 군대와 주위에 있는 마을의 생활을 찍었습니다." Ertekin Akpınar, 10 Yönetmen ve Türk Sineması, Agora Kitaplığı, 2005, p.74.

24) http://tr.wikipedia.org/wiki/At%C4%B1f_Y%C4%B1lmaz

25) 백상기, 『터키 사람들과 반세기』, 삶과 꿈, 2007, 35쪽.

이 나오다가 갑자기 폭발과 함께 한국전의 발발 배경, 사방이 불타고 폐허로 변한 한국의 참상이 나오는 장면들로 시작된다. 이어서 유엔의 한국원조 결정에 관한 영상과 함께 한국전에 참전하기 위해 터키를 떠나는 병사들이 나온다.

그림 8. 「북극성」 포스터 포스터[26]

그림 9. 「북극성」주인공 아이한 으쉭[27]

터키인 내레이터는 "고요한 아침의 나라에서 맹활약을 펼치는 터키 군대의 힘"에 대해 격앙된 목소리로 소개한다. 이 부분까지가 총 러닝타임 94분 중 영화 스토리가 본격적으로 시작하기 전에 삽입된 약 7분간의 기록영화로 이루어진 도입부이다. 이 영상에서는 폭격과 불에 타 자취가 사라진 건물들, 피난민들, 굶주린 배를 채우고 있는 모습의 아이들 등 한국전의 참상이 생생하게 반영되고 있다.

이 영화는 벽에 유엔기가 걸려 있는 군부대 안 휴게실에서 시작된다. 병사들이 음료수를 마시고, 담배를 피우며 휴식을 취하고 있고, 한 터키 병사는 고향에 두고 온 자녀의 사진을 꺼내 보며 향수를 달랜다. 이들은 각기 테이블에 둘러 앉아, 자신들이 왜 한국전에 참전하게 되었는지에 대해 이야기를 나눈다. 한

26) 출처: http://www.sinematurk.com/film/6147-simal-yildizi/
27) 사진 출처: https://sinemayildizlari.files.wordpress.com/2013/12/ayhan-ic59fc4b1k.jpg

그림 10. 폭격으로 폐허가 된 건물들

그림 11. 피난민 행렬

그림 12. 피난민들

그림 13. 밥을 먹는 피난민 아이들

터키 병사는, "국가, 아내, 자녀를 위해 싸운다."고 말하고, 다른 한 명은 "미국에 가기 위해" 싸운다고 말한다. 주인공인 중위 케말은 이러한 사적인 이유가 아니라, "인류의 이상, 선이 악을 이기며 정당함이 부당함을 이기며, 영원한 자유를 위해 싸운다."라는 이상주의 견해를 펼친다. 이는 당시 한국전에 참전하는 터키 정부의 입장을 대변하는 언급이라 할 수 있다. 그의 이 이상주의자적인 발언으로 주위는 잠시 숙연해진다.

이후 한 병사가 휴게실로 들어 와 케말에게 사령관이 기다린다는 말을 전한다. 사령관은, 만주해서 이주해서 현재 북한 땅에 정착한 어떤 터키인의 농장에 케말을 정찰대장으로 보내며, 농장주인과 케말이 서로를 확인하는 암호가 '북극성'이라고 말한다. 새벽에 부하들을 이끌고 길을 나선 케말은 도중에 적군과 만나 전투를 벌여 승리하며, 이후 어떤 텅 빈 인가로 들어간다.

그림 14. '리발소'라는 한국어 간판[28)]

이 영화에서 많은 전투 신이 나오지만, 급박하거나 위기일발의 상황이라는 것을 느낄 수 없는데, 그 이유는 배우들의 연기에서 별로 긴장감이 흐르지 않고, 소자본으로 찍은 영화이기 때문에 블록버스터 전쟁 영화에서 볼 수 있는 눈요기가 될 만한 장면이 없기 때문이다. 케말 일행은 초토화된 마을을 떠나 지휘관이 언급했던 농장으로 향한다. 하지만 농장에는 손자를 인질로 삼은 적군 몇 명이 기다리고 있다. 터키군은 이 적군들을 소탕한 후 무사히 손자의 인도로 농장으로 간다. 터키 군을 집으로 데려가던 손자는, 터키 군을 적군으로 오인하고 사격을 하는 할아버지를 저지하며, "이들은 우리 편이에요! 터키인들이에요!"라는 말을 한다. 유엔군인 터키 군을 선의 축에 놓고, 북한과 중공군을 악의 축에 놓은 전형적인 이분법적 전쟁영화 서사구조를 따르고 있음을 알 수 있는 장면이다.

케말과 단둘이 남게 된 손녀 일드즈는, 부모님이 국경을 넘을 때 총에 맞아 사망했다고 말하며 "제게 남은 것을 적을 향해 느끼는 증오뿐이에요."라고 적군에 대한 적의를 드러낸다. 이에 케말은 "이 원한의 뿌리를 뽑고, 우정과 형제애로 가득 찬 세계를 건설하는 것"이 과제라고 대답한다. 이 대답이 터키 관객들에게 터키군의 한국전 참전 목적과 이상을 환기시키고자 설정된 대화라는 이미지를 불러일으킨다. 케말은 아름다운 손녀를 보고 첫 눈에 반하게 되며, 이후 이들의 사랑이야기가 이 영화의 또 다른 서사의 한 축으로 전개된다.

---

28) 이 영화가 터키에서 촬영되었음에도 불구하고, 그 배경이 한국이라는 것을 암시하기 위해 마을의 한 건물 벽에 한국어로 '리발소'라고 쓴 간판을 달아 놓고 있다.

터키 군들은 지하에 숨어 지내면서 향수를 달래기 위해 하모니카를 불며 터키 노래를 부른다. 터키 군인들의 오락 장면은, 이 영화뿐만 아니라 한국전을 다룬 다른 터키 영화에서도 가끔 등장한다. 병사들이 평화, 반공, 민주주의 수호라는 대의를 위해 목숨을 걸고 한국전에 참전하기는 했지만, 고국과 가족이 그리운 순간에는 함께 모여 음악으로 향수를 달랬던 것이다.

한편 이 영화에서는 공산군과 대적하는 한국인들에 대한 설명도 등장한다. 일례로 할아버지는 케말 일행이 조금 전 지나왔던 마을의 한 교사가, 게양되어 있는 태극기를 내려 짓밟으라는 공산군의 명령에 굴복하지 않자 그를 죽여 게양대에 매달았다는 이야기를 하고, 손자손녀 모두 이 사건에 무척 가슴 아파하며 한국인들의 애국심에 존경을 표하는 장면이 나온다. 이 장면은 서로 상황은 다르지만, 한국인과 터키인이 애국심이 강한 민족이라는 것을 암시하고 있는 것으로 해석할 수 있을 것이다.

이후 케말과 그 부하들은 농장을 본거지로 삼고 주변을 잘 알고 있는 손자와 함께 정찰을 하러 나서고, 적군이 있는 위치를 파악하게 된다. 농장으로 돌아온 이들이 습격 계획을 세우고 있을 때, 적군의 장군과 부하들 그리고 이들에게 무기를 파는 무기상이 차 고장으로 그 농장에 들어 와 잠시 머물다 간다. 케말과 그 부하들은 사령부로부터 적군들이 지나갈 다리를 폭파하라는 명령을 하달 받고, 이 임무를 성공적으로 수행한다.

아군에 의해 다리가 폭파되었다는 전갈을 받은 적군의 장군은 분노하며 다시 그 농장으로 가 손자, 손녀 그리고 두 명의 터키 군인을 포로로 잡아 데리고 간다. 농장은 불태워지고, 나중에 그곳에 도착한 케말에게 농장 주인은 손자손녀들을 부탁하고 숨을 거둔다.

손자와 손녀는 적군 사령부(영화에서는 한문으로 '작전본부'[29]라고 새겨진 팻말이 나온다)가 있는 곳으로 끌려가고, 그곳에는 많은 포로들이 잡혀 있는 감옥이 있다. 그 감옥 안에서 어떤 산모가 힘들게 출산을 하지만, 적군들은 그녀가 보는 앞에서 막 태어난 아기를 죽이는 만행을 저지른다. 영화 속에서 적군은 터키 군을 고문을 하고, 전시에 향락을 즐기며, 신생아를 죽이는 만행을 저지르는 등 과거

29) 그림 15. '작전본부'라고 쓰여 있는 간판.

한국의 반공영화처럼, 선과 악의 대결구도가 이분법으로 확실하게 구분되어 묘사되고 있다.

적군은 포로로 잡힌 터키 군을 고문하지만, 가슴에 터키국기가 새겨진 터키 군인들은 "터키 만세!"라고 외치며 절대 입을 열지 않는다. 이 장면 역시 이 영화가 터키 관객들에게 터키 군인들의 용맹성과 애국심을 고취하기 위해 제작된 선전영화의 측면이 강하다는 것을 암시하는 부분이라 할 수 있다.

한편 무기상은 다름 아닌 아군 측 스파이임이 드러나고, 그는 손자를 탈출시키면서 케말에게 적진에 대한 정보와 상황을 알리는 편지를 주며 전달해 달라고 부탁한다. 하지만 이 모든 것을 몰래 지켜보고 있던 적군 장군은 적군 사령관에게 이 사실을 알리고, 아군 측 스파이인 무기상은 죽음을 당한다. 손자로부터 편지를 받은 케말은 밤에 적군 기지를 급습하고, 적은 병력으로 적군 사령부에서 사랑하는 여자를 구출한다. 케말은 손자에게 터키 사령부에 전달해 달라며 편지를 건네주지만 손자는 편지를 전달하는 과정에서 적군의 총검에 찔려 죽고 만다. 할아버지와 손자의 죽음을 본 케말은, '무고한 사람들, 노인 그리고 아이들을 죽이는 전쟁'을 저주한다는 독백을 하며 전쟁의 반인륜적인 행태를 관객들에게 환기시킨다. 한편, 적군의 상황을 파악하지 못한 터키군은 포위를 당하게 되고, 절대 절명의 위기에 빠진 터키 사령관은 눈앞에 아타투르크를 떠올리며 목숨을 바쳐 싸울 것임을 다짐하며 터키 국기에 입을 맞춘다. 많은 희생자를 내며 고군분투하던 터키군은, 지원군이 도착하면서 사기가 충전되어 승리를 거둔다.

유엔묘지에서 전우들의 명복을 비는 케말과 일드즈는 그들을 한국 땅에 두

이 장면 역시 영화의 촬영 장소가 터키이지만, 관객들에게 사건의 배경이 한국이라는 것을 암시하기 위해 설정된 것이다.

고 가는 슬픔 때문에 가슴 아파한다. 하지만 케말은 전사자들이 "세계 평화와 번영을 위해 몸 바친 사람들"이기 때문에 그들의 희생은 헛되지 않았다고 말하며, 그녀에게 함께 행복하게 살자는 말을 하며 영화는 끝난다.

이렇듯 「북극성」의 서사구조의 한 축은 터키군의 용맹성, 다른 한 축은 케말과 일디즈의 사랑 이야기를 배경으로 전개되고 있다. 작품 내용에서 언급했듯이 이 영화 역시 시종일관 터키군의 용맹성과 애국심을 보여주고 있으며, 도입부의 기록영화 이외에도 영화 속 전투 장면에도 간간이 몽타주된 기록영화가 사용되고 있는 것을 볼 수 있다.

IV. 결론

동족상잔의 비극인 한국전쟁이 종료된 지 반세기가 넘었지만, 여전히 전쟁 경험자나 전쟁에 대한 실제적 경험이 없는 후세대들은 공동의 정신적 외상(trauma)을 겪고 있다. 또한 휴전협정체결로 인한 남북한 분단체제 고착화는 전쟁의 상흔과 참상에 대한 기억을 떨쳐 버릴 수 없게 만드는 요소이기도 하다.

전쟁은 인류가 집단적으로 자행하는 가장 비인도적인 행위라 할 수 있고, 영화는 극한 상황에서 드러나는 인간의 광기와 인간 군상의 모습을 가장 극적으로 보여주기 때문에, 전쟁 상황의 묘사 면에서 가장 효과적인 매체들 중 하나일 것이다.

위에서 살펴본 한국전쟁을 소재로 한 터키 영화들은 터키인들에게 자국의 우월성과 터키가 세계평화와 민주주의 수호에 이바지 하고 있다는 점을 환기시키는 선전영화와 반공영화의 특색이 강하다고 할 수 있다. 일례로 「한국의 터키 총검」과 「북극성」에 등장하는 터키 군인들은 숭고한 조국애로 무장하고 있으며, 한국전쟁에서 자국에 대한 충성스런 국가관을 그대로 펼쳐 보이고 있다. 또한 이 영화에서 군인뿐만 아니라 한국전을 바라보는 다른 등장인물들 역시 투철한 국가관을 가진 사람들이다.

한편, 이 영화들은 전쟁으로 인해 희생되는 일반사람들의 고통을 그리기 보다는, 전쟁을 통해서 선과 악의 절대적인 분리와 선의 승리를 중점적으로 묘사히는 유형화된 틀을 벗어나지 못하고 있으며, 주인공들 대부분 한국전에서 용맹을 떨치며, 한국을 구하는 수호자 역할로 등장한다.

위 두 영화는 서사가 있는 영화가 시작되기 전에, 당시 한국전의 발발과 전개 상황을 설명해주는 기록영화들이 삽입되어 있다는 공통점이 있다. 「북극성」은 총 러닝타임 94분 중 영화가 본격적으로 시작하기 전 약 7분간의 기록영화가 나오고 있고, 「한국의 터키 총검」에서는 총 러닝타임이 64분 중 19분이나 기록영화에 할애되고 있다. 이렇듯 한국전을 소재로 제작된 터키 영화에서 기록영화가 차지하는 비중은 간과할 수 없이 크다고 할 수 있다. 이는 영화가 본격적으로 시작되기 전에 관객들에게 한국전쟁의 역사적 배경을 전달함과 동시에 터키의 참전에 대한 당위성을 부각시키기 위해 채택한 메커니즘이라고 할 수 있다. 하지만 한국전쟁을 경험한 우리에게 있어 한국전쟁 관련하여 해외에서 제작된 기록 자료는 당시의 상황을 이해하고, 이를 매개로 현 시점에서 한국전쟁을 재평가하고, 재인식하는 측면에서 연구할 가치가 있다고 사료된다.

<참고문헌>

김대성, 『터키 들여다보기』, 한국외국어대학교 출판부, 2006.

김익상, 『영화, 이렇게 보면 두 배로 재밌다』, 들녘, 1993.

루이스 자네티, 『영화의 이해-이론과 실제』(김진해 옮김), 현암사, 2006.

신영덕, 「한국전쟁기 종군작가와 소설」, 『6·25 한국전쟁과 한국 문학 -6·25 한국전쟁 50주년 기념』, 육군사관학교 화랑대 연구소, 2000.

______, 『한국전쟁과 세계문학』, 국학자료원, 2005.

백상기, 『터키 사람들과 반세기』, 삶과 꿈, 2007.

송병선, 『라틴 아메리카 문학과 한국전쟁』, 서강대학교출판부, 2009.

서재만, "한국동란 발발과 토이기의 외교정책", 국제정치논총, 제15호, 한국국제정치학회, 1975.

이난아, 「여성의 속박된 육체에 관한 이야기, 욜」, 『영화 속의 동서양 문화』, 집문당, 2002.

정종화, 「한국영화 성장기의 토대에 대한 연구: 동란기 한국영화 제작을 중심으로」, 중앙대석사학위 논문, 2002.

이희철, 『터키, 신화와 성서의 무대, 이슬람이 숨 쉬는 땅』, 리수, 2002.

Akpınar, Ertekin, *10 Yönetmen ve Türk Sineması*, Agora Kitaplığı, 2005.

T.C. Genelkurmay Başkanlığı, *Kore Savaşı Şehitlerinin Bibliyografileri*, Ankara Genelkurmay Basımevi, Ankara, 1992.

Deral, Mustafa, *Kore'ye Niçin Gidiyoruz?*, Bakış Matbaası, İstanbul, 1950.

Yazıcı, Tahsin, *Kore Birinci Türk Tugayında Hatıralarım*, Ülkü Basımevi, İstanbul, 1963.

인터넷 자료

http://www.bibilgi.com/Kore-Sava%C5%9F%C4%B1 검색일자: 2009년 12년 15일.

http://100.naver.com/100.nhn?docid=3736 검색일자: 2009년 12월 24일.

http://www.sinematurk.com/film_odul/3252/Ezo-gelin 검색일자: 2009년 12월 30일.

http://www.biyografi.net/kisiayrinti.asp?kisiid=174 검색일자: 2010년 1월 3일.

http://tr.wikipedia.org/wiki/At%C4%B1f_Y%C4%B1lmaz 검색일자: 2010년 1월 4일.

TURK AREA

투르크 지역 민속

양민지 (한국외대 터키·아제르바이잔어과 초빙교수)

01
투르크 민속

통과의례(Geçiş Dönemleri)

통과의례란 한 사회에 속한 개인이 태어나서 죽기까지 거치는 의례로 나이, 지위, 상태 등이 변할 때 행해지는 사회적 의례이다. 한 사람이 평생 반드시 거치는 의례라 하여 일생의례라고 부르기도 한다. 터키 민간에서 일반적으로 통과의례는 출생의례와 아이와 관련된 의례, 할례의례, 혼인례, 상장례를 이른다.

출생(Doğum)*

1-1. 기자 행위(Kısırlığı Giderme)

* 본 내용은 양민지, 『터키 튀르크민속 출생의례에 대한 고찰-산전속, 산후속, 작명민속을 중심으로-』, 부산외국어대학교 지중해지역원, 지중해지역연구, 제20권 3호, 2018년 논문의 내용을 바탕으로 수정 및 확장시킨 것임.

터키 전통사회에서 혼인 이후 수년이 지나도록 부부에게 아이가 생기지 않으면, 이는 부인(여성)의 문제라고 생각하는 경우가 대부분이었다. 결혼하여 아이를 갖지 못하는 여성을 쓸모없는, 황폐한, 열매 없는 나무, 꺼진 아궁이 등의 표현으로 속되게 부르기도 했다.

따라서 아이가 없는 가정에서는 아이를 갖기 위해 노력하는데, 현대 의학의 힘을 빌려 치료를 받는 행위뿐 아니라, 민간에서는 민간요법과 기자행위를 한다. 민간요법으로는 약초나 과일, 우유, 고기, 약재 등을 다려 마시거나 혹은 몸(특히 배, 허리 등)에 바르는 행위, 약수를 마시거나 온천을 하는 등의 행위가 있다. 기자행위의 예로는 지역에서 영험하다고 믿어지는 샘물, 강, 나무, 산 등을 방문하는 행위, 이슬람 성인의 사당(Türbe)이나 종교적으로 신실한 이의 무덤을 방문하는 행위, 희생제물(kurban)을 바치는 행위, 마을이나 지역에서 이슬람 학식이 높은 자 혹은 지혜를 지녔다고 여겨지는 연장자(hoca), 무당(büyücü)를 찾아가 부적이나 주술을 부탁하는 행위, (신성한) 나무에 소원을 적은 천을 매다는 행위 등을 들 수 있다.

이슬람 성인의 사당을 방문하여 치성기자(祈子致誠)를 드리는 행위는, 전통신앙 중 하나인 조상령 숭배와 관련이 있으며, 조상령에게 제액초복(堤厄招福)을 기원하던 행위에서 유래된 것이다.

나무에 천을 매다는 행위는 터키 전통 민간신앙에서 유래한 것으로 한국 민간에서도 흔히 볼 수 있는 행위 중 하나이다. 근래에 들어서도 이따금 목격되고 있으며, 나무 앞에서 소원을 비는 행위로 변화했다.

1-2. 임신(Gebe Kalma / Gebelik)

여성이 임신을 하게 되면, 출산하기까지 여러 신체적, 정신적인 변화를 겪는다. 이와 함께 민간에서는 임신부가 지켜야 할 여러 가지 금기가 있으며, 전통신앙에서 기인한 주술적인 것과 이슬람을 기반으로 한 종교적 요소가 혼합되어 나타난다.

1-3. 입덧(Aşerme)

터키 민간에서는 여성이 입덧을 할 때, 매우 신 음식을 찾을 경우 뱃속의 아이가 딸이라고 여기며, 단 음식을 찾을 경우 뱃속의 아이는 아들이라고 여긴다. 여성이 입덧을 할 때 찾는 음식을 먹지 못하거나 챙겨주지 못하면 매우 좋지 못한 것으로 여기며 태어날 아이가 사시가 된다고 믿거나, 태어난 아기의 몸에 점이 크게 생긴다고 믿는다. 반대로 입덧을 할 때 찾는 음식을 다 잘 먹거나 가족, 지인들이 선물하면 태어날 아이가 영리할 것이라고 믿는다. 이는 남편과 가족들이 임산부를 대할 때 주의를 기울이고 정성으로 대해야 한다는 생각에서 기인한 것으로 볼 수있다.

1-4. 아이의 성별 예측(Bebeğin Cinsiyetinin Tayini)

전통적으로 터키 사회는 부계중심 사회로 남자아이의 출산을 더 선호했다. 출산과 관련된 의례는 아이(자식)를 얻기 위한 것이지만 실질적인 의미에서는 아들의 탄생으로 가문의 혈통을 잇기 위한 것이라고 볼 수 있다. 남아선호사상과 가문전승의식에 따라 터키 투르크 민속에서 기자, 성별예측, 아이의 이름짓기 등의 행위가 이어져왔다. 따라서, 장차 태어날 아기의 성별 예측에도 관심을 지녔다. 태몽으로 아이의 성별을 예측하기도 하는데, 임신한 여성이 자신이 말을 타는 꿈, 집에 깃발이 꽂혀 있는 꿈, 산모가 여자아이를 젖 물리는 꿈, 배(과일), 총기 등을 태몽으로 꾸면 아들을 날 것이라고 믿는다. 또한, 산모가 태몽으로 과일, 구슬, 사과, 말에서 떨어지는 꿈, 자개단추를 다는 꿈, 남자아이를 보는 꿈 등을 꾸면 딸을 날 것이라고 믿었다. 입덧, 태몽과 관련하여 아이의 성별을 예측하는 방법과 함께 임산부(임신한 여성)의 신체적 특징으로도 아이의 성별을 예견할 수 있다고 믿었는데 그 중 대표적인 것은 다음과 같다.

- 여성이 임신 기간에 더 고와지면 아들을, 그렇지 않으면 딸을 낳는다.(지역에 따라 정반대의 경우도 있음. 예-삼순 시)
- 임신한 여성의 배가 앞으로 튀어나오면 아들을, 옆으로 퍼지면 딸을 낳는다.
- 아이가 엄마의 배 안에서 활동적이면 아들을, 개미처럼 살살 움직이면 딸을 낳는다.
- 임산부가 활동적이면 아들을, 몸이 무거우면 딸을 낳는다.
- 임산부에게 알려주지 않고, 하나의 방석 아래에는 칼을, 다른 하나에는 가

위를 숨겨둔다. 임산부가 칼을 숨겨둔 방석에 앉으면 아들을, 가위를 숨겨둔 방석위에 앉으면 딸을 낳는다.

또한, 태아가 딸로 예견이 되면 이를 아들로 바꾸기 위해 아내의 배에 남편이 손을 얹고 특별한 기도문을 읽거나 이슬람 율법을 잘 아는 이에게 찾아가 주술행위나 부적을 부탁하기도 했다.

이 이외에도 아들을 낳기 위해 다음과 같은 행위를 했다.

- 결혼식 날 신부의 품에 남자아이를 안겨준다.
- 부부관계를 할 때 여성은 침대의 오른쪽에 눕고 일어날 때도 오른쪽에서 일어난다.[1]
- 나무에 돌을 던지면서 "딸 낳으면 소박, 아들 낳으면 (행복의) 시작"이라고 한다.
- 막내 딸의 이름을 '예테르(Yeter)', '된뒤(Döndü)', '되네(Döne)', '두르두(Durdu)'라고 짓는다.[2]
- 아들을 낳을 때까지 아이를 낳는다.

1-5. 출산 전 임신부가 지켜야 할 사항(Doğum Öncesi)

아이를 임신하는 기간 동안 임산부에는 많은 금기가 따르고, 사회적으로 행동의 제약이 생긴다. 이러한 것에는 한 민족의 위험에 대한 인식과 의식구조가 반영이 되어있다. 터키 투르크 민속에서는 어머니가 본 것, 먹은 것, 체험한 것들이 태아에 전해져 아이에게 직접적으로 영향을 준다고 믿는다. 즉, 임신기간 동안에는 예쁘고 좋은 것만을 봐야 하며, 그렇지 않으면 태어날 아기가 좋지 못한 대상물을 닮는다고 여긴다. 이는 모방주술 혹은 유감주술의 행위로 각 지역에 따라 다양하게 나타나지만 보편적으로 터키 민속에서 임산부의 지켜야 할 것들은 다음의 것들이다.

1) 딸을 원할 때는 반대로 하는데, 침대의 왼쪽에 눕고 왼쪽에서 일어난다.
2) 끝순, 말순, 말년, 끝님, 말자 등의 의미를 지닌다.

- 외모가 좋지 못한 사람을 보지 않아야 한다.
- 토끼, 원숭이, 곰, 낙타 등을 보지 않아야 한다.
- 초상집에 가지 않아야 한다.
- 초상집/시체를 보지 말아야 한다.
- 비밀스러운 것이나 숨겨둔 것을 먹으면 안된다.
- 뇌/머릿고기로 만든 요리를 먹지 않는다. 먹을 경우 아이가 지능발달이 더디다.
- 모과를 먹으면 아이의 얼굴이 노랗게 된다. (황달이 생긴다)
- 일식/월식을 보면 아이의 미래가 불투명해진다.
- 새 고기를 먹으면 아이가 잠을 깊이 못 잔다. (얕은 잠을 잔다)
- 바다를 보면 파란 눈동자의 아이가, 검은 올리브를 먹으면 눈동자가 까만 아이를 낳는다. (투르크멘인)
- 초상집에 가면 아이의 얼굴이 노랗게 된다. (투르크멘인)
- 아름답고 예쁜 사람이나 사물만 봐야 한다.
- 향기로운 것(장미꽃)만 맡아야 한다.
- 달, 무지개를 봐야 한다.
- 우유크림을 먹으면 아이의 얼굴이 하얗게 된다.
- 거울을 자주 보면 아이가 예뻐진다.
- 사과, 복숭아, 딸기, 체리, 포도, 자두 등을 먹는다. (아이의 외모가 수려해 진다.)

이처럼 임산부가 지켜야 할 것 혹은 금기사항은 대체적으로 음식물, 행위, 태교 등과 관련이 있다.

1-6. 출산(Doğum Sırası)

현대에는 대부분 병원에서 출산하지만 전통사회에서는 집에서 산실을 꾸미고, 산파와 경험 많은 여성들이 출산준비를 도왔다. 출산 전에는 임산부와 아기에게 닥칠 외부적, 내부적 위험으로부터 보호하려는 방법과 산실 축성의례가 전해지며 순산을 도와주고 난산(難産)을 막기 위한 다양한 민속행위가 행해졌다. 출산 때 행해지는 대부분의 민속행위들은 모방·유도주술에 속하는데 막히거나 잠긴 곳을 푸는 행위를 통해 순산을 유도하는 것이 대부분이다.

- 잠긴 곳(문, 창문, 함 등)을 모두 풀어놓는다.
- 단추로 여민 옷을 푼다.
- 묶거나 땋은 머리를 푼다.
- 새에게 모이를 준다.
- '신이시여 잠긴 곳을 풀어주소서', '우리에게도 지나갔으니, 네게도 (금방) 지나갈 것이다' 등의 소원을 빈다. / 축언을 한다.
- 출산의 고통을 덜어주고 출산의 탈을 없애기 위해 부적을 지닌다.

이 이외에도 지방마다 출산 때 행해지는 다양한 민속행위와 금기 등이 있다.

테키르다(Tekirdağ)

- 산파와 도우미들을 제외하고 그 누구에게도 출산 중이라는 소식을 알리지 않는다. 그렇지 않으면 난산을 겪는다고 믿는다.
- 뒤집어진 빨래가 있으면 제대로 놓는다.
- 옷에 단추가 있으면 모두 푼다.
- 땋은 머리는 모두 푼다.
- 같은 날 태어난 아기는 서로 보지 못하게 한다.

에르주룸(Erzurum)

- 출산일이 지나도 아기가 나올 기미가 보이지 않으면 임산부를 말에 태워 돌, 자갈이 많은 험한 길을 지나게 하거나 앉았다 일어나게 하고 다리운동을 시킨다.
- 버터를 녹여 꿀, 설탕과 섞은 후 마시게 한다.
- 임산부에 귀에 코란을 읽어준다.
- 아이가 거꾸로 나오려고 하면 양탄자나 담요 위에 눕히고 양쪽을 잡고 흔든다.

또한, 산실에는 출산에 필요한 따뜻한 물, 축성 받은 물, 수건, 솜, 알코올 등 출산과 산후처치에 필요한 것들을 마련에 놓는다. 전통적으로 산실은 신성한 곳으로 여겨졌기 때문에, 외부인의 출입을 금했으며 특히, 산실에는 아이를 잃은 여성의 출입을 금했다. 순산을 위해서 아나톨리아 내륙지방에서는 '하와 아나는 엘리(Havva Ananın Eli, 하와 어머니 손)', 메리엠 오투(Meryem otu, 마리아 풀)', '메리엠 아나 엘리 오투(Meryem ana eli otu, 어머니 마리아 손풀)', '파트마 아나 엘리 오투(Fatma ana eli otu, 어머니 파트마[3] 손 풀)' 등으로 불리는 식물인 허브베니트[4]를 말려 물에 타 마신다. 허브베니트는 강장작용, 수렴작용, 소독작용 등이 탁월한 풀로 이 물을 마시면 출산 시 고통이 줄어들고 난산을 겪지 않게 도움이 된다고 믿는다.

1-7. 탯줄 자르기 및 탯줄과 관련된 행위(Göbek Kesme-Yıkama-Tuzlama)

산후 의례는 병이나 잡귀로부터 아이를 보호하고 아이의 미래에 긍정적인 영향을 주기 위한 목적으로 행해졌다. 아나톨리아 전통사회에서는 아이가 태어나면, 산파가 기도문을 읊고 탯줄을 자르며, 아이에게 아명을 지어준다. 지역에 따라, 탯줄을 자를 때 흘린 피를 아이에게 발라 주기도 한다. 탯줄이 떨어지면 그 위에 소금이나 커피를 발라 미생물 감염을 막으며, 장작을 태워 남은 재를 얇은 거즈 천에 걸러 배꼽 위에 뿌리기도 한다. 혹은 올리브 기름에 적신 천 조각을 배꼽위에 올리기도 한다.

아나톨리아 동북부 지역에 위치한 카르스(Kars) 시에서는 아이가 태어나면 아이의 탯줄을 작은 칼(접이식 칼)로 자르고, 칼을 잘 씻은 후에 출산 시 산모가 누웠던 베게 밑에 넣어둔다. 아이의 탯줄이 마르면 단도를 베게 밑에서 꺼내 다시 씻는다. 이렇게 하면 아이의 수호령을 만족시킬 수 있고, 아이와 산모를 알 카르스(Alkarısı, 산모와 아이에게 해를 입힌다고 믿어지는 잡귀/악령)로부터 지킬 수 있다고 믿었다. 또한, 아나톨리아에서는 전통적으로 귀신으로부터 아이와 산모가 해를 입지 않기 위해 단도를 베게 밑에 넣었다고 전해진다.

남동부 지역에 위치한 아다나(Adana), 북서부에 위치한 테키르다 등에서는 아이가 태어나면 올리브 기름이나 소금을 아이의 피부에 바르는데, 이는 아이 몸

---

3) 이슬람 선지자 무함메드의 딸.
4) Geum Urbanum.

(땀)에서 좋지 못한 냄새가 나는 것을 막고 아이의 피부 오염을 막기 위함이었다. 이러한 행위를 민간에서 투즐라마(Tuzlama, 소금 바르기)[5]라고 부르는데, 최근 연구결과를 통해 이러한 행위가 아이에게 탈수를 유발하고 땀샘을 막는 등 의학적으로 위험한 행동이라고 밝혀진 바 있다. 또한, 아이가 자라서 고운 말을 쓰고, 인생에서 꿀처럼 달콤한 일들이 많이 생기길 바라는 마음에서 아이의 몸에 꿀을 바르거나 소금물에 설탕이나 꿀을 섞어 사용하기도 했다. 테키르 다에서는 아이가 태어나면 산파가 아이를 씻기는 물에 동전을 넣어두며, 아이를 씻길 때 잡귀나 악령이 접근하지 못하도록 이웃들이 차례로 아이의 몸에 물을 붓는다. 자른 아이의 탯줄과 태반은 학교나 이슬람 사원 지붕에 던진다. 흑해 서부에 위치한 삼순(Samsun)에서는 남자아이는 나중에 커서 소를 키워서 파는 사람이 되라고 외양간에 태/탯줄을 버리고, 여자아이는 커서 음식을 잘하고 주방일에 능숙해 지라고 부엌에 탯줄을 버렸다.

전통적으로 탯줄 자르기와 태의 처리는 아이의 미래와 아이의 직업에 영향을 미칠 것이라고 여겨 함부로 하지 않았다. 일반적으로 아이의 탯줄은 다음과 같은 믿음에 따라 다양한 곳에 묻었다.

- 아이가 커서 독실한 무슬림이 되길 원하면 사원 뜰이나 정원에 묻는다.
- 공부 잘하는 아이로 크길 바라면 학교 운동장이나 정원에 묻는다.
- 아이가 커서 가축을 부리고 파는 일을 하길 바라면 가축우리에 묻는다.
- 아이가 밖으로 나돌지 않고 가족 곁에 남길 바라면 집 안의 적당한 곳에 묻는다.
- 아이가 외향적인 사람으로 크길 바라거나 물처럼 순수한 아이가 되길 바라면 아이의 탯줄을 (강)에 버린다.
- 태반 또한, 탯줄처럼 소중히 처리되었는데, 보통 깨끗한 천에 싸서 땅에 묻었다.

5) 혹은 염장을 의미하기도 한다.

1-8. 산모와 아이 방문(Loğhusalık-Loğhusa Ziyaretleri)

터키에서는 갓 출산한 여성을 로후사(loğhusa)라고 부르는데, 출산 후 40일까지의 산모를 일컫는다. 이 기간에는 산모의 정신적, 육체적인 건강에 신경을 쓰며 외부로부터 받을 부정적인 영향으로부터 산모를 보호하고 출산을 축하하는 다양한 의례와 민속행위가 있다. 터키에서는 이 기간과 관련하여 '산모(로후사)의 무덤은 40일 동안 열려있다'라는 말이 있는데, 그만큼 이 기간의 산모는 출산으로 인해 육체적으로 병에 취약한 상태에 있으며, 따라서 각별한 주의가 필요로 한다고 여겨졌다. 출산한 여성은 3일, 7일, 10일 길게는 20일까지 자리에 누워 몸을 추스른다. 또한, 난산을 겪었거나 주위에 산모를 돌봐줄 사람이 있다면 이 기간은 더 오래 지속된다.[6] 출산한 여성은 가족과 주위 사람들로부터 보호받고 귀하게 여겨지며, 가족들은 산모의 휴식을 위해 도움을 주고자 한다.

출산한 여성이 있는 가정에서는 산모에게 모유가 빨리 돌고 산모의 모유량이 많아지게 하려고 세르베티,[7] 카이나르[8] 등을 만들어 먹인다.

출산 후 1주일부터는 가족, 친척, 가까운 지인들이 출산을 축하해주기 위해, 출산 후 2주 후부터는 산모의 건강회복에 관하여 물어보기 위해 방문을 한다. 방문객은 산모의 건강회복을 위해 쒸틀라치(쌀로 만든 우유 푸딩), 무할레비(커스터드푸딩), 비스킷, 바클라바[9] 등의 디저트와 우유, 수프, 파이, 볶음밥 등의 음식과 함께 붉은 리본을 단 사탕, 꿀, 헬바,[10] 금으로 만들어진 작은 귀금속,[11] 유아

---

6) 정부에서 보장하는 직장여성의 산모의 출산휴가는 6주(42일)이며, 전통사회에서는 산모가 최소한으로 출산 후 쉬는 기간을 40일로 둔다.

7) '도움 세르베티(doğum şerbeti)', 혹은 '로후사 셰르베티(lohusa şerbeti)'라고 불리는 이 출산 음료는 산모에게 모유를 잘 돌게 하고 산모의 수분 섭취를 돕는 음료의 일종으로 설탕, 물, 계피, 정향, 생강, 갈랑가, 강황, 회향 잎 등을 넣고 끓여 만든다. 위에 잣, 호두, 아몬드, 땅콩, 헤이즐넛 등의 견과류 가루를 뿌려 먹으며 차게 혹은 따뜻하게 마신다.

8) 카이나르는 7종류의 향신료(계피가루, 정향, 생강, 갈랑가, 올스파이스, 강황, 카다멈)에 설탕과 물을 넣어 끓여 만든 음료로, 계피카루와 호두가루를 뿌려 차처럼 음용하는 산후음료이다. 또한 이 음료에 꿀을 섞어 목욕탕에서는 피부에 발라 마사지를 하기도한다.

9) 바클라바(baklava)는 터키인들이 즐겨먹는 대표적인 디저트 중 하나로, 수십 장의 얇은 밀가루 반죽(yufka, 유프카) 사이에 땅콩, 피스타치오, 헤이즐넛, 호두가루 등을 넣고 구운 후 설탕시럽을 뿌려서 만드는 패스츄리의 일종이다.

10) 헬바(helva)는 밀가루와 설탕, 버터를 주 재료로 만들며, 여기에 깨 페이스트나 헤이즐넛, 피스타치오 등의 견과류와 땅콩크림 등을 첨가하여 만드는 디저트로 출산, 장례 등 가정에 특별한 일이 있을 때나 명절에 주로 먹는다.

11) 반지, 목걸이, 팔지 등

용품, 옷 등을 선물로 가져간다. 또한, 산모에게는 실내용 슬리퍼, 머리쓰개,[12] 수건, 천,[13] 양말, 덧신, 아이 장난감, 아이 옷[14] 등을 선물로 준다. 산모가 있는 가정에서는 방문객에게 셰르베티를 대접한다. 출산 축하방문을 하지 않거나 산모와 아이를 위해 선물을 가져가지 않는 것은 터키 사회에서 매우 예의 없는 행동으로 여겨지며 향후 관계가 나빠지는 이유가 되기도 한다. 선물과 축하방문을 받는 가정에서는 이를 꼭 기억하고 있다가 향후 방문객들에게 같은 경사가 있을 시, 반드시 보답해야 한다고 여기고 있다.

테키르다

- 출산한 여성이 병에 걸리지 말라고 붉은 리본을 달아준다.
- 출산한 여성에게는 수프를 마시게 한다.
- 출산한 여성은 40일 동안 바깥출입을 금한다.
- 출산한 여성을 혼자 두지 않는다.
- 출산한 여성을 방문하는 사람들은 우유, 우유가 들어간 음료, 수프 등을 가져간다.
- 출산한 여성을 방문하는 사람들은 붉은색의 셰르베티를 대접받는다.

아다나(Adana)

보통 시중에 아이의 출산을 축하해 주기 위해 작은 동전 크기만 한 금 배지가 판매되고 있는데 이를 달아주거나 붉은 리본과 옷핀이 달린 금 조각을 달아준다. 이와 함께 액운을 물리쳐 준다고 믿는 나자르 본주우(Nazar Bonzuğu파란색의 시안 구슬)를 함께 달아준다. 남동부 지역에서는 출산한 산모에게 카이나르(Kaynar)라고 불리는 산후 음료를 마시게 한다. 또한, 방문객에게도 이를 대접한다.

12) 일반용 혹은 예배를 드릴 때 사용할 수 있는 머리쓰개
13) 이불이나 침대 깔개에 사용 할 수 있는 천
14) 아이 옷 혹은 아이 옷을 지을 때 사용할 수 있는 천이나 실

가지인텝(Gaziantep)

- 쿠이막(Kuymak)[15] 이라고 불리는 진한 수프를 산모에게 먹인다.
- 산모에게는 페크메즈 음료(셰르베티)를 마시게 한다.
- 산모에게 신 음식을 먹이지 않으며, 산모가 신 음식을 먹으면 아이가 중병에 걸려 죽을 수도 있다고 믿는다.
- 산모의 출산 소식을 듣게 되면 가까운 친척, 이웃들은 집에 찾아가서 문에 돌을 던진다. 이를 문에 '문에 돌 던지기(카프 타쉴라마 Kapı Taşlama)'라고 부르는데, 가족 중 제일 연장자가 나가서 찾아온 사람이 어린아이이면 용돈 혹은 사탕을 주고 어른이면 나중에 대접하겠다고 약속한다.

삼순

- 산모는 결혼식에 가지 않는다. 만약, 산모가 결혼식에 가게 되면 모유가 줄어들거나 아이가 걸음을 늦게 뗀다고 믿는다.
- 산모는 보통 출산 후 40일 이전에 밖에 나가지 않는데, 바깥출입을 해야 할 피치 못할 경우에는, 빵, 숯 조각을 아이의 속싸개에 넣고 나간다. 이렇게 하면 아이를 잡귀나 병으로부터 보호할 수 있다고 믿는다.

숯과 빵은 투르크 문화권에서 신성함을 나타내는데 숯은 정화작용을 하므로 그 자체가 정화를 의미하며, 빵은 터키인의 주식이기 때문에 생명의 유지 혹은 존속을 의미한다고 볼 수 있다. 따라서 이러한 의미를 지닌 것들을 아이의 몸에 가까이 두는 것은 축귀와 축사를 위한 행위라고 간주한다.

터키 민간에서는 산모와 아이 그리고 가축(말)에 해를 입히는 (여성형) 귀신인 알카르스가 있다고 믿는다. 산모나 아이의 간을 빼앗아 가거나 말을 밤새 날뛰게 만들어 지치게 한다고 믿는 반인반수[16] 알카르스는 쉽게 눈에 띄지 않는다

15) 쿠이막은 가지안텝과 주변 지역의 방언으로, 표준어로는 불라마츠(bulamaç)이다. 불라마츠는 밀가루, 설탕, 식용유를 사용하여 만드는 수프의 일종이다. 이와 관련하여 가지안텝과 주변 지역에서는 보통 아들을 낳은 산모는 오을락(oğlak), 딸을 낳은 산모는 쿠이막(kuymak)이라고 부른다.

16) 알카르스는 붉은 옷을 입고 있으며 헝클어진 머리, 큰 키, 긴 손가락과 긴 손발톱, 작은 손과 발을 지니고 큰 입에 이를 다 드러내고 섬뜩하게 웃는다고 여겨진다.

고 한다. 이처럼 알카르스는 갓 출산한 산모와 아이를 병들게 하거나 죽일 수 있기 때문에, 출산한 여성을 혼자 두면 안 된다고 여겨졌다. 알카르스가 나타나면 알카르스의 옷에 (대)바늘을 해를 입히는 힘을 막거나, 그의 몸에 콜타르나 송진을 발라 잡아 둘 수 있다고 믿었다. 알카르스로부터 해를 입는 것을 방지하기 위해 산모와 아기가 있는 방에는 빗자루, 코란, 양파, 마늘, 부적 등을 달아 두었으며 베게 밑에 코란, 칼, 철로 만들어진 물건, 가위, (대)바늘 등을 숨겨 놓기도 했다.

1-9. 크륵 바스마스(Kırk Basması)

출산 후 산모와 아이가 40일 이내에 병이 들거나 아프게 되면 이를 크륵 바스마스라고 한다. 출산 후 산모와 아이의 보호와 돌봄에 각별한 주의를 기울이는 출산/출생 후 40일 동안에는 잡귀나 나자르(nazar)-사안(邪眼)·사시(邪視)를 비롯하여 외부인의 출입으로부터 받을 수 있는 부정적인 영향과 병을 막기 위해 노력하며, 이를 위해 민간에서는 다양한 행위와 의례가 행해진다. 이러한 행위와 의례를 일컬어 크륵라마(Kırıklama)라고 부른다. 한국의 세이레(삼칠일)에 해당하는 크륵 바스마스 기간에는 산모와 아이의 바깥출입을 금하며, 부정한 곳에 다녀온 이의 출입도 금한다. 그뿐만 아니라 크륵 바스마스 기간에 있는 다른 산모와 아이와의 만남도 피한다. 출생 후 40일 안에 아이가 부정한 기운에 사로잡히면 아이의 얼굴이 노랗게 되거나 이유 없이 아프거나, 마른다거나 혹은 생기가 없어진다고 믿는데, 이를 막기 위한(혹은 이러한 것들로부터 치유되기 위한) 방법과 금기행위는 다음과 같다.

- 아이의 옷, 속/겉싸개는 바깥에 널지 않는다.
- 방문객이 오면, 붉은 천으로 아이의 얼굴을 가린다.
- 밤중에 밖에서 들어온 사람(가족)은 산모와 아이의 곁에 가지 않는다.
- 산모의 방에 촛불이나 램프를 켜둔다.
- 불(씨), 이스트, 소금, 식초, 빵을 집 밖으로 내보내지 않는다. (이웃이나 지인에게 나눠주지 않는다.)

테키르다

- 산모는 갓 결혼한 신부를 만나지 않는다.
- 다른 산모를 만났다면, 서로 바늘을 바꿔 간다.
- 아이 곁에 거울, 빗자루를 둔다.

아이의 머리/얼굴을 붉은 천으로 덮거나 붉은 천으로 가려두는 것은 잡귀·잡신을 막는 행위로 예로부터 붉은색이 지니는 축귀·축사의 힘을 믿었던 데에서 유래한다. 붉은색은 불을 의미하며 그릇된 것, 오염되어 더러운 것 등을 태워 버리는 정화의 힘을 지녔다고 믿었다. 아이의 얼굴에 쿠르반 바이라므(Kurban Bayramı, 희생절)에 도축한 제물의 피를 찍어 바르는 행위나 결혼 전 신부의 얼굴에 붉은 천을 덮는 것도 이와 다름이 없다.

크륵라마, 즉 아이와 산모의 건강을 기원하고 각종 질병이나 해로부터 피하기 위해 생후 40일에(지역에 따라서는 생후 40일 안에) 행해지는 행위 중 가장 보편적으로 나타나는 것은 물을 이용한 정화의례이다. 그 중 첫 번째는 크륵 타쉬(Kırk Çakıl Taşı), 물에 아이와 산모를 씻는 의례로 다음과 같이 시행된다. 먼저 사람의 발길이 닿지 않은 곳에서 40개의 자갈·조약돌을 모아 씻은 후 물에 넣어 끓이고 깨끗한 물을 준비에 다시 그 속에 넣는다.[17] 이 물에 아이를 씻기고[18] 산모가 차례대로 씻은 후, 엄마와 아이의 더러운 옷가지를 세탁한다. 마지막으로 이 물을 사람들의 발이 닿지 않을 만한 곳에 버리고 아이와 산모의 무병·무탈을 기원한다. 전신을 씻기도 하지만 깨끗한 면포(혹은 머리쓰개)를 몸 위에 덮어 아이와 산모의 몸에 흘려 보내기도 하며, 물속에 장미꽃잎과 돌을 함께 넣기도 한다. 터키인들은 일이나 상황이 잘 풀리기를 바라는 마음에서 이를 막힘없이 흘러가는 물의 모습에 비유하곤 했다. 그래서 여행을 가거나 군대에 가는 사람 뒤에 물을 길 위에 뿌리며 '물처럼 가라!'라고 말한다. 산모와 아이를 물에 씻는 의례는 앞으로 닥칠 병을 막는다는 의미와 함께 병을 물로 흘려보낸다는 의미를 지

17) 지역에 따라서는 금, 은, 시안으로부터 보호하는 부적용 구슬의 일종, 열쇠(부유함을 의미), 달걀(건강을 의미) 등을 함께 넣기도 한다.

18) 보통 산모의 이웃, 지인, 친척 중에 출산경험이 있는 사람으로 출산 후 40일 동안 아이나 자신에게 탈이 없었던 여성이 아이를 씻긴다.

닌다. 또한, 돌은 인생에서 힘든 일이 닥칠 때 이겨 낼 수 있는 굳건한 힘, 장미꽃은 신의 자비와 축복 등을 의미하거나 행복하고 평안한 삶을 상징한다.

투르크멘인들 또한, 생후 40일의 아기와 산모를 씻기는 정화의례를 행한다. 아이를 씻긴 후에는 당나귀나 개의 털로 짠 담요로 아이를 싼다. 이때 여자아이는 순하고 사회 적응력(친화력)이 좋은 사람으로 자라나길 바라는 마음에서 당나귀 털로 짠 담요로 몸을 싸고 남자아이는 유능하고 똑똑한 사람으로 자라길 바라는 마음에서 개의 털로 짠 담요로 몸을 싼다.

II. 아이와 관련된 민속과 의례

2-1. 작명(Ad Koyma)

터키에서는 아이가 태어나면 아이의 부모를 비롯해 양가 조부모와 가까운 친척들이 가족전통과 문화에 따라 아이에게 이름을 지어준다. 터키 민간에서는 아이에게 지어준 이름처럼 아이가 살 것이라고 믿었기 때문에 이름은 단순히 법에서 규정하는 것만을 의미하는 것이 아니라 아이의 건강·성격·사회적 지위·직업·성공·가족 등 아이의 장래에 영향을 미칠 수 있는 주술적 힘을 지녔다고 여겼다. 따라서 전통사회에서부터 지금에 이르기까지 아이의 이름을 짓는 것을 중요하게 생각했다.

특히, 터키인들은 98% 이상이 무슬림으로 알라신의 자비와 축복, 권능, 힘 등을 나타내는 표현을 사용해 이름을 짓거나 무슬림 세계에서 많이 사용하는 이름을 흔히 아이의 이름으로 짓기도 한다.

알라를 기술하는 표현을 사용한 이름
Abdullah Abdurrahaman Abdulrezak Abdüssamet

선지자, 선인, 성자를 나타내는 이름
아흐멧(Ahmet) 에크렘(Ekrem) 마흐뭇(Mahmut) 메흐멧(Mehmet) 무함멧(Muhammet) 무스타파(Mustafa) 레술(Resul): 선지자 무함메드(Muhammet)를 나타냄
베키르(Bekir) 오스만(Osman) 외메르(Ömer) 알리(Ali) : 초대 4 칼리프를 나타냄
선지자, 성인, 성자를 나타내는 이름
아뎀(Adem) 다붓(Davut) 이브라힘(İbrahim) 이드리스(İdris) 이스마일(İsmail) 야쿳(Yakut) 제케리야(Zekeriya) : 선지자들을 나타냄
하산(Hasan) 휘세인(Hüseyin) : 알리의 아이들을 나타냄, 특히 알레비 종파 교인들 사이에서 많이 사용
아이셰(Ayşe) 에미네(Emine) 파트마(Fatma) 하티제(Hatice) 제이넵(Zeynep) : 선지자의 부인, 어머니, 딸 등을 나타냄

아이의 이름은 아이가 태어난 생년월일과 계절에 따라 짓기도 하였으며 태어난 날이 종교적·사회적으로 의미를 지니고 있으면 이와 관련하여 이름을 짓기도 한다.

국가적 의미를 지닌 날	아이의 이름과 의미
줌후리옛 바이라므 (Cumhuriyet Bayramı, 공화국 건립기념일)	줌후르(Cumhur, 국가)
자페르 바이라므 (Zafer Bayramı, 승전기념일)	자페르(Zafer, 승전) 쿠르툴루쉬(Kurtuluş 광복, 구원)
종교적(이슬람) 의미를 지닌 월, 일	**아이의 이름과 의미**
주마 귀뉘 (Cuma günü, 금요일/무슬림 예배일)	주마(Cuma) 주말리(Cumali)
카디르 게제씨 (Kadir Gecesi 이슬람에서 코란이 내렸다고 알려진 날)	카디르(Kadir) 카드리예(Kadriye)
라마잔 바이라므 (Ramazan Bayramı 라마단/금식 명절)	라마잔(Ramazan)
명절 귀뉘(Bayram Günü, 명절)	바이람(Bayram, 명절)
네브루즈(Nevruz günü, 투르크 유목민에게 일 년의 시작을 알리는 명절)	네브루즈(Nevruz, 춘분/봄)
특정 계절, 시간, 때	**아이의 이름과 의미**
봄	바하르(Bahar, 봄)
1월	일카이(İlkay, 정월·한 해의 첫 번째 달)
새벽	샤팍(Şafak) 탄(Tan, 동틀 무렵) 세헤르(seher)
밤	레일라(Leyla, 심야)

고대 투르크 전통 민간신앙으로는 천신사상, 샤머니즘, 애니미즘, 토테미즘 등을 들 수 있는데 투르크 족의 이슬람화 이후 비이슬람적 요소들 즉 민간신앙과 관련된 의례나 습속, 행위들은 경계와 배척의 대상으로 간주되어 대부분 사라졌다. 그러나 이러한 민간신앙은 이슬람 의례와 전통에 투영되어 내재적 요소로 명맥을 유지하고 있다. 아이의 이름을 짓는 행위에도 이러한 민간신앙이 투영되어 있는데 산, 나무(거목, 자작나무), 꽃(튤립, 장미, 연꽃), 새(독수리), 강인한 동물(사자, 늑대), 돌, 바위, 귀금속(다이아몬드, 쇠/철, 금, 은, 진주), 폭포, 바다, 강, 호수, 물, 하늘 등 자연물의 글자를 이름에 사용하여 아이의 삶에 긍정적인 영향을 미치기를 기원했다. 특히, 투르크 족이 신성하다고 여기는 자연물이나 동물의 나

타내는 글자를 태어난 아이의 이름에 넣어 숭배대상의 힘이 아이를 보호할 것이라 믿었다.

자연물·자연현상 등의 이름을 본 따 지은 이름[19]	
데미르(Demir, 철·쇠)	랄레(Lale, 튤립)
아슬란(Aslan, 사자)	쉼뷜(Sümbül, 히아신스)
카플란(Kaplan, 호랑이)	치이뎀(çiğdem, 사프란)
제일(Ceylan, 사슴) 제렌(Ceren)	귈(Gül, 장미)[20]
샤힌(Şahin, 매)	야세민(Yasemin, 자스민)
카르탈(Kartal, 수리)	아첼리야(Açelya, 진달래)
도안(Doğan 송골매)	메넥셰(Menekşe, 바이올렛/제비꽃)
쿠르트(Kurt, 늑대)	욘자(Yonca, 네잎클로버)
엘마스(Elmas, 다이아몬드)	데니즈(Deniz 바다)
알튼(Altın, 금)	프나르(Pınar, 폭포)
귀뮈쉬(Gümüş, 은)	귀네쉬(Güneş, 해)
인지(İnci, 진주)	이을드즈(Yıldız, 별)
예심(Yeşim 옥)	아이(Ay, 달)

19) 예를 들어, 아이의 이름을 '누르(nur)'라는 글자를 사용하여 지을 경우 아버지 성씨가 '투르크(Türk)'라면 아이의 이름은 'Nur(이름) TÜRK(성)'가 된다. 여기에 다른 뜻의 글자를 결합하여 이름에 쓰기도 하는데, 누르잔(Nurcan, can은 목숨, 숨, 마음을 의미함), 아이누르(Aynur), 빈누르(Binnur, bin은 일천 혹은 매우 많음을 의미함), 비르누르(Birnur, bir는 첫·하나·유일 등의 의미함), 외즈누르(Öznur, öz는 정수·근본 등을 의미함), 일크누르(İlknur) 등이 그 예이다. 즉, 터키어는 교착어이므로 이름을 지을 때에도 쓰고자 하는 글자를 단독으로 이름에 사용하기도 하며, 복합어로 사용하기도 한다.

20) 이슬람에서는 장미를 정신적인 안정을 주는 성스러운 꽃으로 보고있으며, 선지자 무함메드도 장미를 아름답고 향기가 좋은 귀한 꽃으로 여겼다. 터키에서는 장미수· 장미 오일은 이슬람 종교의례에도 사용되고 있으며, 과거 장미수를 이슬람 사원의 건축 재료에 섞어 사용한 예도 있었다. '장미의 도시'라 불리는 지중해 지역 아나톨리아 반도 서부에 위치한 으스파르(Isparta) 시는 터키 제일의 장미 재배지이자, 전 세계 장미오일 생산의 65%를 차지하고 있는 최대 장미 생산 도시이다. 으스파르타 시에서는 매해 5월 하순에 장미 축제가 열리며 다양한 장미 제품과 요리, 문화행사가 열리고 있다. 종교적 이유와 함께 이러한 문화적 이유에서도 터키에서 장미는 여러 분야에서 사용되고 있는데, 주로 로큼(lokum, 흔히 터키쉬 딜라이트라고 불리는 젤리의 일종), 쿠키, 과자, 케이크 등의 디저트 류 뿐만이 아니라 요리에도 장미수를 즐겨 사용하고 있다. 화장품과 콜로냐 등의 건강·미용품 재료에도 사용되고 있으며, 장례의례에서는 장미수를 고인의 시신을 닦는 용도로 사용하고 있다. 이러한 사회·문화적 영향으로 터키인들은 장미꽃을 뜻하는 'Gül' 글자를 이름 짓는데 선호하며, 보통 여성들의 이름에 많이 사용한다. 그 예로는 아이셰귈(Ayşegül), 귈나즈(Gülnaz), 곤자귈(Goncagül), 귈바이(Gülbay, 남성의 이름에 사용), 귈덴(Gülden), 귈세르(Gülser), 귈세벤(Gülseven), 귈테킨(Gültekin), 헵귈(Hepgül), 인지귈(İncigül) 등이 있다.

자연물·자연현상 등의 이름을 본 따 지은 이름[19]	
엔긴(Engin, 외해/바다)	누르(Nur, 빛/광명)
타이푼(Tayfun, 태풍)	이을드름(Yıldırım, 천둥)
심셱(Şimşek, 번개)	
보라(Bora, 돌풍)	

투르크 전통사회에서는 역사적으로 중요한 인물이나 영웅, 존경받는 부족장들의 이름, 민족 혹은 사회 지도자의 이름들을 본 따 아이에게 지어주었으며 영웅(카흐라만, Kahraman), 전사(알프 Alp, 알페르 Alper) 등을 직접 이름에 붙이기도 했다.

국가·사회·민족의 부족장, 영웅들	아이의 이름
아틸라 : 훈족의 왕	아틸라(Atila)
테무친(칭기즈 칸) : 몽골제국의 제 1대 왕	젱기즈(Cengiz) 티무친(Timuçin)
베야즛 2세 : 오스만제국 8번째 파디샤	베야즛(Bayazıt)
파티히 술탄 메흐멧 2세 :오스만제국 7번째 파디샤	파티히(Fatih)
야부즈 셀림1세 : 오스만제국 9번째 파디샤	야부즈(Yavuz)
무라트 4세 : 오스만제국 17번째 파디샤	무라트(Murat)
엔베르 파샤 : 제1차 세계대전 당시 활약한 오스만제국 장군	엔베르(Enver)
무스타파 케말 : 터키 공화국 국부, 공화국 초대 대통령	무스타파 케말(Mustafa Kemal) 케말(Kemal) 무스타파(Mustafa)
이스멧 이뇌뉘 : 터키 공화국 제2대 대통령, 정치가 및 군인	이스멧(İsmet)
젤랄 바야르 : 터키 공화국 제3대 대통령	젤랄(Celal)

또한, 사회적으로 존경을 받거나 신망받는 정치가, 학자, 문학가, 사상가, 교육가 등의 이름을 따서 짓기도 하였으며, 이와 함께 아이가 태어날 당시 사회와 가정의 상황, 부모에게 특별한 의미가 있는 것, 친인척, 가족 등의 이름을 따서 짓기도 한다.

앞서 언급한 바와 같이 아이의 이름은 아이의 건강·미래와 관련이 있다고 믿었으며, 이러한 믿음에는 주술 신앙적 힘이 아이에게 작용하리라는 것이 바탕에 있다. 특히, 아이의 무병장수를 빌기 위해 아이의 이름에 야샤막(Yaşamak, 살다)의 파생어인 야샤르(yaşar), 야샤르베이(yaşarbey) 야샤베이(yaşabey), 야샤귈(yaşagül) 이나 하야트(Hayat, 인생), 외뮈르(Ömür, 목숨·수명) 등을 사용하여 짓기도 하였다.

이 이외에도 괴벡 아드(Göbek Adı, 태명), 타크마 아드(Takma Adı, 별명) 등을 아이에게 붙여주었다. 괴벡 아드는 탯줄을 자를 때 붙여주며, 종교적 신앙이 두터운 사람이 아이에게 지어준다. 터키 민간에는 태명과 관련하여 '죽어서는/무덤/저승/사후세계에서는 태명으로 불린다.'라는 말이 있다. 타크마 아드는 아이가 자라(혹은 아이 때) 신체적, 정신적, 내외적 특징을 나타내는 표현을 이름에 붙여 친근하게 이를 때 사용되어왔다.

2-2. 작명의례

전통사회에서는 아이의 이름을 지어줄 때 종교적으로 신망받는 사람이나 이맘을 불러 잔치를 열었으나, 현대에 이르러서는 간소하게 한다.

아이가 태어난 후 3일 째 되는 날 위츠 예메이(Üç Yemeği)라고 불리는 작명의례를 진행하는데, 이날은 그 지역 종교청 소속 공무원, 호자 혹은 종교적 신앙이 두텁고 신망받는 사람 등을 불러 진행한다. 작명의례를 진행하는 사람은 집을 방문하여 코란 구절을 읽고 아이의 오른쪽 귀에 대고 새로 지어준 아이의 이름을 3번 부른다. 그런 후에 아이가 복되고 건강한 삶을 살 것을 기도드린다. 작명의례에서 외부인을 부르지 않을 때에는 아이의 할아버지, (할아버지가 안 계실 경우) 아버지가 대신 작명의례를 진행하기도 하는데, 그 방식은 같다. 참석한 사람들도 아이의 오른쪽 귀에 아이의 이름을 세 번 부르기, 아이를 메카의 방향으로 향하게 안기 등 종교적 의미를 지닌 행위를 하며, 아이의 선물로 수건, 돈, 사탕 등을 준다. 작명의례가 다 끝나면 가족들은 참석한 사람들과 함께 음식을 함께 먹으며 축하를 한다. 투르크멘인은 작명의례를 행하는 날 양을 잡고 가족과 친척, 지인들을 초대한다.

터키 전통사회에서는 아이의 첫니가 난 날을 비롯하여 아기가 첫걸음을 뗀 날, 말을 한 날, 머리카락이나 손톱을 자른 날 등을 가족과 주변 사람들과 함께 축하하고 아이의 무병·무탈을 기원한다.

2-3. 첫니와 관련된 민속

터키 사회에서는 아이의 이가 쉽게 나고, 아이가 고르고 튼튼한 이를 가져 건강하게 자라나기를 기원하고자 가족, 친척, 지인, 이웃을 초대하여 아이의 첫니가 난 날을 함께 축하한다. 이날에는 밀 알곡을 삶아 큰 대접이나 그릇(사발)에 담고 그 위에 사탕과 견과류 등을 올린 후 그 주변을 초와 리본, 아기 사진 등으로 장식하여 꾸민다. 첫니가 난 날을 축하하는 잔치(파티)에 사용하는 삶은 밀을 디쉬 헤디이 혹은 디쉬 부다이으(Diş Hediği/Buğdayı, 첫니를 축하하는 밀알)[21]라고 부른다. 밀은 터키인들의 주식으로 오래전부터 터키인들은 밀(혹은 빵)을 신성시 여겼으며, 가장 중요한 곡물로 생각했다. 밀알을 삶을 때 곡식이 터지는 것을 보고 아이의 잇몸을 뚫고 이가 나오는 것과 닮았다고 생각하였고, 첫니가 나서 밀알을 스스로 씹을 수 있는 것이 삶을 위한 자립의 시작을 의미한다고 여겼다. 이날에는 아이의 건강 기원하고 잡귀나 액운이 닿지 않게 하려는 의미로 삶은 밀알을 실에 꿰어 목에 걸어주며,[22] 아이를 상(큰 쟁반)위에 올리고 아이 앞에 바늘, 거울, 가위, 칼, 연필(혹은 종이), 금(혹은 돈) 등을 놓는데 아이가 집는 물건에 따라 아이의 미래가 결정된다고 믿었다. 예를 들어 아이가 연필을 집으면 학자나 연구가가 된다거나 거울을 집으면 미용사, 바늘(코바늘이나 뜨개바늘)을 집으면 재봉사가 된다고 생각했다. 축하객은 아이를 위한 선물을 가져오며, 아이의 부모와 가족은 방

---

21) 지역에 따라 디쉬 아싀(Diş Aşı, 첫니 축하음식), 디쉬 불구루(Diş Bulguru, 첫니 축하 밀알) 등으로 불리기도 하며, 초룸(Çorum)에서는 낱알의 개수에도 의미를 두어 일곱 개를 꿰어 아이의 목에 걸어준다. 동부의 아으르(Ağrı)에서는 밀을 건포도와 함께 삶아 일곱 집에 나눠주며 이를 받은 집에서는 비누와 1m의 천을 선물로 준다.

22) 지역에 따라 조금씩 다른 의례가 행해진다. 에르주름 시에서는 큰 천을 펼치고 아이를 올려놓는데 삶은 밀알을 아이의 머리부터 다리까지 조금씩 뿌린다. 그리고 몇 알을 아이의 입에 넣고 밀알을 실에 꿰어 아이의 목에 걸어준다.

문객에게 음식을 대접하며 감사의 인사를 드리고 즐겁게 보낸다.

이밖에도 터키 전통사회에서는 아이의 무병·무탈을 위해 여러 행위와 의례를 행했다. 아이가 잔병치레가 많거나, 허약하거나, 발달이 늦을 경우, 호자라고 불리는 견문과 학식을 갖춘 사람에게 찾아가 부적을 부탁하기도 했다. 아기가 단명하는 집에서 새로 아이가 태어나면 아이가 오래 살기를 바라는 마음에서 아이가 많거나 다복한 이웃에게 아이팔기 의례를 행하거나 수양부모를 두기도 했다. 또한 아이의 손톱이나 머리카락은 되도록 늦게 자르는 것이 좋다고 여겨졌는데 손톱은 특히, 천사들이 자른다고 믿어져 태어난 지 1년 후에 잘랐는데, 자른 손톱은 천에 잘 싸서 보관해두었다. 자른 머리카락 또한 천에 잘 싸서 보관하였다. 이는 손톱이나 머리카락이 아이의 수명과 관련이 있다고 믿어 일찍 자르게 되면 아이의 수명 또한 그만큼 줄어든다고 믿었던 것에서 기인한 것이다.

III. 할례의례

터키인들은 할례를 무슬림 남성이라면 누구나 행해야 하며, 의학적 관점에서도 권장해야 하는 것으로 여기고 있다. 터키 사회에서 할례를 위한 일정한 나이나 할례식의 계절이 정해져 있는 것은 아니다. 그러나 대개 남자아이가 학교에 들어가기 전부터 2차 성징이 나타나기 전(4~5세부터 14~15세 사이)에 하는 것이 일반적이며, 매우 추운 겨울은 되도록 피하고 있다. 예전에는 금요일 예배가 있는 날을 피해 할례식을 보통 목요일에 많이 열었으나, 요새 도시에서의 할례식은 보통 주말에 열린다.

전통적으로 터키 사회에서는 아이의 양육, 결혼(식) 그리고 남자아이라면 할례(식)를 부모가 책임져야 할 가장 큰 의무로 보고 있다. 할례는 사회적으로 한 개인이 진정한 무슬림 일원으로 편입되는 것을 의미하는 것뿐 만이 아니라, 아이를 둔 가정에는 큰 기쁨이자 아이 자신에게는 자랑스러운 과정으로 여겨야 한다고 생각했다. 따라서 터키인들은 이를 축하하는 할례식을 결혼식만큼이나 중요하게 생각하고 있다. 할례의례는 할례의 준비부터 축하연까지를 포함하고 있다. 근래에 들어서 대도시의 부모들은 아이가 태어난 지 얼마 지나지 않아 할례를 시키기도 하는데, 이는 아이가 의식적으로 할례에 대한 두려움이나 부담감을 느끼지 않게 하기 위한 것으로 전통사회에서는 이 같은 경우는 찾아보기 힘들다. 예전에는 보통 할례를 전문인[23]이 맡아서 했으나, 현대 대도시에서는 주로 병원에서 하는 것이 일반적이다.

경제적 형편이 좋지 못한 가정은 가까운 친인척 가운데 또래 아이가 할례를 할 때 함께 할례를 받게 하고, 할례식을 공동으로 열거나 종교·사회단체의 도움을 얻어 할례식을 연다.

할례식을 열 가정에서는 아이의 나이와 가정의 사회·경제적 사정을 고려해 대략 2달 전부터 할례식 준비를 한다. 가정에서는 할례식이 열리기 1주일 전에서 열흘 전 즈음 하객들에게 초대장을 보내 소식을 전한다. 전통사회에서는 축하객을 많이 초대하는 것을 미덕으로 여겼다.

할례식은 아이의 할례를 주변에 알리는 차 행진과 하객 대접이 주를 이룬다. 보통 할례를 받는 며칠 전이나 할례를 받는 당일에 할례 축하연을 연다. 예전에는 아이를 말이나 마차에 태워 동네와 거리를 순행하며 할례를 받을 것을 알렸으며, 근래에 들어서는 보통 자동차를 꾸며 태워 집 주변이나 동네를 돈다. 이때 아이는 할례의상을 입으며 뽐내는데, 대도시에서는 할례식을 위한 옷이 판매되고 있다. 할례의상은 보통 왕관과 비슷한 모자, 흰색의 바지와 셔츠 및 재킷, 깃털이 달린 망토, 색색의 크리스털이 박힌 지팡이 등 화려하게 치장된 의상으로 구성되어 있으며, 파란색, 흰색, 금색 등이 사용된다. 시골에서는 주로 아이에게 새로 산 깨끗한 옷을 입힌다. 옷 위에는 '마샬라(Maşallah)'라고 적혀진 어깨띠를 두르는데, 이는 신(알라)이 불운, 잡귀, 액운 등의 접근을 막아 주고 보호하기를 기원하는 것이며, 또한 매우 귀하고 아름다운 것을 표현할 때 쓰는 표현이다. 아이의 행진에는 북과 나팔을 부는 음악대가 함께한다.

할례식에 참석한 하객에게는 볶음밥 위에 고기를 얹은 스라 예메이(Sıra Yemeği, 잔치음식)과 뵈렉(Börek, 파이),[24] 바클라바(Baklava, 디저트),[25] 과일, 음료수

23) 쑨넷치(Sünnetçi)

24) 터키의 대중적인 요리 중 하나로 얇은 밀가루 피를 겹겹이 쌓고 그 안에 고기나 감자, 치즈, 시금치 등을 소로 넣어 굽거나 쪄서 만든 패스츄리의 일종.

25) 카이막(Kaymak, 우유크림)이나 아이스크림 등과 곁들어 같이 먹기도 한다.

등을 대접한다. 대접하는 음식은 가정에서 직접 하는데, 고기가 들어간 음식은 보통 할례식 음식 전문인을 불러 마련한다. 하객은 아이를 위해 금 배지, 돈, 옷, 가정에서 필요한 물품 등을 선물로 마련하며, 초대한 가정에서도 답례품을 나눠주기도 한다. 할례식을 연 가정과 하객은 함께 기쁨을 나누며 서로의 관계를 돈독히 한다. 할례식은 보통 하루. 길게는 이틀 동안 아파트 단지 내, 집 마당, 할례 전문 피로연장 등에서 열린다.

IV. 결혼의례(Evlenme)[26]

결혼은 여성과 남성이 한 개인으로 사회의 가장 기초 단위인 가정을 이루는 과정이다. 터키에서의 결혼은 개인과 개인의 사회· 경제적 결합을 통해 두 집안이 하나로 연결되는 중요한 통과의례 중 하나로 생각되고 있다.

현대 터키인의 결혼의례는 최근 강화되고 있는 이슬람의 영향과 서구화를 이유로 투르크 전통의 모습이 거의 사라졌고, 현대화를 거치면서 그 절차 또한 간소화되었다. 신랑과 신부의 의상, 결혼식을 치르는 곳, 하객에게 대접하는 음식 등 형식적 측면에서 많은 변화를 겪었으나, 몇몇 결혼의례 절차에서는 아직 민간 신앙적 요소 및 이와 관련된 행위를 찾아볼 수 있다.

터키의 전통적 혼인 형태는 부모님의 의사에 따라 결혼을 하는 형태였으나, 현대에 들어서는 결혼 당사자들의 의견을 중심으로 결혼을 하고 있다. 이 밖에도 납치혼의 일종인 '크즈 카츠르마(Kız Kaçırma, 처녀 훔쳐오기)'[27] 라고 불리는 결혼 형태도 있다.

4-1. 크즈 바크마(Kız Bakma)

전통혼례의 형태는 괴뤼쥘뤽(Görücülük)이라고 불리는 중매혼이 대부분이며

26) 본 내용은 양민지, 『터키 동부 흑해 트라브존 지역의 신랑 매달기 풍습에 관한 연구』, 조선대학교 인문학연구원, 인문학연구, 제48권,259~288쪽, 2014년 논문의 내용을 바탕으로 수정 및 확장시킨 것임.

27) 아나톨리아 내륙 및 동부지역에서 주로 나타나며, 여자를 강제로 데려와 결혼하는 풍습을 일컫는다. 혹은 연애중인 남녀가 함께 도망을 가는 '카츠마(kaçma, 도망)' 형태의 결혼도 있다. 이는 주로 여성의 집에서 반대하거나 남성의 경제적 능력이 부족할 경우 나타난다.

이러한 전통은 지금까지 이어져 오고 있다. 이와 함께 근래에는 가족과 친인척의 소개를 통해 교제하는 모습도 나타난다. 전통적인 중매혼에서 보이는 결혼 의례는 결혼할 나이가 찬 아들을 결혼시키기 위해 친척이나 이웃, 지인의 의견을 묻고 도움을 받아 신부가 될 만한 여성을 찾는 것으로 시작이 된다. 신부가 될 만한 여성이 있다고 여겨지면 그 여성의 집으로 가서 여성을 살피고 가족의 의향을 묻는다. 이 과정을 크즈 바크마(Kız Bakma, 처녀/신부 보기)[28]라고 부른다.

신붓감을 결정할 때는 여성의 외형적 조건과 내면적 조건 모두를 고려한다. 결혼 당사자의 조건뿐만 아니라 여성 부모의 경제력, 평판, 도덕성, 신앙심, 사회적 위치 또한 중요한 고려대상이다.

보통 아침 시간에 남자 측 가족과 친척 혹은 지인 중 여성 즉, 어머니, 이모, 고모, 형수, 이웃이 신붓감으로 생각한 여성의 집에 방문한다. 아침 일찍 방문하여 집이 얼마나 깨끗하고 정돈되어 있는가를 보는데 이는 신붓감으로 생각한 여성이 집안일을 하는 것을 살피고 가사 일에 능숙한지 그리고 얼마나 부지런한지를 파악하기 위함이다. 신붓감 여성은 손님에게 인사를 하고 커피나 디저트 등을 대접할 때만 나와 있고 이외에는 방에 들어가 있는 것이 보통이다. 여성이 신붓감으로 적절하다고 생각이 들면 가장 연장자 혹은 중매인이 신부 측 여성 어른에게 청혼을 위해 다시 찾아와도 되냐고 물으면 대부분 감사하다 전하고 남편을 비롯한 어른들께(삼촌, 외삼촌, 할머니 등) 여쭤보겠다고 한다.

4-2. 크즈 이스테메(Kız İsteme)

다음은 신랑 측 남자 어른들과 이웃, 지인이[29] 신붓감 여성 측으로 가서 혼인 의사가 있는지를 묻는 단계인 크즈 이스테메(Kız İsteme 청혼)이다. 남성 측에서는 보통 초콜릿, 로쿰 등과 꽃을 선물로 가져간다.

여성의 집에서는 손님이 오면 신붓감 여성이 손님의 손등에 키스하고 예를 보인다.[30] 양가 어른들은 서로 간단한 안부 인사를 나누고 담소를 나누는데 신랑

---

28) 크즈 아라마(Kız Arama), 크즈 쏘루슈투르마(Kız Soruşturma) 등으로도 불린다.
29) 신랑감 남성이 함께 가거나 가지 않기도 하는데, 요새는 신붓감 여성 측 어른들께 인사를 드리기 위해 같이 방문하는 것이 보통이다.
30) 여성은 단정하고 깨끗한 옷(정장, 치마 등)을 입으며, 화려하게 치장하지 않는 거의 예의이다.

측 손님들 손에 콜로냐를 뿌려주고 디저트, 커피, 음료 등을 대접한다. 대접을 할 때를 제외하고는 신붓감 여성은 함께 자리하지 않고 방에 들어가 있는 것이 보통이다. 신붓감이 손님들에게 대접하는 커피가 달면 긍정적인 답변을 할 거라고 남자 측 손님들이 기대하기도 하는데, 소금을 넣어 커피를 끓여오면 거부의 의사를 우회적으로 표현하는 것으로 간주하기도 한다. 그러나 교재를 해오던 남성이 청혼하러 왔을 경우 남자의 인내심을 시험하기 위해 일부러 소금을 넣은 커피를 대접하여 시험해 보기도 한다.

본격적으로 청혼을 하러 온 남성 측 방문객이 방문의 의도 즉, 신붓감이 될 여성이 마음에 들어 해당 남성과 결혼을 시키고 싶다는 의사를 보이면 여성 측에서도 이에 대해 답변을 한다. 여성 측에서는 미리 신랑감에 대해 알아본 뒤 생각을 했다가 그 자리에서 대답하거나 생각할 시간을 요구하기도 한다. 예전에는 중매를 통해 서로 안면 없이 결혼하는 것이 대부분이었고, 혼기가 찬 여성에게 여러 명의 남자가 구혼하는 경우도 있어 생각할 시간을 요구하기도 했다. 그러나 근래에는 서로 알고 지내던 사이에서 결혼을 진행하는 것이 보통이므로 그 자리에서 바로 답변을 한다. 남자 측에서 청혼하고 여자 측에서 허혼하면 본격적으로 결혼에 대해 의논하는 쇠즈 케스메(Söz Kesme)/쇠즈 케시미(Söz Kesimi)가 이뤄진다. 이후 예물, 예단, 혼수(가구 및 가전), 약혼시기(날짜), 혼인신고, 신혼 집 등 결혼 절차에 대해 의논하며, 이는 양가의 가풍에 따라 결정한다.

결혼을 약속한 남성과 여성은 양가의 가족 및 친척 집을 방문하여 어른께 인사드린다. 또한, 양가 어른들께 예단의 일종인 쇠즈 보흐차(Söz Bohça)[31]를 주고받는데 이는 양가의 성의 표현으로 간주한다. 신랑 측은 신부 측에게 옷, 양말, 슬리퍼, 욕실용품, 약혼식 옷, 신발 등을 보낸다. 신부 측에서는 셔츠, 넥타이, 양말, 손수건 등을 보낸다. 쇠즈 보흐차의 내용 또한 지역에 따라 그리고 양가의 가풍에 따라 달라진다.

4-3. 니샨(Nişan)

다음은 니샨(Nişan)이라고 불리는 약혼과 이를 위한 준비과정이다. 대부분 약혼

31) 옷이나 속옷 혹은 천을 넣어 보관하기 위한 (하얀) 천으로 보자기의 일종.

식 준비와 비용은 여성 측에서 담당하며, 약혼식은 여성의 집에서 하는 경우가 많다. 근래에 들어서 대도시에서는 호텔이나 웨딩홀 등에서 약혼식을 하기도한다.

약혼식을 준비하기 위해 먼저 신부는 신랑 측 여성 두세 명과 함께 외출하여 금반지와 금귀고리, 금팔찌, 금목걸이 등의 예물과 시계, 신발, 슬리퍼, 가방, 속옷, 화장품 등을 사는데, 비용은 신랑 측에서 부담한다. 약혼식과 약혼 후에 입을 옷 등도 장만하며, 신부 측에서는 신랑에게 반지와 양복을 사준다. 약혼 하루 전날 신랑은 신부 측에 신부가 입을 약혼의복과 로쿰, 차, 사탕, 커피, 콜로냐와 초콜릿 등을 보낸다.

약혼식 당일 여성 측에서는 남성 측으로 예단과 약혼식을 위해 만든 디저트를 신랑집으로 보낸다. 신랑 측에서는 이를 주변 친척과 친인척에게 나눠준다. 약혼식이 시작되면 두 사람의 행복과 건강을 비는 축언을 해주며, 신랑 어머니 혹은 가장 가까운 친척 어른 중 한 명이 약혼반지를 신랑과 신부의 오른손 약지에 끼워준다. 신랑과 신부는 어른들께 감사의 인사를 드리고, 신부 측에서는 신랑 측이 가져온 셔벗, 차, 로쿰 등을 대접을 한다. 예전에는 약혼식에 남녀가 따로 자리를 마련해 앉았으나, 요즘에는 함께 축하하는 것이 대부분이다.

약혼 기간에 결혼할 여성 (측)과 남성 (측)은 양가를 방문하여 디저트와 선물을 나누고, 이들을 대접하기 위해 노력한다. 종교 명절을 맞이하면 약혼중인 두 남녀의 집에서는 특히 서로의 집안에 신경을 쓴다. 희생절 때 남성 측에서는 여성 측으로 제물로 잡을 염소를 보내기도 하며, 라마단 명절 때에는 신랑 측과 신부 측이 서로 돌아가면서 금식이 끝나는 첫 번째 식사에 서로를 초대하거나 먹을 것을 보내기도 한다.

약혼 기간은 당사자의 주변 상황을 고려하여 길어지기도 하지만, 보통 6개월에서 1년 정도의 약혼기간을 두는 것이 일반적이다. 예전에는 파혼하고 다른 사람과 결혼을 하려면 주변의 부정적인 인식으로 인해 어려움을 겪었으나, 요새는 서구화의 영향으로 서로의 뜻이 맞지 않을 경우에 혹은 양가에서 결혼이 적합하지 않다고 여길 경우에 파혼하는 경우도 있다.

결혼식 전에 신부 측에서 체이즈(çeyiz, 혼수로 해오는 가정용품의 일종)[32]를 보내오

32) 딸을 가진 어머니는 아이가 어릴 때부터 틈틈이 준비를 해 놓는다.

며, 자수를 새긴 침실용품 및 장식장 깔개, 가전제품 덮개, 컵 받침, 손뜨개로 만든 욕실용품, 수건, 숄, 아기 옷, 머리쓰개 등의 수제품이 이에 해당된다. 또한 침구류와 속옷, 의류, 카펫, 청동으로 만들어진 주방 냄비와 쟁반, 솥 등도 체이즈에 포함되며 근래에 들어서는 신부 측 가정형편에 따라 가전제품 등도 포함된다. 신부 측에서 신랑 측으로 체이즈를 보낼 때, 산득(Sandık)이라고 불리는 큰 함에 넣어 보낸다. 이때 신부 측 함지기가 함 위에 앉아 신랑 측에게 돈을 요구하기도 하며, 신랑 측에서는 함지기와 흥정을 하고 체이즈를 받는다. 신랑 측에서는 신부 측에서 보내온 체이즈를 이웃과 친척에게 보여주는데 이는 아나톨리아 내륙지방에서 흔히 볼 수 있는 전통적 행위이다.

투르크멘인들도 이와 비슷하게 혼수를 보여주는 전통행위가 있다. 결혼식 당일 아침 신부 측에서 준비한 혼수를 신랑 측에서 몇 사람이 신부의 집을 방문해 신랑 측 집으로 가져가는데, 이때 신랑 측에서는 혼수를 준비해 준 신부 측에 모든 예를 갖추어 고마움을 표한다. 신랑 측에서 온 사람은 혼수를 가져가는 길에 마을 사람이 이를 볼 수 있도록 동네를 행진한다.

또한, 지역에 따라서 신부 측 친구와 친척을 지역에 따라서 다음으로 이동 하맘(Hamam, 목욕탕)에 초대를 한다.[33] 목욕비용은 신랑 측에서 부담한다. 신부와 신부 측 손님은 신랑 측 여성과 함께 전통 민요와 노래를 부르고 음료를 즐긴다. 또한, 헤나로 손을 물들이는 정화의식을 행한다. '겔린(Gelin, 신부) 하맘'[34]이라고 불리는 이 의례는 아나톨리아의 많은 곳에서 나타나는 전통 결혼의례 중 하나로 목욕탕이 있는 시골에서는 아직도 행해지고 있다. 목욕을 즐기면서 찬 음료를 마시거나 계절 과일 등을 함께 먹는다. 목욕 후에는 신부 측에서 쌀로 만든 수프, 안에 쌀과 고기, 야채 등을 채워 만든 음식의 일종인 돌마(Dolma), 아슈레(Aşure, 디저트의 일종)[35] 등을 대접한다. 이 정화의식은 신부 및 신부 측 지

33) 한국의 대중목욕탕과 달리 터키에서는 목욕탕 안에서 모두 목욕 가운을 입고 있으며, 개인의 씻는 공간에서만 탈의한다.

34) 요즈갓(Yozgat)과 씨바스(Sivas) 지역에서는 신랑과 신랑 친구들이 귀베이 하마므(Güvey Hamanı, 신랑 목욕)를 즐긴다.

35) 이슬람력의 첫 번째 달 이름(정월)인 무하람 10일째 인 아슈레 귀뉘(Aşure Günü, 아슈레 명절)에 만들어 먹는 디저트이다. 노아가 대홍수 이후 육지에 처음으로 발을 내디뎠을 때 방주에 있던 재료로 만들었다고 믿는 음식(디저트)이다. 전통적으로 최소 7가지의 재료, 혹은 10가지의 재료로 만들어지는데, 물, 밀, 우유, 설탕, 콩, 쌀, 병아리콩, 말린 과일(건포도, 건살구, 건무화과 등), 견

인과 신랑 측 여성 간의 친목을 도모하는 것으로, 투르크 전통 신앙인 물 숭배 사상에서 기원한 풍습으로 볼 수 있다.

4-4. 크나 게제씨(Kına Gecesi, 헤나의 밤)

결혼식 전날 밤에는 크나 게제씨를 치르는데, 이는 신부의 집에서 행해지는 결혼의례의 하나이다. 전통적으로 크나 게제씨는 신부의 집에서 이뤄지지만 근래에 들어서는 특별한 장소(회관, 학교 등)를 빌려 하기도한다. 크나 게제씨에 온 여성들은 구슬픈 민요를 함께 불러 신부의 눈물샘을 자아내게 한다. 이는 신붓집에 신부의 가족, 친구, 친인척, 이웃 지인 등이 한자리에 모여 신부를 떠나보내는 아쉬움과 슬픔 등을 나누고 동시에 결혼을 축복해 주는 여성의 의례이다. 신부는 헤나 의식이 끝날 때가지 빨간색 천으로 만들어진 베일로 얼굴을 가린다. 결혼의례에서 빨간색이 자주 이용되는 것은, 전통적으로 악귀들이 빨간색을 무서워하기 때문에 이를 사용하면 잡귀나 액운을 물리칠 수 있다고 믿어져 왔기 때문이다. 크나 게제씨는 신부와 신랑의 손바닥에 동전[36]을 올려놓고 그 주위와 손가락을 헤나로 물을 들이는 행위에서 이름이 붙여졌다. 여성들이 헤나가 올려 진 쟁반 위의 촛불에 불을 붙여 가져오면, 남편이 살아있거나 이혼하지 않은 여성 즉, 남편과의 금실이 좋은 여성이 신랑과 신부의 손에 헤나로 물을 들여준다. 헤나 물을 들이면 진한 빨간색이 나타나는데, 앞서 말한 것처럼 붉은색의 주술적인 기능을 믿는 데에서 헤나를 사용하는 것이다. 헤나 의식이 끝나면 함께 연주단의 연주에 맞춰 춤을 추고 노래를 부르며 즐긴다.

전통 혼례식에서 신부는 신랑이 보낸 말 혹은 마차를 타고 신랑집으로 가서 혼례를 치렀으나, 현대 대도시에서는 보통 차를 타고 예식장(혹은 신랑집)으로 이동을 한다. 이때 집을 나서는 신부에게 신부 아버지는 빨간색 천으로 만든 허리띠를 세 번 감아주며, 이는 벽사의 의미와 함께 신부의 순결함을 나타내는 것이다.

터키 전통 결혼의례에서는 크나 게제씨 다음 날 아침에 신랑 측에서 신부를

과류, 등이 그것이다. 호두, 계피, 석류, 코코넛 가루 등을 고명으로 얹어 먹는다.

36) 예전에는 금화나 은화 등을 사용했으며, 이때 사용한 동전은 액운을 물리쳐 준다고 믿어 평생 잘 보관했다.

신랑집으로 데려가는 겔린 알라이으(Gelin Alayı, 신부맞이 일행)가 신붓집에 오며, 예전에는 말에 태워 신부를 데려왔으나, 근래 시골에는 자동차나 미니버스, 승합차 등이 이용되기도 한다. 신부맞이 일행에는 보통 신랑의 형수, 누나, 동생 등 여성들이 신부를 돕기 위해 참여하며 신랑의 아버지와 결혼의례를 담당하는 어른들이 함께 온다. 그러나 신랑의 어머니는 참여하지 않는 것이 보통이다.

겔린 알라이는 신랑집에서 북과 나팔을 불며 신부를 데리러 신붓집으로 온다. 그동안 신랑 측에서는 신부를 맞이할 준비를 한다. 신부는 신랑 측 일행이 도착하면 방에서 나오는데, 이때에는 아버지와 형제들이 신부를 도와 부축하여 나온다. 신부맞이 일행이 신붓집을 나서면 신부 측 동네 젊은이들이 앞을 막고 못 가게 하는 경우도 있으며, 신랑 측에서는 이들에게 무엇을 원하느냐 묻고 그에 상응하는 소정의 돈이나 대가를 지급한다.

신랑집과 신붓집에서는 신부의 순탄한 시댁 생활을 기원하고 행복한 결혼생활과 제액초복을 위한 여러 행위를 한다.

- 신부 측에서는 신부가 집을 나서면 일행의 뒤에 물을 뿌리는데, 이는 결혼생활과 인생이 물처럼 막힘없이 흘러가라는 의미에서이다.
- 카이세리(Kayseri)에서는 딸이 행복한 결혼생활을 하기를 기원하는 마음에서 방 한쪽에 2개의 초를 켜놓는다. 초가 오래도록 꺼지지 않고 나란히 꺼지면 순탄하고 행복한 결혼생활을 할 것으로 믿으며, 바람에 갑자기 꺼지면 그렇지 못할 것으로 생각한다.
- 트라키야(Trakya)에서는 신부의 어머니가 결혼할 딸이 마차에 오르면 그 위에 불려놓은 밀알을 뿌리는데, 이는 신부의 앞날을 축하해주고 복을 비는 행위로 터키인들이 밀을 복을 가져오는 신성한 곡식으로 여기는 것에서 기인했다.
- 콘야(Konya)에서는 신부를 데리고 온 일행이 이슬람 사원 주변을 3번 돌고 신랑집으로 들어가는데, 이때 주변 이웃이나 친척은 신부가 탄 마차나 말의 주변에 밀알이나 동전 등을 던진다.

신부를 데리고 온 일행이 신랑집에 도착할거라는 소식을 제일 먼저 전하는 이에게는 신랑의 어머니가 일정의 돈 혹은 비단 옷감을 건네기도 한다. 신부맞이 일행이 신랑집에 당도하면 신랑의 남자형제의 부인(형수나 사촌 형수 등)과 혼인의례를 주재하는 어른이 함께 신부가 타고 온 수단에서 신부를 내린다. 신부를 내리기 전과 내린 후 그리고 집에 들어서기까지 여러 민속의례가 행해지는데 이는 첫째로 신부가 시댁에 복을 가져다주기를 바라는 마음에서, 둘째로 시댁에 잘 적응하여 모두가 평안해지길 바라는 마음에서, 셋째로 후손을 바라고 건강을 기원하는 마음에서 이뤄졌다.

- 신부와 일행이 신랑집에 당도하면 신부를 내리기 전에 신랑의 아버지(혹은 신랑의 어머니)는 신부에게 선물로 무엇을 원하는지 묻는데,[37] 아무리 부끄럽고 대답하기 어려울지라도 무엇이든 말을 해야 하며 보통 밭(땅)이나 염소, 양, 말, 귀금속 등 가운데 골라 이를 선물로 받는다.
- 손자를 바라는 마음에서 건강한 남자아이를 신부품에 안겨준다.
- 신랑집에서는 염소나 양 등의 가축을 잡는데, 그 피를 신부의 이마에 찍어 바른다. 이는 앞서 언급한 바와 같이 붉은색이 지닌 벽사의 힘을 믿는데서 기인한다.
- 집에 들어가기 전에 신부가 말에서 내리면 신붓집에서 가져온 유리컵 혹은 흙으로 구운 그릇을 깨뜨리게 하는데, 이는 오는 동안에 신부 일행에게 붙었을지도 모르는 액운과 잡귀를 큰 소리를 내서 도망가게 하기 위함이며, 앞으로 새로운 보금자리에서 생활을 시작하라는 의미가 담겨있다. 지방에 따라 문지방을 넘을 때 깨기도 한다.
- 신부는 집에서 소금과 기름을 가져오는데, 이는 소금이 재물을 의미하며 신성한 것으로 여겨졌기 때문이고, 기름은 순탄한 결혼생활을 의미한다.
- 신부가 문 앞에 갈 때까지 앞으로의 삶이 달콤하고 막힘없으라는 의미에서 꿀과 기름을 섞어 바닥에 뿌리거나, 신부의 입에 발라준다.
- 신랑 도우미(들러리)가 신랑을 데려오면 신부와 함께 신랑은 문에 꿀을 바르

37) 혹은 신부맞이 행렬을 보러온 이들 가운데 한 명이 모두 들을 수 있게 큰 소리로 신랑의 어머니에게 '신부가 내리지 않는데, 무엇을 주시겠습니까?'라고 물으면 신랑의 어머니는 '저렇게 훌륭한 아들을 줬는데 더 무엇을 준답니까?'라고 하면 다시 '그래도 신부가 안 내린다고 합니다'라고 한다. 신부의 어머니는 '그럼 무엇을 받길 원하느냐?'라고 신부에게 물어본다.

는데 이는 행복하고 달콤한 신혼생활을 바라는 행위이다.

- (대문의) 문지방에 작은 불을 피워놓거나 쇳조각을 두는데 신부는 집에 들어오며 이를 뛰어넘어야 한다. 이는 쇠와 불이 부정한 기운, 잡귀와 병마 등을 없애고 정화한다는 민속신앙에서 유래한다.
- 신부를 집에 들일 때에는 화덕 주위를 돌게 한 뒤 방으로 들어가게 하는데, 이는 불이 정화를 의미함과 동시에 재복을 의미하기 때문이다.
- 신부가 집에 오면 돌아가신 조상들의 묘를 방문하게 한다. 이는 투르크 전통인 조상령 숭배와 관련된 행위로 새사람이 집에 들어왔을 때 조상께 인사를 드리며, 잘 보살펴 달라고 복을 비는 행위이다.

특히, 신부가 신랑집에 들어갈 때, 복과 다산을 기원하는 의미로 신랑 측 축하객은 신부의 머리에 견과류, 작은 사탕, 밀알, 수수[38] 등을 던진다.

4-5. 니캬(Nikah)

니캬(Nikah)는 결혼을 의미하는데, 이는 혼인신고와 증명을 위한 절차를 나타내기도 한다. 대부분 결혼식 전에 하거나 결혼식의 한 순서로 진행한다. 니캬는 남녀가 증인 2명 앞에서 서로 부부가 될 것을 동의하고 주례가 성혼을 선포하는 절차이다. 니캬는 정부가 인정하는 행정법적인 것과 이슬람 율법에 따른 종교적 니캬(Dinî Nikah)[39]로 나뉜다. 터키 정부에서는 행정법 상의 니캬 만을 인정하고 있다. 행정법상의 니캬를 거치면 주민등록상에 기혼으로 표기가 된다. 행정법상의 니캬뿐만이 아니라 대다수가 무슬림인 터키인에게는 종교적 니캬도 매우 중요하게 생각되고 있다. 일부에서는 종교적 니캬만을 하여 하나 이상의 부인을 두는 경우도 있다. 그러나 이는 합법적이지 않다. 공식적인 니캬는 시청 결혼의례 담당 공무원이 주례를 보며, 결혼식처럼 성대하게 혹은 간단하게 절차만 밟기도 한다. 종교적인 니캬는 이맘(İmam)이 주례를 보며, 무슬림 남성 중

38) 터키어로 수수는 'Darı'라고 하는데, 이러한 풍습 때문에 미혼의 남성이나 여성에게 '당신에게도 곧 좋은 일이 일어나기를 바랍니다.'라는 의미로 '다르쓰 바쉬느자!'(Darısı başınıza!) 라는 축언을 한다.

39) 이맘 니캬흐(İmam Nikahı)라고도 불린다.

인 2명을 대동한다.

4-6. 결혼식(Düğün)

예식에서는 주례가 없으며, 보통 공식적인 니캬 의례를 결혼식과 함께 한다. 결혼 서약과 성혼발표가 끝나면 하객들에게 음식과 음료를 대접하거나 간단한 식음료와 다과만을 대접하는 경우도 있다. 연주단의 연주에 맞춰 하객, 친척, 신랑 신부가 춤을 추고 즐기고 나면, 하객들은 신랑 신부에게 축의금을 준다. 신부는 빨간 천으로 만든 띠를 어깨에서 허리까지 대각선으로 매단다. 하객들은 신부의 붉은 띠에 준비해온 금목걸이, 금팔찌 등의 액세서리나 금으로 만들어진 동전, 돈 등을 달아준다.[40] 하객들의 방문과 성의 표시에 신랑 신부는 감사의 의미로 전통인사를 드리거나 포옹을 한다. 보통 결혼식은 뒤윈 살롱(Düğün Salon, 결혼식장)에서 하지만, 시골이나 경제적 사정이 좋지 못하면 집근처 공터나 아파트 입구 등에서 하기도한다.

공식적인 결혼 혹은 종교적 결혼 이후 신부와 신랑이 함께하는 것을 게르덱(Gerdek)이라고 하는데, 니캬 후 신랑과 신부가 함께 머무는 신방을 게르덱 에비(Gerdek Evi)[41]라고 부른다. 신랑이 신방에 들어가기 전 신랑 들러리와 친구들은 일종으로 다음으로 이동. 놀이와 의례의 일종으로 두들겨 때리는데 이는 한국의 신랑매달기와 유사한 풍습이라고 볼 수 있다.[42] 신랑은 신방에 들어가기 전 복을 비는 간단한 기도를 하거나 독실한 무슬림일 경우 예배를 드리기도 한다. 경험 많은 여성 연장자(형수 혹은 사촌 형수)가 신랑과 신부의 손을 맞잡게 하고 신방에서 나오는데, 지방에 따라서는 간단한 음료를 가져다주는 경우도 있으며, 이날의 수고에 대한 사례를 받기도 한다. 터키에서는 신랑과 신부가 부부로서 인정받는 이 첫날밤을 게르덱 게제씨(Gerdek Gecesi), 혹은 지파프 게제씨(Zifaf Gecesi)라고 부른다. 전통 결혼식에선 신랑집에 차려진 게르덱 에비에서 신혼 첫날밤을 보냈으나, 최근 대도시에서는 호텔에서 보내는 것이 대부분이다.

---

40) 결혼의례를 치르며 신부는 많은 축하품과 돈을 받는 데, 특히 크나 게제씨, 니샨, 결혼식에서는 시부모와 중매인, 신랑 측 지인들로부터 금목걸이, 금반지, 금팔찌, 시계 등을 받는다.

41) 게르덱 오다쓰(Gerdek Odası), 게르덱 다므(Gerdek Damı) 등으로도 불린다.

42) 참고. 양민지, 터키 동부 흑해 트라브존 지역의 신랑 매달기 풍습에 관한 연구, 조선대학교 인문학연구원, 인문학연구 48권, pp.259-28, 2014.

요즘에는 결혼식이 끝나면 신랑 신부는 신혼여행을 가며, 신혼여행에서 돌아오면 신랑 측 지인이나 친척, 이웃이 신부를 보러 신랑집(혹은 신혼집)에 모인다. 이는 전통 결혼의례에서 기인한 것으로 예전에는 혼례 다음날 신부를 보기 위해 여성 이웃과 여성 지인이 아침 일찍 방문하여 정오까지 먹고 마시며 결혼을 축하했다. 저녁시간에는 남성들이 모여 즐기는데, 여성들은 자리를 따로 했다. 요새는 신부를 보기 위해 방문한 이들에게 간단하게 커피, 차, 로쿰, 견과류 등의 디저트나 다과를 대접하며 이러한 방문은 며칠 동안이나 계속된다.

V. 상장례 및 제례(Ölüm)

투르크 민간신앙에서는 영혼[43]이 육신을 떠나면 죽음에 이르게 된다고 여겼다. 또한, 영혼이 육신을 빠져나가 날아간다고 보았는데, 보통 영혼은 살아있는 사람의 눈에는 보이지 않으나 설화나 전설, 민담 등에서는 영혼을 나비나 새에 비유했다. 그래서 터키인들은 초상이 나면 창문을 열어두곤 했는데 이는 고인의 영혼이 하늘로 올라가는 것을 돕고 저승사자 격인 아즈라일(Azrail)이 영혼을 인도해가는 것을 돕기 위함이었다.

옛 투르크족은 죽음을 원래 있던 곳 혹은 고향으로 돌아간다고 여겼으며, 이러한 의미로 '(그가) 돌아갔다'라는 의미의 '된뒤(Döndü)'라고 표현했거나 하늘로 혹은 천신에게 '날아갔다'라는 의미로 '우춥 깃티(Uçup gitti)'[44]라고 표현했다. 또한 죽음을 이승을 떠나다, (천국/저세상/돌아 올 수 없는 곳으로) 여행을 떠나다, (잠시) 초대받은 삶을 끝내다, 새 삶을 시작하다, 신의 곁으로 가다, 잠을 자다 등으로 표현했다. 요즘에는 가족이나 가까운 이의 죽음을 표현할 때 욀뒤(Öldü, 죽었다)라는 직접적인 표현 대신에 보통 하야타 괴즈레리니 윰두(Hayata gözlerini yumdu, 눈을 감았다) 씨즈레레 외뮈르(Sizlere ömür, 남은 이들에게 안녕이 있길), 쏜 우이쿠쑤나 얏트(Son uykusuna yattı, 마지막 잠에 들었다), 하야트느 카이벳티(Hayatını kaybetti, 삶

43) 터키어에서 영혼은 루후(Ruh, 영혼, 귀신) 네페스(Nefes, 숨, 활력) 잔(Can, 목숨, 숨, 생명) 등으로 쓰인다.

44) 천신에게 '날아갔다'라는 의미로 'Uça bardı'라고 표현했음.

을 잃었다), 베팟 엣티(Vefat etti, 별세하셨다) 등으로 표현한다.

터키인은 죽음을 암시하는 일련의 현상이 있다고 믿었는데, 이러한 것에는 가구나 생활품이 갑자기 깨지거나, 부서지거나, 소리를 낼 때, 집에서 키우는 개가 갑자기 길게 울거나 짖을 때, 부엉이가[45] 지붕 위에 날아 앉거나, 집 근처에서 울 때, 일식 혹은 월식이 생길 때, 별똥별이 떨어질 때, 천둥이나 번개가 칠 때 등이 있다. 또한 꿈에서 침대, 나체의 사람, 뱀, 집이 무너지는 것, 끓고 있는 솥이나 장작, 이빨이 빠지거나 깨지는 것, 신발이 뒤집어 떨어지는 것, 신부맞이 일행이나 결혼식, 집에 찾아온 많은 방문객 등을 보면 곧 가까운 이나 자신에게 죽음이 찾아온다고 믿었다. 과학이 발달하지 않았던 과거에 예기치 못한 갑작스러운 상황이나 자연현상은 공포와 두려움을 느끼게 했고, 이는 죽음이라는 극단적인 결과를 가져올 수 있을 것이라고 생각했던 것에서 기인한다. 또한 상장례와 관련된 행위나 의례 등에서 사용하는 도구나 용품들을 보게 되면 죽음이 찾아온다[46]고 믿는 것에는 비슷한 행동은 비슷한 결과를 가져온다는 주술적 믿음이 바탕에 깔려있다.

터키인은 죽음은 누구에게나 불시에 찾아오며, 이를 막을 수도 알 수도 없다는 것을 인식하고 있으나 이와 상반되게 어떠한 행위를 함으로써, 찾아올 죽음을 피하고 액운을 막을 수 있을 것이라는 믿음을 가지고 있었다.

- 마을에서 초상이 나면 마을 사람들은 집에 있는 물이 들어있는 양동이(그릇 등)를 비운다.
- 염습을 할 때 자는 사람은 반드시 깨운다.
- 시신을 닦은 후에 물을 끓였던 솥을 뒤집어 놓는다.
- 고인을 매장하고 돌아오는 길에 가족과 친인척들은 뒤를 돌아보지 않는다.
- 가위는 반드시 날을 포개어 닫아놓는다.
- 관이 집에서 나가면 그 뒤에 물을 뿌린다.

45) 민간에서 개나 부엉이는 죽음을 알리는 사자 욀륌 하베르지씨(Ölüm Habericisi)라고 여겼다.
46) 카이세리 시에서는 가위가 닫혀있지 않고 날이 열려있으면, 좋지 않은 일 예를 들어 싸움, 죽음 등이 생기거나 가까운 미래에 수의를 맞추는 일 등이 일어날 것이라고 믿었다.

괵 투르크족은 초상이 나면 고인을 천막에 모시고 천막 주위를 말을 타고 7번 돌았다. 천막 입구에서 가족과 가까운 친척은 칼로 얼굴을 그어 눈물을 흘리며 고인을 애도했으며,[47] 이러한 의식은 7번 행해졌다. 괵 투르크족에게 숫자 7은 우주와 세계를 구성하는 신성한 숫자였으며, 고인을 모신 천막은 고인의 영혼을 저승으로 인도를 하는 무덤이자 하늘로의 승천을 돕는 장소를 의미했다. 괵 투르크족은 많은 눈물과 얼굴의 상처를 통해 죽음의 슬픔과 고인에 대한 상실감을 표현했다. 괵 투르크족은 고인을 위해 말과 양을 잡아 천막 앞에 놓았으며, 머리는 돌탑 위에 매달아 두었다. 또한, 고인의 말과 사용했던 물품들을 시신과 함께 화장했으며, 재는 무덤에 묻었다. 옛 투르크족은 저승에도 이승의 삶과 같이 생활품이나 탈 것이 필요하다고 여겼기 때문에 초상이 나면 고인의 말을 함께 묻거나 화장했다. 말은 중요한 희생 제물로 장례음식으로도 사용했다. 특히 유목생활을 하던 투르크족에게 말은 재물이었으며, 전쟁에서 쓰는 무기임과 동시에 평생을 함께하는 벗으로 여길 만큼 중요한 동물이었다. 따라서 고인이 된 이와 함께 매장하는 풍습은 거의 모든 유목 투르크족에게 나타나며 19세기까지 투르크계 카작인 및 키르기즈인에게도 나타났다. 그러나 이러한 전통은 이슬람의 영향으로 자취를 감추게 되었다. 매장은 고인이 죽던 때를 기준으로 보통 계절이 한두 계절 바뀌는 것을 기다려 행해지는데, 예를 들어 사망 시점이 봄이나 여름일 경우 가을에 매장하거나 가을이나 겨울에 죽었다면 따뜻해지는 봄을 기다려 묻었다. 이는 매장 시 무덤준비나 무덤 조성의 환경적 어려움을 덜기 위함이었다. 무덤의 형태는 위로 봉긋하게 솟은 구릉의 형태가 주를 이뤘으며 무덤 벽에는 고인의 모습, 고인이 생전 참여했던 전쟁이나 싸움 등을 그려 넣기도 했다. 고인이 사망한 지 3일, 7일째 되는 날에는 주변에 영혼의 평안을 위해 욀뤼 아싀(Ölü Aşı, 고인을 위한 음식)를 만들어 나눠주었다. 이 전통은 현재 터키인에게까지 지속되고 있다.

오우즈 투르크족의 상장례 또한 괵 투르크족과 거의 비슷하다고 볼 수 있으며, 고인을 모신 천막 주위를 말을 타고 달리고, 크게 소리를 지르며 울었다. 또한, 얼굴과 귀를 칼로 상처 내어 내면의 괴로움과 슬픔을 표현했으며, 머리카락

47) 애도하다는 터키어로 야스 투트막(Yas Tutmak)이라고 함.

은 풀어헤치고, 옷은 뒤집어 입어 상중에 있음을 알렸다.

옛 투르크족 상장례의 특징 중 하나는 바로 장례요의 일종인 아으트(Ağıt)를 읊는 것이다. 투르크족의 아으트 중 가장 오래된 것은 카쉬가를르 마흐뭇(Kaşgarlı Mahmut, 투르크 언어학자)의 『디바뉘 뤼갸티 투르크』(Divânu Lugati't-Türk, 투르크어 대사전)[48]에 기록된 알 페르 퉁가(Alp Er Tunga)의 서거를 애도하는 사구(Sagu, 옛 투르크어로 장례요를 지칭함)이다. 또한, 오르훈 비석(Orhun Abideleri)에도 곡을 하고 애도가를 부르는 전문인을 불렀다는 기록이 있다.

앞서 살펴본 옛 투르크족의 상장례 풍습은 많은 부분에서 자취를 감췄으나, 시골이나 지방에서는 전통신앙을 바탕으로 한 행위를 아직 찾아볼 수 있다. 이슬람에서는 고인이 죽으면 크게 슬퍼하거나 우는 행위를 좋지 않게 보고 있는데 이는 무슬림에게 죽음을 알라의 곁으로 가서 영생을 위한 준비하는 과정으로 보기 때문에 크게 울거나 슬픔을 표현하는 것은 부적절하며 또한, 고인이 이승에 미련을 두게 만든다고 여기기 때문이다.

현대 터키의 상장례 및 이와 관련된 행위들은 이슬람 율법을 기본으로 가풍, 지역에 따라 조금씩 다르지만 기본적으로 부고(Ölümü Duyurulması), 염습(Ölüyü yıkanmak ve kefenlenmek) 및 입관(Ölüyü tabuta koymak), 장례식/장례예배(Cenaze Töreni), 매장(Defin, Ölünün Gömülmesi), 추모의 순서로 이뤄진다. 이후 고인이 사망한 지 3일, 7일, 40일, 52일, 1년째 되는 날 가족, 친척, 이웃, 지인이 함께 고인을 기리며 음식을 나누고 기도하며 추모한다. 또한, 전통적으로 민요가 발달한 터키에서는 현재에도 장례요가 불리고 있다.

5-1. 부고

터키에서는 전통적으로 부고를 상주가 하거나, 소식을 전하는 특별한 사자(使者)를 보냈다. 혹은 경황이 없는 상주와 고인의 가족들을 대신하여 가까운 이웃들이 주변에 알리기도 했다. 또한 이슬람 율법에 따라 사원에서 살라(Sala, 장례예배 참석을 위한 알림/방송)를 통해 초상을 알리기도 한다. 요즘에도 이러한 방법과 함께 전화, 문자, 이메일을 통해 알리거나 신문 등의 부고 알림란을 이용하기도

48) 1072년에 집필되어 1074년에 집필이 완료된 투르크어 대사전으로 당시 투르크족의 문법과 방언을 비롯한 언어학적 자료와 풍속, 신앙, 문화까지 알 수 있는 자료이다.

한다.

5-2. 염습과 입관

예전에는 집 안이나 뜰 등에서 염습을 했으며, 이슬람 율법에 따라 전문인 혹은 장례절차를 잘 아는 호자가 염습과 입관까지의 절차를 맡아서 했다. 요새는 염습에서 입관까지의 절차는 가씰하네(Gasilhane)라고 불리는 장의(염습) 기관에서 맡아서 한다.

시신을 닦을 때는 깨끗한 물로 장미수나 콜로냐를 비롯하여 향료를 사용하여 닦으며, 향을 피우기도 한다. 이는 시신의 냄새를 최소화하고 시신을 매장했을 때 벌레나 동물의 접근을 막기 위함이다. 또한 이를 두고 민속에서는 악귀의 접근을 막기 위함이라고도 한다. 습을 할 때는 성수나 장미오일, 정향 등이 사용된다. 수의는 옷 형태가 아닌 시신을 가리거나 덮을 수 있게 재봉되지 않은 면으로 된 하얀 천으로 구성된다. 먼저 시신의 턱을 끈이나 천으로 아래에서 정수리 위쪽으로 둘러 감싸 묶고, 두 엄지발가락 또한 단단히 묶는다.[49] 성에 따라 개수가 다른데 남성은 3개, 여성은 5개의 천으로 구성된다. 천으로 시신을 쌀 때는 왼쪽부터 덮는다. 남성은 차례로 목(어깨부터 시작)에서 발까지 카미쓰(Kamis)로 시신을 감싸고, 그다음에 머리에서 발까지를 덮는 천인 이자르(İzar)를, 마지막으로 몸 전체를 덮는 리파페(Lifafe)를 가장 바깥에 두르고 머리 쪽과 발 쪽을 단단히 묶는다.[50] 여성의 경우 가슴 위를 덮는 천과 머리쓰개가 추가된다. 천을 모두 두른 후에 가슴과 허리 쪽을 단단한 천으로 묶는다.

터키에서는 전통적으로 수의를 건강할 때 미리 장만해 놓거나 이를 위한 돈을 마련해 놓는데, 이는 가족들의 부담을 덜고 죽음을 미리 준비한다는 의미가 있다. 입관과 관련해서는 특별한 의례가 없으며, 관은 보통 사원에 준비된 것을 사용한다. 고인이 무연고자나 가난한 자, 6세 이하의 어린아이 일 경우 장례절차의 일체를 국가에서 부담한다.

---

49) 이는 턱이 열리거나 다리가 뒤틀리는 등 시신의 변형을 막기 위함이다.

50) 시신 바깥쪽에 가장 나중에 감싸는 리파페를 펼치고 그 위에 이자르, 카미스를 올린 후 시신을 올린다. 습을 할 때에는 카미스, 이자르, 리파페 순으로 시신을 싼다.

5-3. 장례식(장례예배)

장례식은 보통 이슬람 사원에서 예배로 진행되며, 때에 따라서는 다른 곳에서도 열리기도 한다.[51] 무슬림이라면 누구나 반드시 거쳐야 하는 의례이다. 이슬람식 장례를 치르기 위해서는 고인이 무슬림이어야 하며, 이슬람 율법에 따라 염습을 해야 하며, 이맘과 무슬림 교인들이 자리해야 하며, 시신이 온전히 혹은 반 이상이 갖춰져야 한다.[52] 장례예배에 참석한 이들은 서로 위로의 말과 인사를 건넨 뒤 손을 모으고 서면, 이맘의 주재로 장례식이 열린다. 장례예배 참석자들은 고인을 안치한 관을 마주하고 서서 장례예배를 본다. 고인의 성별과 나이에 따라 이맘이 읊는 기도문의 내용이 달라진다.

장례예배는 장지에 매장하기 전 가족, 친척, 지인, 이웃과 고인이 이별하는 자리이며 고인의 생전 잘못이나 (정신적, 혹은 물질적) 빚 등을 청산하는 자리이다. 예배 후 이맘이 장례식에 참여한 이들에게 '고(故) 아무개 씨의 잘못을 용서 하시겠습니까?'라고 물으면 장례식에 참석한 이들은 모두 '용서합니다.'라고 대답한다. 또한 고인의 가족은 고인의 생전 빚을 최대한 이른 시일 안에 갚으려고 노력한다. 이러한 과정을 거쳐야 고인의 영혼이 평안하게 저승으로 간다고 믿는다. 장례예배가 끝나면 운구차까지 고인의 가까운 이들이 돌아가며 관을 어깨에 짊어지고 운구한다. 장지까지의 운구는 시(구)청에서 운영하는 운구차나 국가기관에서 허가를 맡은 회사에서 운영하는 운구차를 이용한다. 장례예배에는 여성의 참여가 금지되어 있지는 않으나, 보통 참석하지 않는다.[53] 또한, 고인의 가족 중 여성은 장지의 가까운 곳까지만 동행을 한다.

5-4. 매장

각 시·도청에서는 메자를르라르 뮈뒤륄뤼위(Mezarlıklar Müdürlüğü 묘지 관리 부) 부(서)가 있어 시신처리, 염습, 운구, 매장, 묘지 관리 등과 관련된 장례절차를 도와주고 사후처리를 담당한다. 보통 초상이 나면 예전에는 고인의 가까운 이들

---

51) 실외 혹은 실내 모두 가능하며 보통 사원이 아니라면, 많은 이들이 한꺼번에 장례예배를 보기 때문에 실외에서 하는 경우가 많다.

52) 율법에 따르면, 시신 대부분이 훼손되었거나, 머리가 없는 경우는 이슬람 장례식을 치르지 못한다.

53) 만약 참석한다면 남성 참석자들과 같은 자리에서 예배를 보는 경우는 드물며 따로 무리를 지어 자리를 달리하여 참석한다.

이 사례를 받지 않고 무덤 조성을 도와줬다. 근래 도시에서는 시청 소속 전문 근로자들이 무덤 조성을 하거나 묘지 조성 업체들이 대행하기도 한다.

터키인은 망자가 미련을 가지고 다시 돌아오지 못하게 빨리 매장해야 한다고 여겼다. 또한 해가 진 이후에는 매장하지 않는다. 이는 해가 지면 악귀나 귀신이 활동하기 때문에 망자를 보내는 때로는 적절치 않다고 생각했기 때문이다. 저녁에 초상이 나면 날이 밝을 때 매장을 하는 것이 보통이다.

터키에서는 초상이 나면 상주는 고인의 사망 10일 이내에 구청이나 시청에 신고하여 매장 허가를 받는다. 매장허가를 받지 않은 시신의 매장은 불법으로 간주하며, 지정된 매장지 이외의 곳에 시신을 매장하는 것 또한 불법이다. 시청에서 관리하는 공설묘지의 매장시간은 아침 8시부터 저녁 일몰시간까지이며, 이 이외의 시간에 매장은 불허한다, 그러나 특별한 경우에 시장의 허가를 통해 매장한다. 또한, 일몰 후 방문객(조문객)의 출입을 통제하고 있다.

시신의 매장은 탈관(脫棺)하여 행해지며, 고인의 가족 중 가장 가까운 2~3명의 남성이 하며, 고인이 결혼한 여성일 경우 남편은 이에 참여할 수 없다. 이때에는 아들, 남자형제, 아버지, (외)삼촌 등이 매장한다. 시신은 메카 방향을 고려하여 오른쪽을 향하여 돌려 눕히고 머리 또한 오른쪽을 향하게 놓는다. 머리와 발, 허리 쪽에 묶었던 끈(혹은 천)을 풀고 얼굴을 감쌌던 천을 열어놓은 후 한 줌의 흙을 올려놓는다. 이는 '이 세상에서 이루지 못한 것을 저승에 가서 이루고 만족하라'라는 의미이다. 이후 시신 위에 유족이 취토한다.

무덤 조성을 위해 땅을 파거나 흙을 덮을 때 사용하는 삽은 반드시 직접 손으로 건네지 않으며, 한 사람이 사용한 뒤, 땅에 놓으면 다른 사람은 땅에서 삽을 집어 든다. 그렇지 않을 경우 초상이 또 날 거라고 믿는다.[54]

묘는 보통 안치된 시신에 따라 가족묘, 일반(개인)묘, 6세 이하 아이 묘, 순직자묘, 비 무슬림묘 등이 있으며, 형태는 보통 대리석을 사용한 직사각형의 묘가 주를 이룬다. 묘의 사방에는 4개의 긴 돌로 둘레를 두르며, 시신의 머리 쪽과 발 쪽에 무덤석을 세워 넣는다.

---

54) 이와 유사하게 에이르디르(Eğirdir)에서는 칼을 건넬 때 직접 손으로 건네지 않고 바닥에 놓으면 다음 사람이 바닥에서 칼을 집어 사용한다. 그렇지 않으면 칼로 인한 상해나 죽음 등 나쁜 일이 생길 거라고 믿는다.

투르크 인들은 전통적으로 무덤 주위에 나무나 꽃 등을 심어 묘지를 조성했다. 근래에는 묘비에 꽃, 새, 나비, 생명수, 생명목 등을 상징하는 그림을 새겨 넣는 형태로 변화되었다. 묘비에는 고인의 이름, 탄생 및 사망일시가 새겨지고 때에 따라 종교적 어구, 직업을 의미하는 그림, 부모님 이름, 평안을 기원하는 그림 등이 함께 새겨지기도 한다. 매장이 다 끝나면, 유족과 지인은 모두 돌아가고 이맘이 남아 고인을 위한 기도를 한다.

5-5. 상중 의례 및 관련 행위

터키에서는 이슬람 율법에 따라 가족, 친지, 가까운 이웃이 모여 코란을 읽고 추도를 하는 방식이 가장 보편적인 상중 행위이다. 특히, 이슬람 예배일인 (매주) 금요일 저녁 고인의 집에 모이는데, 이때 죽은 이의 영혼이 새로 변하여 창문가로 날아와 가족, 친지, 지인의 목소리, 기도 등을 듣는다고 믿는다.[55]

이슬람에서는 앞서 살펴본 투르크족 전통 애도 방식인 고인이 세상을 떠남에 크게 소리 지르고 슬퍼하며 우는 행위, 묘지에서 희생제물을 올리거나 잡는 행위, 오랜 기간 곡을 하거나 애도가를 부르는 행위, 고인의 이름으로 음식을 나눠주는 행위 등을 부적절하다고 보고 있다. 그러나 터키에서는 투르크 민속에 따라 음식을 나누거나 명절, 가정의 대소사가 있을 때 묘를 방문하는 등의 행위가 아직 남아 있다.

초상집에서는 유족들이 장지에서 돌아온 후에 헬바를 만들어 주변에 나눠준다. 이를 욀뤼 헬바스(Ölü Helvası)라고 한다. 헬바 이외에도 고인의 영혼이 평안하게 잠들기 위해 친척과 지인, 가까운 이웃을 비롯하여 장례의례를 도와준 이들과 가난한 이웃에게까지 욀뤼 예메이(Ölü Yemeği)[56]를 나눠주는데 지역에 따라 다양한 음식이 있다. 욀뤼 예메이는 고인을 추모하는 날인 3일, 7일, 40일, 52일, 기일, 종교 명절 등에도 함께 나눈다.

---

55) 투르크 전통 민속에서는 고인의 영혼은 남겨진 이들에게 영향을 미칠 수 있다고 믿기 때문에, 고인의 가족들은 고인의 영혼을 흡족하게 하기 위해 노력해야 한다고 믿었다. 이러한 믿음 때문에 투르크 인들은 고인의 이름으로 희생제물을 바치고, 음식을 나누며, 묘를 방문하여 제사를 지냈다. 즉, 고인의 가족들이 고인의 영혼을 위해 노력하면 이에 흡족하여 좋은 영향을 미치고, 그렇지 않으면 부정적인 기운이 미칠 수 있다고 믿었다.

56) 지역에 따라 욀뤼 아쉬(Ölü Aşı), 잔 헬바쓰(Can Helvası), 잔 아쉬(Can Aşı), 카즈마-퀴렉 헬바쓰(Kazma-Kürek helvası)라고도 부름.

소문은 보통 고인의 매장 후 (남성) 가족들이 장지에서 돌아온 날부터 시작하여 끝나는 시기는 정해져 있지 않으나, 대략 7일에서 10일 이후까지 이뤄진다. 예전에는 가까운 친척이나 이웃이 유족을 위해 음식을 만들어 가져오거나 쌀, 기름, 차 등 음식의 기본 재료 등을 가져왔으나, 요새는 많이 사라졌으며 지방이나 시골에 남아있는 풍속이다.

상중에 고인의 가족, 가까운 친척은 화려하게 치장(화장)하거나 옷을 입는 행위, 즐기고 노는 행위, 웃고 떠드는 행위 등을 멀리한다. 또한 약혼식, 결혼식, 할례식이 상중에 있다면 날짜를 미루거나 의례 없이 진행한다.

보통 초상 날에는 상주와 가족들은 집에서 음식을 만들지 않는다. 전통사회에서는 3일 동안 집에서 불을 피우지 않으며, 음식을 만들지 말아야 한다고 여겼다. 따라서 지인이나 주변 이웃이 상주와 유족을 위해 음식을 만들어 가져오는 것이 보통이다. 이는 고인에 대한 예의이며 죽음을 애도하는 방식의 하나이다. 초상 후 첫 번째 맞는 종교 명절(라마단 명절과 희생 명절/희생제)을 카라 바이람(Kara Bayram 상중의 명절)[57]이라고 하는데 카라 바이람에는 기존의 명절과 같이 즐겁게 보내지 않으며, 조용히 고인을 애도하며 보낸다. 또한, 상주와 유족은 밖에 나가 명절을 즐기지 않으며 다른 집을 방문하지도 않는다. 방문객이 오면 사탕이나 명절 디저트 등 단 음식을 대접하지 않고 차 혹은 설탕을 넣지 않은 커피만 대접한다.

- 터키 남동부 지역과 투르크멘인들은 초상이 나면 가까운 친척 중 여성이 머리를 자르는 풍습이 있으며, 검은색 머리쓰개나 상복을 입는데 탈상을 하면 흰색을 착용한다.
- 샨르우르파(Şanlıurfa)에서는 초상 후 7일-10일(혹은 40일)이 지나면 가까운 이웃이 상주와 가족을 하맘으로 부른다. 이는 정화의식(목욕)을 통해 이제 그만 고인의 죽음을 받아들이고 가족들에게 탈상을 권유하는 것으로 기존

57) 여기서 카라(Kara)는 터키어로 검은색, 흙빛을 나타내는 단어로 보통 부정적인 상황이나 명사를 표현할 때 쓰인다. 특히, 죽음이나 상(喪)과 관련된 표현을 할 때도 쓰이는데 '카라라르 바을라막(기이멕)/ Karalar bağlamak(giymek)'은 검은색 옷 즉, '상복을 입거나 머리쓰개를 한다'라는 의미를 지닌다.

의 삶으로 돌아오라는 의미에서 행해지는 것이다.[58] 카이세리에서는 초상 후 40일이 지나면 이와 같은 민속행위가 행해진다.

근래 터키에서 탈상은 보통 초상이 난지 3, 7, 40일째에 하거나 매우 드물게 길게는 7년까지 걸린다. 매장 후 약 일주일이 지나면 고인이 생전 지키지 못한 종교적 약속, 금식, 예배 등을 가족과 가까운 친척이 돈으로 대신하여 갚는 의식을 행한다. 예전에는 돈이나 금으로 이를 갚았는데, 요새는 보통 돈으로 하고 있다. 호자가 기도를 하여 고인의 죄[59]를 사하고 이에 대하여 헌금한 것을 삼등분하여 가난한 이웃과 호자에게 드린다.

VI. 명절과 세시풍속(Bayramlar ve Kutlamalar)

터키 공화국 건립 이후, 명절 중 정부에서 지정한 공휴일로는 크게 이슬람과 관련된 2개의 종교 명절과 민족기념일이 있다.

터키에서 종교 명절 중 가장 크고 성대하게 지내는 것으로는 라마단 명절과 희생절이 있으며, 이 이외 현재 공휴일은 아니지만, 예전에 명절로 보냈던 아슈레 귀뉘(Aşure Günü, 노아가 대홍수 이후 처음 발을 내딛음을 축하하는 날), 칸딜레르 귀뉘(Kandiller Günü, 이슬람에서의 다섯 개의 성스러운 밤을 축하하는 날)등이 있다.

민족기념일로는 1월 1일 이을 바쉬(Yılbaşı, 신년 명절), 4월 23일 울루쌀 에게멘릭 붸 초죽 바이라므(Ulusal Egemenlik ve Çocuk Bayramı, 독립절 및 어린이날), 5월 1일 에멕 붸 다야느쉬마 귀뉘(Emek ve Dayanışma Günü 노동절) 5월 19일 아타튀르퀴 안마, 겐츨릭 붸 스포르 바이라므(Atatürk'ü Anma, Gençlik ve Spor Bayramı, 아타투르크 기념일, 체육의 날), 8월 30일 자페르 바이라므(Zafer Bayramı, 승전 기념일), 줌후리옛 바이라므(Cumhuriyet Bayramı, 공화국 건립일)이 있다.

이 밖에도 투르크족이 유목을 하던 시절부터 내려온 신년맞이 명절인 네브루

58) 지역에 따라서는 물로 가슴 속의 아픔과 슬픔을 씻어내라는 의미로 행한다고 여겨진다.
59) 고인의 영혼이 느낄 마음의 빚으로 해석할 수 있다. 이승에서의 모든 정신적, 물질적 빚과 죄를 청산해야 편안히 눈을 감는다고 믿는다.

즈(Nevruz, 새로운 날), 봄맞이 명절인 흐드렐레즈(Hıdrellez) 등이 있다.

이슬람화 이전에도 계절에 따른 세시풍속과 축제가 있어 투르크족은 다양한 놀이와 경기를 즐기며 신께 감사제를 드렸다. 투르크 알타이족 신화에서 축복과 풍요의 신인 코차 한(Koça Han)의 이름에서 유래한 봄맞이 축제인 코사간(Kosagan)[60]과 풍작과 수호의 신인 박트 한(Baktı Han)의 이름에서 유래한 가을맞이 축제인 팍트간(Paktıgan)이 대표적인 예이다. 이 밖에도 양이 새끼를 날 무렵 신께 풍요를 비는 사야간(Sayagan), 수호신께 말을 바치고 부족의 안녕과 평안을 기원하고 사고와 재앙을 막아주길 기원하는 파이나간(Paynagan) 등도 있었다.

6-1. 라마잔 바이라므

라마단 명절은 이슬람력 9월에 행해지는 한 달간의 금식[61] 후 맞는 3일간의 명절로 터키 무슬림에게 있어서 희생제와 함께 가장 큰 명절로 여겨진다. 현대 터키인의 라마단 명절의 풍속은 옛 투르크 명절 풍속과 비교하여 많이 달라졌으며, 터키 내에서도 지역과 시대에 따라 다양하지만, 여전히 다음과 같은 공통의 풍속을 유지하고 있다. 터키인의 명절 풍속의 가장 큰 특징으로는 양가의 가족과 지인을 방문하여 덕담을 나누고, 식사나 명절 디저트(바클라바와 셰르베티)를 나누는 것이다. 서로의 집에 방문하고 안부를 물으며 근황을 전한다. 집에서는 방문객을 위해 명절 음식과 디저트를 만들며, 일주일에서 열흘 전부터 장을 보고 준비를 하며, 집안 대청소를 한다. 보통 나이가 많은 어른은 집에 머무르며 후손의 방문을 받는다. 명절 방문은 제일 먼저 가족을 시작으로 친척, 이웃과 지인, 병자 순으로 이루어진다. 터키에서는 예의와 공경의 표시로 아랫사람은 웃어른의 손을 잡고 웃어른의 손등에 가벼운 키스를 한 후 이마에 댄다. 이를 엘 외프메씨(El Öpmesi)라고 부른다. 손등에 하는 키스는 명절날 뿐 만 아니라 웃어른을 뵐 때 목례 대신 하는 전통인사이다. 명절은 특히 아이들에게 신나고 즐거운 날 중 하나로, 아이들은 어른들께 명절 인사를 드리고(엘 외프메씨) 용돈과 사탕 그리고 선물로 손수건을 받는다. 집주인과 가족들은 방문객들에게

60) 혹은 코사(Kosa)라고 불렸다. 보통 네부르즈 명절과 시기가 겹친다.

61) 라마단 금식은 무슬림의 5대 의무 중 하나로, 낮 동안 금식을 해야하며, 금주 금연 금욕생활도 이에 속한다. 건강상의 이유가 있거나 어린아이, 임산부 등은 금식이 면제된다.

보통 사탕 혹은 초콜릿을 대접하는데, 라마단 명절을 셰케르 바이라므 즉, 사탕 명절이라고 부르는 이유가 여기에 있다. 또한, 명절에는 가족 및 가까운 이들과 생긴 오해와 화를 풀고 서로 관계를 회복시키기 위해 노력한다. 직접 풀지 못한다면 사이가 껄끄러운 당사자들의 주변 사람들이 자리를 마련하여 화해를 돕도록 한다.

명절 특별 예배를 보는 것은 무슬림의 의무 중 하나로 이는 종교 명절에는 반드시 지키도록 노력한다. 이와 함께 라마단 명절 당일 아침에는 일찍 일어나 깨끗한 (새)옷으로 갈아입고 남성들은 명절 예배를 보러 가며, 여성들은 손님맞이를 준비하거나 가족들이 먹을 명절 음식을 차린다. 명절 예배가 끝나면 남성들은 조상 묘를 방문하여 기도를 드리고 조상께 가족들의 복을 빈다. 아버지나 할아버지, 증조할아버지 대(代)까지의 조상 묘를 방문하는 것이 보통이다. 이는 옛 투르크족의 조상령 숭배와 관련된 풍습이다. 묘 방문이 끝나면 집으로 돌아와 가족들과 명절 음식(뵈렉, 돌마, 사르마 등)을 먹는다. 그런 후에는 가족들과 함께 가장 웃어른의 집부터 방문한다.

또한, 라마단 명절에는 금식을 알리는 북치는 사람에게 수고비 혹은 작은 선물을 준다. 북치는 사람은 거리를 돌며 북을 쳐서 금식 시간이 되었음 알리는데, 이에 대한 감사를 표하는 것 또한 라마단 명절 풍속 중 하나이다.

6-2. 쿠르반 바이라므

희생절에는 라마단 명절과 거의 비슷한 풍습이 이어지며, 이에 제물로 바친 소나 염소, 양 등의 고기를 사용해 명절 음식을 만드는 것이 덧붙여진다. 보통 아침 식사 후 제물을 잡는으며, 제물로 동물을 바칠 때는 수소나 숫양이어야만 하고, 어떠한 흠이나 장애가 없는 동물을 고른다. 보통 정부에서 허가를 받은 전문 도축인이 집에 방문하여 제물로 사둔 가축을 잡거나, 지정된 구역이나 장소에 가서 소나 염소, 양 등을 잡는다. 이날 잡은 고기는 점심 요리에 사용한다. 잡은 고기는 삼등분하여 그중 하나는 잡은 집에서 먹고, 다른 하나는 가까이 지내는 이웃과 친척에게, 나머지 하나는 불우한 이웃에게 나눠줘야 한다. 잡은 고기를 나눠줄 때는 보통 요리하지 않고 생고기의 형태로 준다. 희생절에는 라마단 명절처럼 전날 음식을 준비해놓는다. 명절 당일 아침에는 남성들이 사원에 예배를 간다. 집에서는 남자 어른들이 돌아오기 전까지 명절 음식을 먼저 먹지 않는다. 가족, 지인, 친척, 이웃끼리 명절을 축하하며 서로를 방문하고, 방문객에게 사탕, 초콜릿, 콜로냐, 바클라바와 커피 등과 함께 잡은 고기를 사용하여 만든 음식을 대접한다.

6-3. 아슈레 귀뉘

터키에서는 명절과 특별한 날에 음식을 만들어 가난한 이나 주변 사람에게 나눠주는 것은 신이 내린 축복에 감사드리고 복을 받는 일이라 여겨 가능하면 많은 이들과 함께하고자 한다. 아슈레 귀뉘에도 이러한 믿음을 바탕으로 축복과 풍요를 의미하는 아슈레를 만들어 병자나 아이에게 먼저 먹이고, 가까운 지인과 이웃에게 나눠준다.

6-4. 칸딜레르 귀뉘(Kandiller Günü)

이슬람에서 성스러운 일이 일어난 다섯 날을 기념하는 날이다. 터키에서는 오스만제국 술탄인 셀림2세가 사원의 미나레에 등불을 걸어 이를 기념했던 것에서 칸딜 귀뉘(Kandil Günü, 등불의 날)로 민중들에게 널리 퍼졌다. 현재 칸딜 귀뉘에는 기도를 하고 예배를 보며, 조상의 묘를 방문하는 풍습이 있다.

6-5. 네브루즈[62)]

투르크족의 가장 큰 봄맞이 축제이자 행사인 네브루즈는 매년 3월 21일 열린다. 투르크족에게 네브루즈는 에르게네콘 신화[63)]와 보즈쿠르트 신화와 관련된 날로 아나톨리아 반도에서는 셀주크 제국 시기부터 현재까지 이어져 내려오고 있다. 이날은 옛 페르시아 달력에 따라 새해의 첫날이자 봄의 시작을 알리는 날이었다. 그래서 네브루즈는 페르시아어로 새로운(nev) 날(ruz)을 의미하며, 터

---

62) 참고. 양민지, 『한국과 터키의 봄과 관련된 명절』, 비교민속학회, 비교민속학 43권, 43호, pp.53-69, 2010년

63) 에르게네콘 신화는 14세기 초 페르시아인 라시드 앗 딘이 집필한 투르크제족과 몽골족의 기원을 설명하고 있는 『집사』에는 아르가나 콘 탈출기로 기록되어 있으며, 터키어로는 에르게네콘 데스타느(Ergenekon Destanı, 에르게네콘 신화)로 불린다. 참고. 김호동(역), 라시드 앗딘, 부족지, 사계절, 2016.

키어로는 예니귄(Yenigün)이라 한다. 중앙아시아, 아나톨리아, 발칸반도의 투르크, 이란 등지에서도 이를 명절 가운데 하나로 보냈다. 네브루즈 축제를 가장 성대하게 맞이하는 투르크족 국가는 아제르바이잔으로 이 외에도 키르기스스탄, 우즈베키스탄, 카자흐스탄 등지의 투르크인도 이날을 축하한다. 여러 학설이 있지만 보통 네부르즈의 기원은 페르시아로 보고 있으며, 불을 성스럽게 여겼던 페르시아의 풍습과 투르크족의 전통 봄맞이 행사가 결합된 축제이다. 네브루즈에 행해지는 여러 민속의례와 행위에는 지난 것을 보내고 새해를 성스럽고 복되게 맞이하려는 의미가 담겨있다. 또한, 개인과 가족의 건강을 비는 민속행위가 행해진다.

이날 가정에서는 네부르즈를 맞이하기 위한 준비로 분주해진다. 집안 곳곳을 청소하고, 가족들은 새 옷을 장만하며, 친척들에게 줄 선물을 마련한다. 특히 명절 음식을 차리는데 S로 시작되는 7가지의 음식을 준비한다. 그리고 신께 감사를 드리며 가축을 잡고, 풍요와 건강을 의미하는 흐즈르와 엘리야가 각 가정에 도움을 주길 바라며 집 문 앞에 밀가루를 뿌려 놓는다. 이날은 추운 겨울을 보내고 산과 들에 생기가 돋는 봄을 즐겁게 맞이하는 날로 젊은이들은 들이나 산에 올라 민속춤을 추고 민요를 부르는 등 다양한 놀이와 경기를 한다.

네부르즈 풍속 중 두드러지는 것은 불과 관련된 것으로, 공통으로 보고되는 풍습으로는 큰 불을 피워 옛것을 태우고, 그 위를 뛰어넘는 것이다. 네부르즈에 피운 불을 뛰어넘으면 한 해 동안 병치레 없이 건강히 보낸다는 믿음이 이어져 내려온다.[64] 불과 관련된 풍속과 함께 물과 관련된 풍속이 많이 나타나는 것 또한 네부르즈의 특징 중 하나이다. 이날은 아침 일찍 고여 있는 물은 버리고 샘이나 약수터에 가서 새 물을 받아 마신다. 이 물을 가축에게도 마시게 하며, 위에도 뿌려준다.

네브루즈에도 조상묘를 방문하여 기도문을 읊거나 묘 주변을 깨끗이 하고 장례요를 부르기도 한다. 지역에 따라서는 디저트나 사탕 등을 올려놓기도 하며 커피나 음식을 먹는 등 제례와 유사한 풍속이 보고된다.

터키에서 네브루즈의 가장 보편적인 풍속 중 하나는 장미나무 아래에 소원을

64) 가축을 데려와 불 위를 뛰어넘게 하기도한다.

석은 쪽지를 묻는 것이다. 보통 집, 자동차, 결혼, 돈, 대학 등을 소원으로 적어 넣거나 아픈 가족이나 지인의 회복이나 건강을 바라기도 한다. 보통 밤에 아무도 보지 않을 때 장미나무 아래에 묻으며, 1년 동안 올바르게 살고 착한 일을 많이 한 사람의 소원이 이뤄질 것이라고 믿는다.

- 메르씬, 씰리프케(Silifke), 투르크멘인은 나무에 천을 매달아 소원을 빌며 고원에 나가 여러 놀이를 한다. 새끼 양과 새끼 염소를 많이 가지고 있는 사람은 가축을 주변에 대접한다.
- 가지안텝에서는 네브루즈를 술탄 나브르즈(Sultan Navrız)라고 부르는데 그 이유는 민간에서 Sultan Navrız라고 불리는 아름다운 여성 수호령이 20일 저녁에서 21일로 넘어가는 밤에 서쪽에서 동쪽으로 이동하는데, 이날 잠을 자지 않고 21일을 맞이하는 사람은 원하는 소원을 이룰 수 있다고 믿는데서 기인했다.
- 카르르(Kars)에서는 네브루즈 명절에 미혼 남녀가 모여 놀이를 한다. 아이에게 물 한 양동이를 떠 오라고 시키는데, 말을 하지 않고 뒤를 절대 돌아봐서는 안 된다고 당부한다. 아이가 양동이에 물을 떠오면 각자 가져온 실뭉치를 양동이에 담고 시간이 지난 후에 꺼내 본다. 서로 엉켜있는 두 개의 실의 주인인 남녀는 결혼할 것이라고 믿는다.[65]
- 툰젤리(Tunceli)에서는 네브루즈에 이마에 검은 색칠을 하고 샘에 가서 이를 닦으면, 소원이 이뤄질 것이라고 믿는다.
- 에디르네에서는 불을 피워 '3월은 들어오고, 벼룩은 나가라'라고 말하면서 (밀집 등을 엮어 만든) 헌 지붕 덮개를 던져 넣고 태운다.
- 기레순에서는 네브루즈 아침 일찍 일어나 샘에서 떠온 물을 가축에 뿌리며 가축의 건강을 염원한다.

65) 전통 민속의 변형된 모습으로, 젊은 여성들이 한 집에 모여 놀이를 한다. 일체 말을 삼가고 샘(분수)에 가서 물을 떠 온다. 속이 깊은 바가지에 떠 온 물을 따르고 그 속에 각각 실과 솜을 꽂은 바늘 2개를 바가지의 양쪽에서 떨어뜨려 놓는데, 바늘이 서로 가까워져 있으면 연인과의 관계가 새해에 좋아질 것이라고 믿는다.

6-6. 흐드렐레즈

흐드렐레즈(Hıdrellez)는 이슬람 예언자이며 동시에 투르크 신화적 존재인 흐즈르(Hızır, 알 히드르) 와 일리아스(İlyas, 엘리야)의 합성으로 이뤄진 단어이다. 따라서 흐드렐레즈에는 종교적 행위와 함께 주술-민속적 행위가 함께 나타난다. 터키 민속에서는 흐즈르는 어려운 이들에게 도움을 주며 소원을 들어주는 존재로 여겨진다. 흐드렐레즈의 기원과 관련해서는 중동, 중앙아시아, 아나톨리아 반도설이 있으며, 메소포타미아 지역에서 기원했다고 보기도 한다.

투르크족이 유목을 할 때는 한해를 여름과 겨울로 인식했는데, 보통 흐드렐레즈는 여름이 오는 5월의 첫 주에 지냈다. 현재 흐드렐레즈는 투르크족의 오랜 명절로 하나로 여기며, 5월 5일 저녁부터 이튿날 6일 아침까지 지낸다.[66] 예부터 터키인은 흐드렐레즈에 흐즈르와 일리아스가 땅에 내려온다고 믿었다. 따라서 이 명절 저녁에는 흐즈르가 왔다 간 곳과 그의 손길이 닿는 곳에 풍요와 건강 그리고 복이 깃든다고 여겼다. 이러한 믿음 때문에 터키인은 음식 그릇이나 바구니를 덮거나 닫아놓지 않으며, 돈주머니를 열어 둔 채로 놓아 도움의 손길이 닿기를 기원한다.

이 날에는 원하는 것의 작은 모형을 마련해 장미(나무)에 걸어놓아 흐즈르가 자신의 소원을 이뤄주기를 바란다. 또한, 5일 저녁 사람들이 작은 주머니에 식구의 수대로 동전을 넣어 장미(나무)에 매달고 6일 아침 주머니를 열어 동전을 식구들에게 나눠준다. 동전을 받은 이들은 흐즈르의 손길이 닿아 1년 동안 복이 깃들 것이라 여기며 이를 지갑에 넣고 다닌다. 소원을 적은 종이와 함께 빨간 리본을 장미(나무)에 묶기도 하는데, 이렇게 하면 한 해 소원이 이뤄질 것이라고 믿는다.

이 이외에도 불을 피우고 소원을 빌기도 하며 소원을 빌고는 불 위를 뛰어 넘는 풍속도 있다. 투르크족은 새로 태어난 첫 번째 새끼 양을 먹으면 몸이 건강해 진다고 믿었기 때문에 어린 양고기 그리고 양의 간을 먹는 풍습이 있다.

요즘 시골이나 지방 혹은 가축을 키우는 곳에서는 이날 들에서 난 꽃이나 풀을 뜯어 끓인 다음 그 물을 마시면 병이 낫는다고 믿고 있으며, 40일 동안 이 물

66) 유목생활을 하며 거쳐 온 지역의 날씨나 기후 환경에 따라 날짜가 바뀌기도 한다.

로 씻으면 젊어지고 아름다워진다고 믿고 있다. 이처럼 흐드렐레즈에는 1년 동안의 복을 빌며 자신의 운이 트이길 희망한다.

▲ 아이의 탄생 기념 손뜨게 장식 (냉장고 자석)

사진설명 : 아이의 탄생을 기념하기위해 만든 작은 장식품으로 가족, 친척, 지인에게 나눠줌

사진출처 : Candan Giray

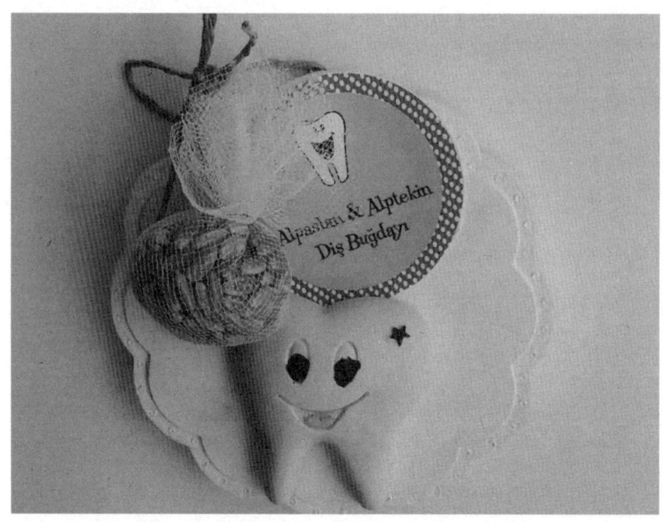

▲ 디쉬 부다이으 초대장

사진설명 : Büşra Bilgin과 Mustafa Sarıkaya의 쌍둥이 아들 Alptekin과 Alparslan의 첫니 축하파티

사진출처 : Betül Tınkılıç

▲ 디쉬 부다이으 파티

사진설명 : Büşra Bilgin과 Mustafa Sarıkaya의 쌍둥이 아들 Alptekin과 Alparslan의 첫니 축하파티

사진출처 : Betül Tınkılıç

▲ 디쉬 부다이으 파티

사진설명 : Büşra Bilgin과 Mustafa Sarıkaya의 쌍둥이 아들
Alptekin과 Alparslan의 첫니 축하파티

사진출처 : Betül Tınkılıç

▲ 할례식

사진 설명 : 할례를 받는 아이에게 헤나로 손가락을 물들이는 모습

사진출처 : Candan Giray

▲ **약혼식**

사진설명 : Gizem Kahriman과 Samet Kahriman의 약혼식에서
신랑의 아버지가 신부에게 반지를 끼워주는 모습

사진출처 : Merve Kahriman

▲ **약혼반지**

사진설명 : Gizem Kahriman과 Samet Kahriman의 약혼식 반지,
보통 붉은색 끈으로 반지 두 개를 묶어 놓고 가정의
제일 연장자가 끼워 준 후 자름.

사진출처 : Merve Kahriman

▲ 헤나의 밤

사진설명 : Nilüfer Pala와 Ali Pala의 헤나의 밤 의례

사진출처 : Medine Pala

▲ 결혼식 초대장

사진설명 : Feyza Arslan Yaramış와 Necdet Yaramış의 결혼식 초대장

사진출처 : Betül Tınkılıç

▲결혼식

사진설명 : Gizem Genar와 Samet Genar의 결혼식

사진출처 : Merve Kahriman

▲결혼식

사진설명 : Gizem Genar와 Samet Genar의 결혼식에서 하객들이 축의금 전달하는 모습

사진출처 : Merve Kahriman

▲옛 묘

사진출처 : Betül Tınkılıç

▲ 묘지

사진출처 : Betül Tınkılıç

▲ 옛 묘

사진출처 : Betül Tınkılıç

<참고문헌>

Ergin, Muharrem, Orhun Abideleri, İstanbul, 1970.

Görkem, İsmail Türk Edebiyatında Ağıtlar-Çukurova Ağıtları-(İnceleme Metinler) Ankara 2001.

Gömeç, Sadettin, Türk Kültürünün Ana Hatları, Ankara 2006.

Gülensoy, Tuncer, Manas destanı Türkiye Türkçesi İle, akçağ yay. Ankara 2002.

İnan, Abdülkadir, "Türk Şamanizmi Hakkında", Makaleler ve İncelemeler, I, Türk Tarih Kurumu Yayınları, Ankara 1998.

Kaşgarlı Mahmut, Divan-ı Lügati't-Türk, I, (çev. Besim Atalay) Ankara 1992.

Köprülü, Fuat, Edebiyat Araştırmaları, Türk Tarih Kurumu Basımevi, Ankara 1986.

Ögel, Bahaeddin, Türk Mitolojisi Kaynaklar, Açıklamalar, Destanlar, I, Ankara 1971.

______, Türk Kültür Tarihine Giriş, VI, Ankara 1984.

______, İslamiyetten Önce Türk Kültür Tarihi, Türk Tarih Kurumu Yayınları, Ankara, 2003.

Sarı, İbrahim, Türk Gelenekleri, NoktaE-Book, Antalya 2017

Tekin, Talat, Orhon Yazıtları, Ankara 1988

투르크 지역 연구

초판 인쇄	2018년 8월 23일
초판 발행	2018년 8월 30일
지은이	오종진 · 김대성 · 이난아 · 양민지
발행인	김인철
총괄 · 기획	가정준 Director, University Knowledge Press
편집장	신선호 Executive Knowledge Contents Creator
도서편집	박현정 Contents Creator
전자책편집	이리나 e-Contents Creator
재무관리	문수진 Managing Creator
사전 · 출판	정준희 Contents Creator
마케팅 파트장	백승이 Chief Marketing Creator
마케팅	이현진 Marketing Creator
발행처	한국외국어대학교 지식출판콘텐츠원 02450 서울특별시 동대문구 이문로 107 전화 02)2173-2493~7 팩스 02)2173-3363 홈페이지 http://press.hufs.ac.kr 전자우편 press@hufs.ac.kr 출판등록 제6-6호(1969. 4. 30)
디자인 · 편집	(주)이환디앤비 02)2254-4301
인쇄 · 제본	네오프린텍 02)718-3111

ISBN 979-11-5901-395-9 93920 정가 20,000원

*잘못된 책은 교환하여 드립니다.

HUINE은 한국외국어대학교 지식출판콘텐츠원의 어학도서, 사회과학도서, 지역학도서 Sub Brand이다. 한국외대의 영문명인 HUFS, 현명한 국제전문가 양성(International +Intelligent)의 의미를 담고 있으며, 휴인(携引)의 뜻인 '이끌다, 끌고 나가다'라는 의미처럼 출판계를 이끄는 리더로서, 혁신의 이미지를 담고 있다.

투르크 지역 연구

TURK
AREA